박정희와 김일성의 스파이 전쟁

박정희와 김일성의 스파이 전쟁

발행일   2021년 8월 27일

지은이   정주진
펴낸이   손형국
펴낸곳   (주)북랩
편집인   선일영   편집   정두철, 배진용, 김현아, 박준, 장하영
디자인   이현수, 한수희, 김윤주, 허지혜   제작   박기성, 황동현, 구성우, 권태련
마케팅   김회란, 박진관
출판등록   2004. 12. 1(제2012-000051호)
주소   서울특별시 금천구 가산디지털 1로 168, 우림라이온스밸리 B동 B113~114호, C동 B101호
홈페이지   www.book.co.kr
전화번호   (02)2026-5777   팩스   (02)2026-5747

ISBN   979-11-6539-950-4 03340 (종이책)   979-11-6539-951-1 05340 (전자책)

(주)북랩 성공출판의 파트너

북랩 홈페이지와 패밀리 사이트에서 다양한 출판 솔루션을 만나 보세요!

홈페이지 book.co.kr   •   **블로그** blog.naver.com/essaybook   •   **출판문의** book@book.co.kr

작가 연락처 문의 ▸ ask.book.co.kr

작가 연락처는 개인정보이므로 북랩에서 알려드릴 수 없습니다.

이 연구는 한국연구재단(NRF-2016S1A5B4914731)의 지원으로 수행되었음

연세대학교 국가관리연구원 국가관리연구총서 **제54권**

중앙정보부와 **대남사업총국**의 보이지 않는 전선 ──────

박정희와 김일성의 스 파 이 전 쟁

정주진
지음

북랩 book Lab

"우리는 음지에서 일하고 양지를 지향한다."

박정희와 김일성이 정보전쟁을 벌이던 시대, 김일성을 사랑한 스파이들이 있었다. 그들은 김일성의 지령에 따라 비밀스럽고도 위험한 일들을 목숨 걸고 감행했다.

그들은 김일성의 신임을 영광스럽게 생각하며 김일성이 한반도 전체를 지배하는 세상이 오기를 기다렸다. 김일성에 대한 충성의 보답으로 그들은 김일성이 수여하는 영웅 칭호를 수여받았다.

냉전시대 북한의 대남공작은 박헌영이 주도하던 시기, 김일성이 독점하던 시기, 김정일이 장악한 시기로 구분된다. 김일성이 대남공작을 독점적으로 수행한 시기는 1960년대 10여 년이다.

김일성은 6·25 전쟁 후 박헌영과 남로당 세력을 대대적으로 숙청함으로써 공작의 주도권을 장악했다. 해방 후부터 6·25 전쟁 때까지는 김일성도 독자적인 대남라인을 구축하고 있었으나 전반적으로 박헌영이 대남공작을 주도했다.

그러다가 6·25 전쟁이 끝나고 김일성이 박헌영을 비롯 이승엽, 이강국 등 남로당 지도부를 미제 간첩으로 몰아 숙청함으로써 1950년대 말에 이르면 박헌영 세력이 대남공작 노선에서 완전히 밀려난다. 다른 부문과 마찬가지로 대남공작 부문에서도 김일성 독점 시대가 열린 것이다.

김일성이 북에서 대남공작을 독점하는 체계를 구축하던 시기, 남에서는 박정희가 반공체제를 강화했다. 반공을 국시의 제일의(第一義)로 내걸고 정변을 일으킨 박정희는 정변의 공약을 실현하기 위해 김일성이 남파시키는 공작원과 남에서 김일성의 지령에 따라 움직이는 그림자들을 색출하는 데 전력을 기울였다.

그렇게 해서 1960년대는 강 대 강의 대결이 맞부딪치는 보이지 않는 전쟁의 시대가 됐다.

그 전쟁의 최일선에 한국의 중앙정보부와 북한의 대남사업총국이 있었다. 중앙정보부를 대표하는 김형욱과 대남사업총국을 대표하는 이효순, 허봉학의 싸움이었다. 전선이 따로 없었던 박정희와 김일성의 간접전쟁 시대였다.

그 시기 김형욱은 이효순과 허봉학, 두 사람을 상대로 싸워 모두 이겼다. 국가안보의 관점에서 보면 대한민국을 김일성의 위협으로부터 지켜내는 데 많은 기여를 했다. 6·25 전쟁 이래 가장 치열했던 김일성의 도발을 막아내는 데 큰 업적을 남겼다.

그럼에도 그의 공(功)은 과(過)에 가려져 잘 알려져 있지 않다. 미국으로 망명한 후 정변의 동지이자 주군으로 모셨던 박정희를 정면 비판하면서 박정희와 그를 따르는 사람들에 의해 조국을 배신한 자로 낙인찍힘과 동시에 그가 남긴 60년대의 중앙정보부 성과들도 모두 매몰됐다.

박정희의 사람들은 배신자 김형욱을 거론하기 싫었고, 박정희 비판 세력은 반민주의 상징탑으로 김형욱을 지목하고 그가 남긴 간접전쟁의 공로마저 오로지 박정희 독재를 위한 수단으로 몰아세웠다.

국제적 냉전이 종식된 후에는 냉전적 사고방식이 그 시대를 언급하는 데 재갈을 물렸다. 북한이 저질렀던 간첩사건과 테러사건을 언급하는 사람은 곧 수구냉전적 인물로 매도되곤 했다. 김일성 편에 서서 김일성을 옹호하던 인물들이 반공의 전사들을 억압하는 수단으로 곧

잘 냉전적 사고를 거론했다.

김일성 편에 섰던 사람들은 또 친일(親日)을 요긴한 무기로 곧잘 들고 나온다. 반공전선에 몸담았던 사람들이 일본군, 일본경찰에서 일했던 것을 약점으로 잡아 반공의 공적을 희석시키려는 도구였다.

이러한 이유들에 따라 자연히 60년대의 소리 없는 전쟁을 올바로 역사에 남기려는 작업도 외면당했다. 이념의 시대, 이념이 다르다는 이유로 잔인한 테러를 벌였던 북한의 만행은 그렇게 해서 묻혀져가고 있다.

이 책은 잃어버린 60년대에 대한 기억이다. 남과 북의 대립구조를 기본 축으로 삼아 그 흐름을 추적해간다. 냉전적 사고를 다시 끄집어내어 사건의 배경과 전개과정, 그리고 결과를 되돌려본다.

냉전시대 이념이 다르다는 이유로 피 흘리며 싸웠던 사건의 본질을 정확히 진단하고 미래에 대비해나가야만 다시는 그러한 불행이 반복되지 않을 것이란 소망이 배어 있다.

선전과 선동으로 왜곡된 역사의 진실을 규명해서 올바로 기록해놓아야만 후세들이 민족의 진로를 바로잡을 수 있을 것이란 연구자의 사명감도 실려 있다.

이 책은 총 8장으로 구성되어 있다.

1장에서는 박정희가 집권하던 시기 북한의 대남전략이 재정비되는 과정을 살펴본다. 4·19 혁명과 5·16 정변을 예측하지 못한 북한은 1960년대 초 대남공작조직과 인물, 활동방법을 전면 쇄신해서 김일성식 방법으로 대남공작을 전개하는 기반을 구축했다.

2장에서는 박정희 정부가 북한-소련-중공으로 연결되는 북방 삼각동맹에 맞대응하여 한국-미국-일본으로 이어지는 남방의 삼각동맹을 구축하기 위해 일본과의 국교 정상화를 추진하자 이를 북한이 방해하는 공작과 남한 내부의 반발을 점검해본다. 그 시기 김형욱 중앙정보부장은 학생층과 군부의 반발을 잠재우는 데 많은 공을 들였다.

3장에서는 김일성이 남한에 우회 침투하는 공작거점을 동베를린에 차리고 대남연락부장 출신인 박일영을 주동독대사로 보내 유럽지역 남한 유학생들과 지식인들을 포섭해나가는 과정과 중앙정보부가 그에 대응하는 경과를 탐색해본다.

4장에서는 중앙정보부가 동백림 사건을 처리한 방식에 대한 논란과 북한의 대남공작에 미친 영향에 대해 살펴본다. 동백림 사건은 사건에 연루된 자들이 당대 최고의 엘리트들이었고 해외에서 피의자들을 대거 연행해온 사건의 속성상 많은 정치적, 외교적 파문을 낳았다. 사건의 본질에 접근할 수 있는 다양한 시각과 해석을 담고 있다.

5장에서는 김일성의 지령에 따라 남한에서 지하정당인 통일혁명당이 창당되는 과정과 중앙정보부의 수사경과를 분석한다. 통일혁명당 사건의 여진이 오늘날까지 계속되고 있다는 점에서 그 사건이 시작되는 출발점을 규명하는 데 중점을 두었다.

6장에서는 이수근 간첩사건의 진위를 추적한다. 이수근 사건은 문재인 정부에서 무죄로 판정됐다. 수사과정에서의 변호인 접견제한 등 수사절차상의 하자가 무죄의 근거였다. 그러나 전향 공작원 박병엽은 이수근이 김형욱 중앙정보부장을 포섭하기 위해 북한 조사부 부부장 김성민이 남파한 공작원이라는 증언을 남겼다. 다양한 증언들을 비교 분석하여 박병엽 증언의 신빙성을 검증해본다.

7장은 1968년 1월 21일의 김신조 일당 청와대 기습사건을 해부한다. 청와대 기습의 근본 목적은 박정희를 살해하는 데 있었다. 그러나 이틀 후 일어난 미 정보수집함 푸에블로호 납북사건으로 인해 한국과 미국 사이에는 대처방법을 놓고 갈등이 일어난다. 북한, 월맹, 미국으로부터 협공을 받던 박정희가 1970년대 자주국방을 구상할 수밖에 없었던 국내외 정세를 재구성해본다.

8장은 김일성의 살해 시도에 격분한 박정희가 응징 보복을 추진하는 경과를 되짚어본다. 김신조 일당의 기습에 상응하는 보복을 준비했으나 미국의 비협조로 무산되는 과정을 미국의 대아시아 정책 변동을 중심으로 진단한다.

1969년 1월 김일성은 족벌 세습체제에 반발하는 허봉학 대남사업총국장, 김창봉 민족보위상 등을 숙청했다.

그 시기 김형욱 중앙정보부장도 대통령 3연임을 둘러싼 개헌파동 과정에서 권력투쟁에 밀려 정보현장을 떠난다. 이로써 치열했던 1960년대 박정희와 김일성의 스파이 전쟁도 막을 내리게 된다.

이 책이 나오기까지 많은 분들의 격려와 응원이 있었다. 이종찬 전 국정원장님은 중앙정보부에 몸담았던 1960년대의 경험을 바탕으로 그 당시를 잘 알 수 없었던 필자의 그릇된 시각을 바로잡아주었다. 국가관리연구원장을 역임하신 이종수, 문명재, 조화순 교수님과 현재 원장을 맡고 계신 이정욱 교수님은 연구자가 갖춰야 할 균형적 시각과 객관적 사실에 근거한 논증을 늘 환기시켜주었다. 국가관리연구원과 연구협력 협정을 맺고있는 21세기전략연구원의 안광복 이사장님(전 국정원 기조실장)과 최현철 원장님(전 국가정보대학원장)은 이 책의 기획부터 출간까지 매 단계를 점검하여 미비점을 보완해주었다.

2021년 8월
정주진

목차

6장 | 이수근은 중앙정보부장을 포섭하러 내려온 공작원   173

1 장

■ □ □ □ □ □ □ □ □

1960년대
북한의 대남공작목표와
인프라

북한 대남공작 관련 법령의 성격

　매년 10월 10일은 북한이 노동당 창건일로 기념하는 날이다. 원래 10월 10일은 조선공산당 북조선분국이 설치된 날이다. 1945년 10월 10일부터 13일까지 평양에서 열린 조선공산당 '북조선 5도당 책임자 및 열성자 대회'에서 조직됐다.

　그 후 북측에서는 공산계열 정당이 통합하여 1946년 8월 북조선 노동당(북로당)을 창당했다. 그해 11월 남측에서는 남조선 노동당(남로당)이 창당됐다. 남북의 노동당은 1949년 6월 통합됐다.

　북한에서는 1946년 8월의 북로당 창당대회를 제1차 당 대회로 간주하고 있다. 제2차 당 대회는 1948년 3월 열렸다. 이 과정을 날짜순으로 정리하면 아래 표와 같다.

1945. 10. 10.	1946. 8. 29.	1946. 11. 23.	1948. 3월	1949. 6월
조선공산당 북조선분국 설치	북로당 창당 * 제1차 당 대회	남로당 창당	제2차 당 대회	남북 노동당 통합

　노동당 창건일은 김일성·김정일 생일, 정권 수립일과 함께 그들의 4대 명절 가운데 하나다. 그만큼 북한 내부에서 노동당이 차지하는 위

상이 높다.

현행 북한 노동당 규약 전문은 '조선노동당은 근로인민대중의 모든 정치조직들 가운데서 가장 높은 형태의 정치조직이며 정치, 군사, 경제, 문화를 비롯한 모든 분야를 통일적으로 이끌어나가는 사회의 영도적 정치조직이며, 혁명의 참모부, 조선인민의 모든 승리의 조직자이며 향도자'라고 노동당을 정의하고 있다.

이러한 노동당의 위상에 따라 북한 노동당 규약은 북한의 헌법까지도 '영도'하는 최고 법령이다. 그리고 노동당 규약 위에 김일성 수령의 교시, 김정일 장군의 방침(말씀)이 위치하고 있다.

김일성-김정일 시기, 김일성 수령의 교시와 김정일 장군의 방침(말씀)은 당 규약>헌법>법률로 이어지는 법질서의 최고 상위에 위치하고 있었다. 이러한 구조는 김정은 시대에도 그대로 이어지고 있다.

북한의 대남정책은 노동당 규약의 전문에 구체적으로 명시되어 있다. 2021년 1월 열린 제8차 당 대회에서 개정되어 현재 시행되고 있는 노동당 규약은 노동당의 당면 목적과 최종 목적을 다음과 같이 명시하고 있다.

> 조선로동당의 당면 목적은 공화국 북반부에서 부강하고 문명한 사회주의 사회를 건설하며 전국적 범위에서 사회의 자주적이며 민주주의적인 발전을 실현하며 최종 목적은 인민의 리상이 완전히 실현된 공산주의 사회를 건설하는 데 있다.

이 구절은 1956년 4월에 열린 노동당 제3차 당 대회 때부터 당 규약에 명기되기 시작했다.

그 이전에는 김일성이 각종 연설을 통해 남측에 대한 인식을 드러냈다. 1946년 8월 북로당 창당대회(1차 당 대회) 때는 북한을 민주기지라고 내세우며 북한의 공산주의 개혁을 전국적으로 확산시켜야 한다고 주장했다.

우리 당의 총적 임무는 두말할 것도 없이 하루바삐 통일적 민주주의 완전 독립국가를 세우는 데 있는 것입니다. 그러기 위하여 우리는 그를 장애하는 일체 봉건적, 친일적 반동세력을 철저히 소탕하기 위하여 싸울 것입니다. 진정한 인민의 정권 북조선 임시인민위원회를 더욱 가강하여 전 조선적으로 조선 인민의 주권을 인민위원회에 넘겨 가지기 위하여 투쟁할 것입니다. 북조선에서 이미 실시된 토지개혁, 노동법령, 남녀 평등권, 중요 산업기관 국유화, 인민교육의 민주주의적 개혁 등의 승리를 더욱 공고히 하며 이를 전국적으로 실현하기 위하여 투쟁할 것입니다.

유엔 주도로 정부수립을 위한 남한지역 총선거(1948. 5. 10.)가 실시된 직후 열린 남북 정당·사회단체 지도자협의회에서는 남한을 미 제국주의 식민지라고 규정하고 남한을 식민지에서 해방시켜야 한다고 강조했다.

우리는 미 제국주의자들이 우리 조국의 남반부를 영원히 식민지로 만드는 것을 앉아서 보고만 있을 수 없습니다. 우리는 또한 친일파, 민족반역자들이 조국과 민족을 또다시 미 제국주의자들에게 팔아먹는 망국행위를 논죄만 하고 있을 수 없습니다. 이러한 소극적 행동과 방관적 태도는 미 제국주의자들과 그 앞잡이들에게 투항하는 것을 의미합니다.

6·25 전쟁이 끝나고 열린 1956년의 제3차 당 대회에서 개정된 당 규약에 대남정책이 구체적으로 명기된 것은 박헌영 간첩사건과 관련이 깊다.

박헌영은 1955년 12월 미국 고용 간첩혐의로 사형선고를 받고 처형됐다. 무력으로 한반도 전체를 적화시키려던 6·25 전쟁이 실패한데다, 대남정책의 상징적 존재였던 박헌영 일파를 처형함으로서 김일성으로서는 박헌영 처형 이후 북한의 대남정책에 대한 명확한 입장표명이 필요했던 것이다.

그 후 여러 번 당 규약이 개정되면서 문구가 조금씩 바뀌었으나 남한을 적화하겠다는 당면 목적과 최종 목적의 큰 원칙에는 변함이 없었다.

다만, 2010년 9월, 30년 만에 당 규약을 개정하면서 '공산주의'라는 표현을 삭제했다. 대신 '인민대중의 자주성을 완전히 실현'이라는 표현을 썼다. 그러나 북한의 「철학사전」(1985년판)과 「주체사상 총서 5권」(1985년판)은 "공산주의 사회는 인민대중의 자주성이 완전히 실현되는 사회"라고 정의하고 있다. 개념의 내용에 변화가 없는 것이다.

3차 당 대회 이후 당 규약 전문의 변화를 표로 정리하면 아래와 같다(중앙정보부, 1972: 72; 김계동·김근식 등, 2009: 394; 민주사회를 위한 변호사 모임 국가보안법 연구모임, 2011: 62; 법무부 법무실 통일법무과, 2018: 25).

대회명	당면 목적	최종 목적
3차 당 대회 (1956. 4월)	전국적 범위에서 반제, 반봉건 민주주의 혁명 완수	공산주의 사회 건설
4차 당 대회 (1961. 9월)	공화국 북반부에서 사회주의의 완전한 승리를 보장하며 전국적 범위에서 반제, 반봉건적, 민주주의적 혁명의 과업을 수행	공산주의 사회 건설
6차 당 대회 (1980. 10월)	공화국 북반부에서 사회주의의 완전한 승리를 이룩하여 전국적 범위에서 민족해방과 인민민주주의의 혁명과업을 완수	온 사회의 주체사상화와 공산주의 사회 건설
3차 당대표자회 (2010. 9월)	공화국 북반부에서 사회주의의 강성대국을 건설하며, 전국적 범위에서 민족해방과 민주주의 혁명과업 수행	온 사회를 주체사상화하여 인민대중의 자주성을 완전히 실현
7차 당 대회 (2016. 5월)	공화국 북반부에서 사회주의 강성국가를 건설하며 전국적 범위에서 민족해방 민주주의 혁명의 과업을 수행	온 사회를 김일성-김정일주의화하여 인민대중의 자주성을 완전히 실현
8차 당 대회 (2021. 1월)	공화국 북반부에서 부강하고 문명한 사회주의 사회를 건설하며 전국적 범위에서 사회의 자주적이며 민주주의적인 발전을 실현	인민의 리상이 완전히 실현된 공산주의 사회를 건설

북한의 대남정책 관련 법규는 우리의 국가보안법, 군사기밀보호법 등 안보형사법과도 밀접한 관련이 있다.

우리 법원은 '북한은 조국의 평화적 통일을 위한 대화와 협력의 동반자이나, 동시에 남북한 관계의 변화에도 불구하고 적화통일 노선을 고수하면서 우리의 자유민주주의 체제를 전복하려고 획책하는 반국가단체'로 북한을 보고 있다. 그리고 그 이유로 북한이 노동당 규약을 통해 적화통일 노선을 명문화하고, 이에 변경을 가할 징후를 보이지 않는 점을 들고 있다(대법원, 2008. 4. 17.).

그러므로 북한이 남북관계의 발전에 따라 더는 우리의 자유민주주의 체제에 위협이 되지 않는다는 명백한 변화를 보이고 그에 따라 북한 법률이 정비되지 않는 한, 국가안전과 국민의 생존 및 자유 확보를 목적으로 하는 우리 안보형사법의 규범력이 훼손되어서는 안 될 것이다.

박헌영 숙청이 북한 대남공작에 미친 영향

━━

박헌영, 이승엽을 중심으로 한 남로당 세력이 대거 제거된 후 북한의 대남공작은 남로당 때와는 다른 방식으로 전환된다. 조직, 인물 면에서 새로운 체계가 구축됐다.

먼저 조직 면에서 보면 박헌영 일파가 숙청된 직후인 1956년 말 약 40명의 북한 정보업무 담당자들이 소련의 정보수집 및 공작기구, 해안경비 및 치안체제 등을 시찰하고 돌아와서 정보조직을 재편성했다.

① 1957년 1월경 내각정보위원회를 국가정보위원회로 개칭하고, 내각수 상을 위원장으로 하는 성급의 비상임 기구로 개편했다.

1949년 6월 설치된 내각정보위원회는 각종 대남공작기구에서 수집한 정보를 바탕으로 국가정책 및 비상대책을 수립하는 기능을 가지고 있었다. 그 외 국가정보활동의 기획·지도 및 정보기관의 신설과 해체 등 중요 정보활동의 방향을 심의·결정했다. 공산권 국가들과의 정보협력도 중요한 기능이었다.

국가정보위원회로 개칭하면서 산하에 실무업무를 처리하는 내각정보총국을 설치했다. 내각정보총국은 정보종합연구처, 군사정보처, 일반정보처 등의 조직을 지니고 있었다. 여러 정보기관을 통합·조정하고 수집 정보를 종합·분석하는 업무를 담당했다(중앙정보부, 1972: 133~136). 내각정보총국은 1960년 노동당 연락부가 개편될 때 노동당 연락부로 흡수됐다.

② 1956년 7월에는 문화부를 신설했다. 대남 선전·선동을 전문적으로 수행하는 이 기구는 노동당 중앙위원회 산하 기구로 설치됐는데 대남방송·선전 팜플렛 제작과 조총련 지도, 한국정세 자료분석 및 대책수립 등이 주요한 기능이었다.

이 조직을 처음 만들 때 명칭을 대외선전부로 할 것인가, 문화부로 할 것인가를 놓고 논란을 벌이다 김일성이 문화부로 이름을 지었다. 1977년부터는 통일전선공작부로 개칭됐다.

당시 문화부는 조총련 정보, 세계 각국 및 남한방송의 청취·분석, 무선통신에 이르기까지 공개정보 출처를 가장 많이 관리하고 있었다(유영구; 1993: 232).

③ 1956년 7월 2일에는 6·25 전쟁 당시 납북한 인물들로 재북평화통일촉진협의회를 결성했다. 대남 평화통일 공세에 납북인사들을 활용하려는 의도였다.

조소앙, 안재홍, 김약수 등이 동원됐다. 이승만의 북진통일에 대응하여 평화통일을 주장하며 이를 선전하기 위해 '평화와 행복'이라는 잡지를 만들어 선전도구로 활용했다.

인물의 변동을 보면, 대남연락부장 배철이 박헌영·이승엽 사건으로 처형된 후 1953년 말부터 1954년 10월까지는 박금철, 1954년 10월부터 1956년 4월까지는 박일영, 그 다음 임해가 1958년 10월경까지 대남연락부장을 맡았다.

박일영은 일제 때 소련 공작원으로 조선에 파견되어 활동했던 인물이다. 내무성 정보국 부국장·국장과 대남연락부 부부장을 거쳤다. 동백림 사건이 일어나는 1960년대 중반에는 주동독 북한대사로 일하고 있었다. 당시 평북 의주 출신인 최덕신 주서독대사의 전향공작을 주도한 인물이다.

1958년 10월경부터 연락부장을 맡은 사람은 어윤갑이었다.

어윤갑은 함북 청진 출신으로 평양학원 1기를 졸업하고 6·25 전쟁 때 노동당 공작대 책임자로 일하면서 대남공작 부문과 연결됐다. 노동당 공작대는 전쟁 초기 남한 점령지역에서 당을 만들고, 인민정권을 세우는 역할을 했던 기구였다.

전쟁이 끝난 후 군단 정치부장으로 옮겼다가 박헌영·이승엽 사건으로 연락부 인원이 대거 물갈이될 때 박금철 연락부장이 부부장으로 발탁했다. 어윤갑을 부장으로 추천한 인물도 박금철이었다.

대남연락부의 실무 간부들도 이북 출신들로 새롭게 충원됐다. 이들은 중국, 소련에 파견되어 몇 달 동안 지하공작 경험과 원칙들을 학습한 후 대남공작의 교안을 만들었다. 대남공작의 원칙, 노선, 규율, 방침 등이 완전히 새롭게 바뀐 것이다.

결과적으로 이들은 교과서적인 이론으로 무장됐으나 실제로 대남공작을 해본 경험이 없어 공작현장의 어려움을 이해하지 못했다. 일제 때부터 지하공작을 한 경험이 있어 공작현장의 어려움을 이해하고 있던 부장급 고위간부들과는 인식차가 컸다(유영구, 1993: 108~109).

1956년 7월 문화부가 창설되면서 김중린이 북한의 정보계통에 인입됐다. 평북 출신인 김중린은 일제 때 초등학교 교사를 하다가 해방 후 당 중앙의 지도원, 과장, 부부장 등을 거쳤다.

북한 대남공작기구 대명사 '3호 청사'

　평양시 대성구역 김일성 종합대학 길 건너편 모란봉 구역의 북한 노동당 3호 청사. 노동당 1호 청사는 평양시 중구역 남산 뒤, 2호 청사는 본 청사 옆에 5층 규모로 지어져 있었다. 전쟁이 끝나고 조직이 늘어나면서 사무실이 모자라자 노동당은 대남공작 부서들만 입주할 청사를 새로 짓기로 1955년 결정했다.

　극비업무를 취급하는 대남사업의 특수성을 고려해서 대남공작기구들을 별도로 한 자리에 모으기로 했다. 전쟁 때 부서진 건물 가운데 쉽게 복구해서 사용할 수 있는 건물을 고르다 모란봉구역 전승동의 김일성 종합대학 기숙사 건물을 복구하여 사용하기로 했다.

　1955년 중반부터 공사를 시작해서 1956년 초 수리가 마무리되자 1956년 2월 여기저기 흩어져 있던 연락부 기구들을 모아서 입주시켰다. 3호 청사의 시대가 열린 것이다.

　1956년 7월에는 문화부가 새로 생기면서 3호 청사 단지 내에 새로 건물을 지어 들어왔다. 1963년에는 조사부가 창설되면서 3호 청사로 입주했다. 이렇게 하여 3호 청사는 대남공작을 담당하는 연락부, 문화부, 조사부 등 3개 부서가 모두 입주하게 됐다.

　3호 청사에서 일했던 체포 전향자 박병엽의 증언에 따르면 5~6층짜리 6개 동으로 이루어진 3호 청사에는 수천 명이 일하고 있었다.

3개 부서 산하 연구실, 부속기구와 통신·운수 부서들도 입주해 있었다. 「남조선문제」라는 잡지를 발간하던 문화부 산하 남조선연구소도 청사 안에 있었다.

3호 청사 담장은 높게 만들어져 있어 바깥에서 안을 볼 수 없었다. 정문을 나서면 담장 둘레로 7층짜리 직원 아파트 7동이 세워져 이곳에만 1천 5백 세대가 살았다고 한다.

이렇게 해서 3호 청사는 북한의 대남공작기구를 총칭하는 대명사가 됐다(유영구, 1993: 187~189).

대남연락부의 4·19 정세 오판과 김일성의 힐책

―

4·19 전후 김일성은 남한정세를 어떻게 보고 있었을까?

그에 대해서는 당시 북한의 대남연락부 간부로 있었던 박병엽이 자세한 증언을 남겼다. 박병엽은 1980년대 초 제3국에서 검거된 후 1998년 사망할 때까지 한국에 살면서 서용규, 신경완, 신평길, 황일호, Q씨, S씨 등의 가명으로 많은 증언을 남겼다. 그의 증언에 대해서는 학계와 언론계에서도 사실성과 정확성이 높은 것으로 평가받고 있다.

박병엽의 증언에 따르면 1960년 3·15 부정선거에 반발하는 남한의 시위가 확산되자 북한도 남한정세를 제대로 전망하는 데 고심했다.

어윤갑 대남연락부장의 '학생운동만으로는 정권전복 불가론'과 김중린 문화부장의 '학생운동만으로도 정권전복 가능론'이 팽팽하게 맞서 결론을 내리지 못하고 있었다.

급기야 4월 16일~18일까지 노동당 본청사 대회의실에서 대남부문 관계자 450여 명 전체가 모이는 토론회가 열렸다. 김일성도 참석해서 회의 절반 정도를 지켜봤다. 집중토론 결과 4월 18일 밤 10시 '학생운동이 이승만 정권 타도에는 실패할 것'이라는 결론을 내렸다. 연락부의 의견이 반영된 결론이었다.

하지만 바로 다음 날인 4월 19일 경찰의 총격으로 100여 명 이상의

학생이 거리에서 사망하고 비상계엄령까지 선포되자 4월 20일 노동당 정치위원회가 소집됐다.

이 자리에서 김일성은 "벌써 두 번 때를 놓쳤다. 한 번은 해방전쟁 시기에 때를 놓친 것이고 이번(4·19 혁명)에도 대응책을 세우지 못했다. 전쟁 시기에는 남로당을 다 말아먹은 박헌영의 잘못으로 때를 놓쳤고, 이번에는 어윤갑을 비롯한 박일영, 임해 등 전 대남연락부장들이 잘못해서 때를 놓쳤다"고 질책했다.

그러면서 김일성은 "결국 우리 모두의 잘못으로 때를 놓쳤다. 뼈아픈 교훈을 바탕으로 시급히 대책을 강구하라. 이제 좋은 정세가 도래했으니 이에 대비하라"고 강조했다.

이날 정치위원회에서는 위장평화공세를 강화하고 지하공작을 활성화하며, 조총련을 대남공작에 적극 활용한다는 방침도 결정됐다.

이 같은 결정에 따라 문화부는 밤을 꼬박 새워 노동당 중앙위원회 명의로 '4·19 혁명'을 지지하며 평화통일을 위해 남북 제정당 및 사회단체 연석회의를 열자'는 호소문을 작성해서 다음 날인 4월 21일 아침 방송으로 발표했다(유영구, 1993: 189~192).

북한 3호 청사의 5·16 예측 실패

북한 대남공작 부서는 5·16을 전혀 예측하지 못했다.

그 당시 대남연락부에서 근무했던 귀순자 박병엽에 따르면 북한은 4·19 후 통일운동이 계속 확산될 것으로 보고, 5·16이 일어날 때까지 남북학생회담과 정당·사회단체 협상 준비에 전력을 기울였다고 한다.

5월 초에 개최된 노동당 정치위원회에서는 군부 동향이 심상치 않다는 보고가 있었다. 하지만, 남한 군대가 미군에 예속된 상태에서 군부 쿠데타는 불가능하다는 결론이 내려졌다고 한다.

5월 16일 그날 김일성은 흥남 비료공장에 현지지도를 나가 있었다.

점심을 먹다가 문화부장 김중린으로부터 쿠데타 보고를 받은 김일성은 급히 평양으로 돌아왔다. 김중린에게 쿠데타 발발 소식을 가장 먼저 전한 건 재일조총련 공작부서였다.

김중린의 보고를 받은 김일성은 두 가지 지시를 내렸다.

하나는 3호 청사의 모든 정보망을 가동해서 쿠데타의 진상을 정확히 파악하라는 것이었다. 3호 청사는 대남공작부서인 연락부와 문화부가 입주해있던 건물.

북한 대남공작기구를 총칭하는 용어로 사용됐다. 1963년에는 조사부가 생기면서 조사부도 3호 청사에 입주했다.

김일성의 다른 지시 하나는 다음 날(5. 17.) 평양 중앙당에서 정치위원회를 긴급 소집하라는 것.

5월 17일 열린 노동당 정치위원회에서 김중린이 남한정세를 보고했다. 그러나 수집 정보가 빈약해서 김일성의 질문에 제대로 대답하지 못하고 끙끙댔다.

쿠데타 주체세력이 누구냐는 물음에 김중린은 "박정희 소장과 육사 8기 출신의 소장 장교들이 움직였다는 정보가 있다"며 두루뭉술하게 답변했다. 그 사람들이 어떤 사람들이냐는 추가 질문에는 말을 잇지 못했다.

화가 난 김일성은 "이미 이전의 정치위원회에서 군부동향이 심상치 않다는 보고가 있었고, 이를 둘러싸고 토론도 많이 했으며 '더 구체적으로 잘 연구하라'는 결론이 내려졌다. 그런데도 대남공작 관련 부서들은 이남의 대북 군사도발이 있을 경우를 대비해 기선을 제압하는 방법을 강구하는 데만 신경을 썼지, 정작 군사쿠데타의 가능성에 대해서는 제대로 파악하지 못했다"고 질책하며 "이전에 우리가 내린 결론 자체도 잘못된 것이지만 관계자들이 그 뒤 계속 연구하여 동향파악에 심혈을 기울였어야 하지 않았는가" 하며 난감한 태도를 보였다.

그날 회의에는 김책의 차남인 민족보위성 정찰국장 김정태도 참석했는데 정변 정보에 대해 전혀 답을 못하자 김일성은 "도대체 뭘 하고 밥 먹는 거냐. 너의 아버지는 그렇지 않았는데 도대체 일 본새가 왜 그 모양이냐"며 몰아세웠다고 한다(「월간중앙」, 1991. 9월호).

연락부 내 공화당 공작과 신편

한국에서 중앙정보부장 자리를 놓고 김재춘과 김형욱이 치열하게 경합하다 김형욱이 중앙정보부장 자리를 차지, 김형욱 중심으로 대공 체계가 안정되어나가던 1963년 북한에서도 대남연락부에 공화당 공 작과를 신설하는 등 대남공작체계를 재정비했다.

그 과정에 대해서는 체포된 전향간첩 박병엽이 자세한 증언을 남겨 놓았다.

박병엽은 북한 대남공작기관 출신으로서 1990년대 초기 중앙일보 에 북한 내부의 비밀을 폭로하는 인터뷰를 연재했고, 중앙일보에서 이를 『비록 조선민주주의인민공화국』이라는 단행본으로 출간하여 북 한현대사를 연구하는 논문이나 책자에서 많이 인용되어왔다.

당시 중앙일보는 박병엽의 신변을 보호해주기 위해 신경완, 서용규, 황일호, 신평길, 최종민, Q씨, S씨 등 가명으로 그를 소개했으나 그의 사후 국정원 기조실장을 역임한 서동만 전 상지대 교수가 그의 저서 『북조선 사회주의체제성립사 1945~1961』에서 박병엽의 실명을 처음 공개했다.

그럼에도 박병엽이 남한으로 넘어오게 된 경위와 배경에 관해서는 언론계·학계에 알려지지 않았는데, 국정원 과거사건 진실규명을 통한 발전위원회가 발행한 책자에는 『비록 조선민주주의인민공화국』의 증언자는 '도원 1호'라고 기록되어 있다.

그와 함께 '도원 1호는 놀라운 기억력의 소유자로서 북의 대남사업과 관련하여 아주 고급의 정보를 엄청난 양으로 제공했다'고 전제하며 '도원 1호는 남한의 대사로 해외에 나가 있던 사람을 포섭하기 위해 북한에서 나왔다가 국정원에 체포된 뒤 전향했는데, 그의 체포는 남한의 대공활동에서 가장 성공적인 공작으로 평가된다'고 밝히고 있다(국정원과거사위, 2007: 276~277). 즉, '도원 1호'가 박병엽인 것이다.

박병엽의 증언에 따르면 1963년경 북한은 먼저 조직 측면에서 남한의 공화당에 대한 공작을 강화하기 위해 노동당 대남연락부에 '공화당 공작과'를 신편했다.

공화당 상층부에 대해서는 친북 분위기를 조성하는 '영향력 공작'이 추진되고 중·하층에 대해서는 직접 포섭하는 두 가지 방향으로 공작이 진행됐다.

김일성의 3대 혁명역량 강화론

___

박정희는 집권하자마자 한일 국교 정상화에 전력을 기울였다. 한미일 동맹을 구축해서 북소중의 공산권 동맹에 맞대응하고, 자유진영의 자본을 끌어들여 경제력을 키우겠다는 복안이었다.

그 시기, 북한의 김일성은 한반도 전체를 공산화시키는 방법으로 '3대 혁명역량 강화'를 제시하고 나섰다.

그럼 김일성은 왜 그즈음 3대 혁명역량을 들고 나왔는가? 그에 대해 김일성은 1964년 2월 27일 열린 조선노동당 중앙위 제4기 제8차 전원회의에서 이렇게 설명했다.

"우리 혁명이 승리하기 위하여서는 세 가지 혁명역량이 잘 준비되어야 합니다. 그 첫째는 북조선의 혁명역량이며, 둘째는 남조선의 혁명역량이며, 셋째는 국제적 혁명역량입니다.

미 제국주의자들을 우리 강토에서 몰아내고 조국을 통일하는 것은 남북조선 전체 인민의 공동의 투쟁과업입니다. 그러므로 미 제국주의자들의 강점 밑에 있는 남조선 인민들은 물론, 북조선 인민들도 혁명역량을 길러야 하며, 조국통일을 위하여 견결히 투쟁하여야 합니다.

우리 당은 해방직후부터 북조선을 우리 혁명의 기지로 규정하고 정치, 경제, 군사의 모든 면에서 이 혁명 기지를 백방으로 강화하는 일

관한 노선을 견지하여왔습니다. 우리는 이와 같은 올바른 노선에 따라 자기의 혁명역량을 끊임없이 강화, 발전시킴으로써 미제의 무력침공을 물리치고, 혁명의 전취물을 지킬 수 있었으며, 우리나라에서 역량관계를 날이 갈수록 더욱더 혁명에 유리하게 전변시켰습니다. 오늘 굳게 다져진 북반부의 혁명 기지는 우리 인민의 승리의 튼튼한 담보로 됩니다.

그러나 북반부에서 혁명역량을 강화하는 것만으로는 안 됩니다. 지금 미 제국주의자들의 직접적인 압박과 착취를 받는 것은 남조선 인민들입니다. 그러므로 남조선에서 미 제국주의자들을 몰아내기 위하여서는 먼저 남조선 인민들이 주동이 되어 일떠서야 합니다. 이렇게 해야 남조선에 대한 미제의 식민지 통치제도에 직접 타격을 줄 수 있으며 남조선혁명이 인민대중의 힘에 의하여 더 빨리 추진될 수 있습니다.

남조선에서 혁명역량이 준비되지 않고는 혁명이 승리할 수 없다는 것을 우리는 이미 체험하였습니다. 조국해방 전쟁 시기에 남조선 사람들이 적 후방에서 폭동을 일으키고 인민군대의 진격에 호응하여 싸웠더라면 우리는 적을 철저히 때려부수고 조국통일 문제를 벌써 풀었을 것입니다. 그 다음에도 남조선 혁명역량이 강화되었더라면 남조선혁명의 승리를 앞당길 수 있는 기회가 적지 않았습니다. 문제의 중심은 남조선 인민 자체가 혁명을 하기 위하여 투쟁의 불길을 높이는 데 있습니다.

물론 남조선 인민들이 혁명적으로 일떠선다 하더라도 북조선 인민들이 적극적으로 그들을 도와주지 않는다면 미제와 그 앞잡이들을 성과적으로 때려부술 수 없습니다. 남북조선에서 혁명역량이 다 같이 준비되어야 하며 남북조선 전체 인민이 힘을 합하여 미 제국주의자들에게 타격을 주어야만 민족해방 혁명을 승리적으로 완수할 수 있습니다.

우리 혁명이 승리하기 위하여서는 국내에서 혁명역량이 강화될 뿐만 아니라 국제적 혁명역량도 더욱 자라야 합니다. 조선혁명은 세계혁명의 한 고리입니다. 미 제국주의는 국제반동의 원흉이며 전 세계 진보적 인민들의 공동의 원수입니다. 조선에서 미 제국주의자들의 패망은 전 세계적 범위에서 그들의 패망과 밀접히 연결되어 있습니다. 세계혁명 역량이 더욱 강화되고 미 제국주의자들이 세계의 이르는 곳마다에서 더욱더 막다른 골목에 빠져들어갈수록 남조선에서의 미제 침략자들의 지반은 더욱 약해질 것이며 조선혁명의 승리는 더 빨리 실현될 것입니다. 그러므로 우리는 국제혁명 역량을 끊임없이 강화하기 위하여 투쟁하여야 합니다.

이와 같은 세 가지 혁명역량이 잘 준비되지 않고는 조선혁명의 승리를 바랄 수 없습니다. 혁명역량을 충분히 준비하지 않고 혁명의 승리를 바라는 것은 환상에 지나지 않습니다.

우리 인민들과 온 세계 혁명적 인민들과의 연대성의 강화와 국제무대에서 미 제국주의 침략세력의 약화는 남조선 인민들의 반미 민족해방 투쟁을 크게 고무할 것이며 조국통일에 유리한 국면을 열어놓을 것입니다."

김형욱 부장 시대 북한 대남공작 개관

김형욱 중앙정보부장 시대 많은 간첩단 사건들이 일어났다. 그것은 북한이 김일성의 지시에 따라 남한에 지하당을 구축하는데 주력했기 때문이다.

김일성은 "혁명적 당이 없었고, 명확한 투쟁 강령이 없었으며, 따라서 기본군중인 노동자, 농민이 항쟁에 광범히 참가하지 못하였기 때문에 4월 봉기는 철저히 조직적으로 전개되지 못하였으며…(중략)…역시 혁명적 당의 영도가 없었고 노동자, 농민, 병사 대중의 각성이 부족하였기 때문에 남조선 인민들은 군부 상층의 파쑈 분자들에 의한 권력 탈취를 막지 못했다"고 4·19와 5·16 전후 대남공작을 자평했다(돌베개 편집부, 1988: 225~226).

이러한 김일성의 교시에 맞추어 북한의 대남정책도 조정됐다. 4·19 직후인 1960년 4월 20일 열린 노동당 정치위원회는 평화통일공세, 지하공작 활성화, 조총련의 적극 활용 등을 대남정책의 목표로 설정했다. 그리고 대남연락부와 문화부를 통합 조정하는 기구인 '남조선국'을 노동당 중앙위원회 산하에 설치하고 이효순을 초대 국장으로 앉혔다.[1]

---

[1] 중앙정보부에서 발간한 「북한대남공작사(제2권)」(1973)에는 남조선국을 '연락국'으로 표기하고 있다. 여기에서는 북한정보기관에서 오랫동안 일했던 귀순자 박병엽의 증언에 따라 남조선국으로 명기했다.

남한에서 2공화국 출범을 위한 총선(1960. 7. 29.)이 끝난 직후인 1960년 8월 6일~8일에는 남한의 정세변화에 맞춰 대남공작 방향을 새롭게 설정하기 위한 대규모 정책토론회가 열렸다.

무력통일론과 평화통일론을 논의한 후 지하조직 강화, 남한 혁신세력의 입지 확대, 통일전선 대상자 확보 등을 대남공작 방향으로 잡았다.

김일성도 "6·25 때는 박헌영이 20만 당원이 있다기에 전쟁방법을 써봤던 것이지만 지금은 상황이 다르다"며 평화통일론에 손을 들어줬다 (유영구, 1993: 205).

남북협상 및 통일전선 전술을 강화하기 위한 조국평화통일위원회도 1961년 5월 13일 설립됐다.

그러나 5·16이 일어나는 바람에 북한 대남노선에는 다시 큰 변화가 일어났다. 1961년 11월 정치위원회를 열고 4·19와 5·16을 예측하지 못한 책임을 물어 어윤갑 대남연락부장을 해임하는 한편 남조선국도 해체했다. 자리를 잃은 이효순 남조선국장은 직업동맹위원장으로 좌천됐다. 대남연락부장에는 서철을 새로 임명했다.

1963년 초에 이르러 북한은 대남공작기구들을 다시 개편했다.

쿠바 위기(1962년 10월)가 소련의 굴복으로 끝나자 북한이 공개적으로 흐루시초프를 '투항주의노선'이라고 비판하고 나서며 중공과 밀착되기 시작했다. 미국의 베트남전쟁 개입 본격화, 중소관계 악화 등 국제정세도 급변하고 있었다.

이에 따라 '대남혁명 사업'을 새 노선에 따라 본격화해야 한다는 분위기가 3호 청사에서 제기됐다. 통일 문제보다는 남조선혁명 문제를 우선과제로 실천해야 한다는 것이었다. 4·19와 5·16을 보면서 남한

내의 '혁명역량'이 중요하다는 인식을 갖게 된 것이다.

그 결과 노동당 중앙에 대남사업을 총괄하는 '대남사업총국'을 신설하고 정보수집을 강화하기 위해 1963년 조사부를 만들었다.

신설 대남사업총국장에는 남조선국 해체에 따라 직업동맹위원장으로 밀려나왔던 이효순이 재임용됐다. 부국장은 임춘추가 맡았다.

신설 조사부의 초대 부장에는 방학세가 임명됐다. 방학세는 해방 뒤 소련에서 들어와 정보공작이나 보안관계 책임자로 일해오던 사람이었다. 조사부장에 임명되기 직전에는 사회안전부장을 역임했다.

대남연락부장은 서철을 해임하고 유장식을 임명했다. 소련 고급 당학교 출신 전문외교관이었던 유장식은 대남연락부장을 맡기 전 외무성 부상이었다.

문화부장 김중린은 유임됐다. 이때부터 1967년 5월 이효순이 숙청될 때까지 대남공작은 이효순이 주도하는 시기였다.

이효순과 박금철, 임춘추 등 갑산파는 노동당 제4기 15차 전원회의에서 숙청당했다. 이효순에게 씌워진 죄목은 통혁당 조직 적발, 동백림 공작 노출 등 대남정책 실패였다. 1967년 5월 열린 이 회의는 비밀리 개최됐다.

이 시기 또 하나의 특징은 해외를 통한 우회공작을 대대적으로 강화한 점이다. 대남연락부와 문화부 내에 해외공작기구를 확대했다.

문화부 내에 조총련 활동을 통괄하는 기구를 만들고, 외교관 신분의 공작원들을 대거 파견해서 세계 도처에 해외공작거점을 만들어나갔다.

해외거점의 책임자는 3호 청사의 과장급이었고 그 밑에 지도원급 몇 명이 파견되어 독자적인 한 팀을 만들었다. 해외거점의 중점 사업은 대남사업에 필요한 해외교포와 남한의 여행자들을 포섭하는 일이었다.

50년대까지는 북한을 해외에 홍보하는 선전공작 중심이었으나 60년대 들어 공작대상을 포섭하는 방향으로 전환됐다. 1960년대 북한 대남공작조직의 변화를 도표로 정리하면 아래 표와 같다.

1960년대 북한 대남공작조직의 변화

조직명		설립	주요 기능	비고
남조선국		1960.	연락부·문화부 통합지도, 대남사업 총괄	1961. 11. 해체
조국평화통일위원회		1961. 5.	통일전선 구축, 남한혁신세력 지원	
대남사업총국		1963.	연락부·문화부·조사부 통합지도 1961. 11. 해체된 '남조선국' 기능 부활	1969. 1. 해체
조사부		1963.	해외 공작거점 운영, 대남우회 침투공작	→대외조사부→대외 정보조사부
대남비서		1969. 1.	대남사업 총책, 김일성 대남사업 직접 관할	'대남사업총국'기능 대체
게릴라부대	교도대	1965. 4.	남한 후방침투 게릴라 양성	제대군인 선발
	283군부대	1966. 5.	남한 산악지대 근거지 구축	현역군인 대상 교육
	124군부대	1967. 4.	대남기습작전, 단기침투공작	정예군인, 깡패 등

이효순이 1967년 5월 숙청당한 후 현역군인인 인민군 총정치국장 허봉학이 대남사업총국장에 임용됐다. 군부 출신이 대남공작에 가담

함으로써 대남노선에 군사적 성향이 나타났다. 당시 베트남에서 성공을 거두고 있던 게릴라전을 모방한 침투가 시작됐다.

청와대 기습사건(1968. 1. 21.), 울진·삼척 무장공비 침투사건(1968. 10월~11월) 등이 잇따라 일어났다. 이들 사건은 허봉학이 인민군 정찰국장 김정태(김책의 둘째 아들), 민족보위상 김창봉 등과 함께 주도한 사건들이었다.

이와 같은 군사 모험주의적 대남노선은 김일성의 의도와는 거리가 있는 행동들이었다. 당시 그들은 김일성의 동생 김영주에게로 권력이 승계되는 데 강한 불만을 품고 있었다. 그에 따라 대남사업에서 성과를 올려 김영주의 득세를 저지하려는 야심을 가지고 있었다.

1972년 김일성 환갑 때까지 통일을 달성하겠다는 '공로주의'에 사로잡혀 당 지도부에 보고도 하지 않은 채 '통일과 남조선혁명전략 계획'을 수립해 무력행동에 들어갔다(신평길, 1996: 128).

이러한 동향을 주시하던 김일성은 당 조직부장 겸 비서인 김영주에 반대하는 것은 당 중앙과 김일성 자신에 반대하는 행동이라고 비판하면서 김영주·김정일을 시켜 이들의 비리를 조사했다. 결국 이들은 1969년 1월 초 숙청됐다.

허봉학의 숙청과 함께 김일성은 대남사업총국을 폐지하고 노동당 비서국에 대남사업담당 비서를 두어 대남공작을 직접 관장하는 체계로 개편했다. 신설 대남사업 담당 비서에는 김중린 문화부장을 임용했다. 대남공작에 대한 김일성의 장악력을 높이는 방식으로 구조를 바꾼 것이다.

김중린과 어윤갑의 김일성에 대한 충성 경쟁

___

5·16 전후 북한의 김중린 문화부장과 어윤갑 대남연락부장은 대남 공작 주도권을 놓고 갈등을 빚었다.

문화부는 조총련 정보, 세계 각국 및 남한방송의 청취·분석 등 공개정보 출처를 관장하고 있었다. 그에 따라 대남연락부에 비해 정보가 빨랐다. 자연히 정보의 신속성에서 뒤진 어윤갑 연락부장의 불만이 컸다.

5·16 직후 두 사람의 갈등은 노골화되어 부장끼리 만나도 대화를 기피하는 상황까지 갔다. 구내식당에서 서로 마주치기 싫어서 같은 식사시간을 피하는 지경까지 이르렀다. 그러다보니 부부장간, 지도원·과장 간에도 마찰이 잦았다.

박병엽의 증언에 따르면 김중린이 어윤갑과의 경쟁에서 앞선 데는 김중린의 능력도 크게 작용했다.

김중린은 발 빠르고 재치가 있었으며 머리가 아주 좋은데다 부지런하고 글을 대단히 잘 썼다고 한다. 김일성의 신임을 받은 것도 두뇌회전이 빠른데다 글을 잘 썼기 때문이라고 한다.

5·16 직후 남한의 정세에 대해 신속한 정보가 요구되던 시기 두 사람의 김일성에 대한 충성경쟁은 극에 달했다. 김중린은 이 무렵 수집 정보를 정리해서 동이 트기도 전에 김일성 관저로 가져갔다. 당시 김

일성 관저는 평양시 보통문 뒤편 소련대사관 길 건너편에 있었다.

그 당시 김일성은 새벽 3~4시쯤 일어나 마당을 쓰는 버릇이 있었다고 한다. 김중린은 새벽에 김일성 집을 찾아가서는 대문 밖에서 기다리고 있다가, 김일성이 마당을 쓸려고 빗자루를 들고 마당으로 내려오는 순간 아침 인사를 올리며 보고서를 내밀곤 했다. 보고의 적시성에서 연락부의 어윤갑보다 앞섰던 것이다. 김일성이 김중린의 보고서를 읽어보고 연락부와 관계된 것이 있으면 어윤갑에게 전화를 걸어 물어보는데 어윤갑은 정보 부족으로 모르는 경우가 대부분이었다.

김중린의 보고로 물을 먹을 때마다 어윤갑은 밑의 사람들에게 왜 문화부에 뒤처지느냐고 힐책하기 일쑤였고 질책을 받은 부하들은 문화부 관계자들과 싸우곤 했다.

1960년 8월 들어 문화부가 조총련을 통한 대남 통일전선 공작을 시작한 것도 두 부서의 갈등 요인이었다. 조총련을 통해서 남으로부터 올라오는 월북자가 생기면 문화부가 가로채 정보를 빼내곤 연락부에 통보하지도 않았다.

이러한 김중린과 어윤갑의 갈등은 1961년 11월 정치위원회에서 어윤갑 연락부장을 해임함으로써 김중린의 승리로 막을 내리게 된다(유영구, 1993: 232~235).

대남연락부의 5·16 주체 이석제 포섭 시도

━━

박정희, 김종필과 함께 5·16을 기획했던 이석제.

평북 신의주 출신으로 부모를 고향에 둔 채 혼자 월남하여 군인이 됐다. 5·16 후 국가재건최고회의 법사위원장을 맡아 각종 개혁 법안들을 입안하여 처리하고 있었다.

6·25 전쟁 때는 1950년 7월 영천 전투에서 다리 관통상을 당해 후방을 전전하며 대구대학(현 영남대학)법대에 진학해서 법을 공부했다. 그때 형법을 가르치던 백남억, 헌법을 강의하던 신현확, 민법을 가르치던 이재철 등과 사제지간의 인연이 싹텄다.

그때의 인연으로 백남억, 신현확, 이재철은 박정희 정부에 참여하여 요직을 지냈다. 그 시절 법률공부와 고시를 준비하며 닦은 법률지식이 5·16 후 이석제가 법률을 재정비하는 데 밑바탕이 됐다.

이석제가 법사위원장으로 근무하던 어느 날, 월북한 친구가 보내온 편지 한 통을 받았다. 편지 속에는 북한에 남아 있던 부친의 사진이 한 장 들어 있었다. 순간 이석제는 온 몸이 감전되는 듯한 충격을 받았다. 북한의 공작임을 직감할 수 있었다.

곧바로 중앙정보부에 신고한 결과 자신뿐 아니라 이북 출신의 최고위원 모두에게 편지가 배달된 사실을 알게 됐다.

며칠 후 이번에는 일본이 발신지로 표시된 편지가 이석제에게 도착했다. 이번에는 노골적으로 저의를 드러내는 내용이 담겨 있었다.

'한 민족 한 국가를 이루기 위해 남과 북이 한마음 되어 노력해보자. 이런
취지에 동감하면 법사위원장 명의로 발표되는 담화에 이런 구절을 넣어달라.
그러면 다음에 접촉할 수 있는 방법을 알려주겠다(이석제, 1995: 170~171).'

중앙정보부에서는 이석제 앞으로 발송된 편지를 가지고 북한의 공
작조직을 색출하려고 노력했으나 실패하고 말았다.

이즈음 김형욱 정보부장은 부역자 가족 및 월북인사 가족들을 중
앙정보부로 초청, 안보정세 설명회를 갖고 북한에서 친척이 내려오면
즉시 신고하도록 계도하고 있었다.

당시 베트남전쟁이 확대되고 있었기 때문에 미군의 베트남전 개입
을 견제하는 차원에서 북한이 게릴라를 남파, 남한에 유격거점을 만
들려고 시도할 것이고, 이를 위해서는 남파간첩들이 우선적으로 부역
자 가족과 월북인사 가족들에게 접근할 것으로 중앙정보부는 판단하
고 있었다.

이때 시작된 안보정세 설명회에는 공무원, 군인, 교수, 학생지도자
등 각계각층이 망라되어 있었다. 설명회 참석자들에게는 북한의 전투
훈련과 경제실정 등을 기록한 영상물을 보여주고 중앙정보부 첨단 시
설을 견학시키는 한편 곰탕으로 점심을 대접했다.

김형욱은 이 설명회를 통해 중앙정보부가 혁명 직후의 정치전위대
였었던 인상을 불식시키고 북한 공산주의자들이 대남적화공작을 어
떻게 전개하는지 실감나게 국민들에게 보여줄 수 있었다고 회고했다
(김형욱·박사월, 1985b: 16~17).

북한의
한일 국교 정상화
방해 공작

박정희 정부의 반공태세 재정비

5·16 혁명공약 제1번은 '지금까지 형식적이고 구호에만 그친 반공태세를 재정비 강화한다'는 것이었다. 반공태세 재정비의 하나로 제정된 것이 반공법이다.

반공법은 1961년 7월 3일 제정되어 1980년 12월 31일 폐지된 법률이다. 중앙정보부의 탄생 및 소멸과 맥을 같이한다.

인터넷 포털에 '반공법'을 치면 한국민족문화대백과, 위키백과, 두산백과 등 백과사전에 모두 5·16 군사정변 이후 공산주의 활동을 처벌하기 위해 제정·공포된 법률이라고 해설하고 있다.

5·16 혁명공약 1호인 '반공을 국시의 제일의로 삼고 지금까지 형식적이고 구호에만 그친 반공태세를 재정비 강화한다'는 공약을 이행하기 위한 법률이라고 설명하고 있다.

이는 정확하지 않은 해석이다. 반공법은 5·16 이전 장면 정부에서 제정을 시도하다 혁신계 정당과 사회단체의 반발로 제정에 실패한 법이다. 장면 정부 때 제정에 실패한 법률을 5·16 직후 제정했다고 기술하는 것이 정확한 표현이다.

이승만 하야 후 허정 과도정부 시기 국회는 자유민주적 기본질서와 관련해서 두 가지의 법률을 제·개정했다.

그 하나는 1960년 5월 29일 집회 및 시위에 관한 법률을 제정한 것이다. 구 정권과의 투쟁 과정에서 국민에게 약속한 사항을 이행해야 한다며 집회 및 시위에 관한 허가제를 신고제로 바꾼 법률이었다.

집회 주최측이 24시간 전에 관할 경찰서장에게 집회 목적·일시·장소 등을 신고만 하면 집회가 가능해졌다. 그 결과 사회문제를 제도와 절차에 의해 해결하기보다는 데모를 통해 해결하려는 데모만능 풍조가 만연됐다.

또 다른 하나는 국가보안법을 개정한 것이다. 5월 30일 국가보안법을 개정했다. 자유당 정권의 몰락을 재촉한 1958년 2·4 보안법 파동 때 신설된 조항들을 대폭 삭제했다. 전문 40조에서 전문 16조로 축소됐다. 삭제된 주요 법조문은 아래와 같다.

구법 조항		조문
제4조		본법에서 국가기밀이라 함은 정치·경제·사회·문화·군사 등 국가방위상의 이익을 위하여 외국정부와 적에게 비밀로 보지(保持)할 것을 요하는 문서·도서 기타의 물건, 사실 또는 정보를 말한다.
제11조	1항	적을 이롭게 할 목적으로 국가기밀을 탐지 또는 수집하거나 이를 방조한 자는 사형 또는 무기징역에 처한다.
	2항	적을 이롭게 할 목적으로 국가기밀을 누설한 자도 전항의 형과 같다.
제12조	1항	전조의 경우를 제외하고 적을 이롭게 할 목적으로 국가의 정치·경제·사회·문화·군사에 관한 정보를 수집한 자는 10년 이하의 징역에 처한다.
	2항	적을 이롭게 할 목적으로 관공서, 정당, 단체 또는 개인에 관한 정보를 수집한 자도 전항의 형과 같다.
제40조	1항	국군정보기관의 장교, 준사관 및 하사관은 제10조, 제11조와 제18조 제1항에 규정된 죄를 범한 일반인을 본법과 형사소송법의 규정에 의하여 수사할 수 있다.
	2항	전항의 범죄수사에 있어서는 검사의 지휘, 명령에 복종하여야 한다.

하지만 사회질서가 걷잡을 수 없이 문란해지자 장면 정부는 1960년 12월 초부터 데모규제법과 반공임시특별법 제정을 추진했다. 데모규제법은 국가기관과 공공건물 주변에서의 데모를 금지하는 것이 골자였다. 당시 여당인 민주당의 선전부장이었던 김대중은 데모규제법 입법의 필요성을 강조했다(이정식, 1986: 186).

처음 장면 정부는 반공법 제정보다는 국가보안법 재개정을 모색했다. 1960년 12월 13일 장면은 참의원에서 "보안법을 갖다가 독소를 뺀다고 너무 지나치게 빼놓아서 빨갱이를 잡아 다스리려고 해도 법률의 미비점에 철저하게 할 수 없다"며 재개정 필요성을 역설했다.[2]

그러나 사회문란 분위기에 틈타 남북교류론, 판문점 남북학생회담 등 북한과 연계된 급진통일운동이 확산되자 장면 정부는 국가보안법 재개정 대신 반공법 제정으로 방향을 전환했다.

이러한 정부방침에 대해 혁신계열은 데모규제법과 반공법을 2대 악법으로 규정하고 전국 각지에서 반대시위를 극렬하게 전개했다.

1961년 3월 22일에는 서울시청 앞 광장에서 혁신계 주최로 반민주악법 성토대회가 열렸다. 10여 명의 연사들은 "4월 혁명을 모독하는 반공법은 민주주의를 말살하는 것이며, 장면 정권은 데모규제법으로 정당한 국민의 의사발표와 평화적 시위를 봉쇄하고 그들의 영구집권을 시도하고 있다"고 비난했다. 야간에는 극렬한 횃불시위를 벌였다.

이와 같은 반발에 부딪친 장면 정부는 반공법 대신 국가보안법 개정안을 만들고 집회와 시위운동에 관한 법률안을 성안하여 국회에 제출했다. 그러나 통일민주당, 사회당 등 혁신정당과 사회단체들은 여

---

2) 참의원 속기록, 1960년 12월 13일자.

전히 두 법안의 철회를 요구하며 반발하는 가운데 5·16 정변이 일어났다.

이처럼 반공법은 장면 정부에서 제정을 추진하다 좌절된 법안이었다. 장면 정부 때 여당인 민주당이 반공법 제정을 추진하면서 1961년 3월 17일 발표한 '반공임시특별법안(시안)에 대한 국민제현의 비판을 바란다'라는 제목의 성명은 법 제정의 필요성을 이렇게 설명했다.

혁명 후에 따르는 혼란과 넘치는 자유를 악용하여 공산세력의 교란활동이 일익 증대되고 있는 현실정하에 있어 국가의 안전과 국민의 자유를 확보하기 위한 대책의 하나로서 입법조치도 강구해야 하겠다는 논의가 여야 의원 및 일반 국민 간의 애국인사들 사이에 고조되고 있음에 비추어 본당과 정부는 그 법안의 시안을 제시하였던바 다음에 그 경위, 내용 등을 개진하면서 국민제현의 비판을 받고자 한다.

3년 전 2·4 파동 당시의 국가보안법안은 야당, 언론 및 국민탄압을 주목적으로 한 것이었기 때문에 우리는 극력 반대했던 것이며 그 당시의 정세는 그 폭압적 독재를 여하히 방지해내겠느냐 하는 면에서 몸부림쳤던 것이고 장차 적기나 김일성 만세를 고창하는 등등의 사태가 전개되리라고는 전혀 몽상조차 못하면서 그 당시 본 당은 독소내포규정들을 모조리 지적, 반대하는 성명서를 발표하고 그 규정들을 완전 제거한 법안의 초안까지 작성하였다.

그러므로 4월 혁명 직후에는 전술 3년 전의 성명서 및 초안을 기준으로 하여 국가보안법을 고치게 되었던 것이다. 그 후 혁명 뒤에 수반되는 혼란과 거의 무제한으로 보장된 자유를 악용하여 공산세력의 교란활동이 우심하여가고 적기가 고창, 기타 여러 가지 신형태의 불온한 양상이 전개되고 있는 바 현 형법으로서는 처벌할 조문이 없으므로 그 불비점과 맹점을 보완할 필요성을 느끼게 되었고 이에 관하여서는 전술과 같이 각계 우국인사들 사이에 논의되어왔던 것이다. 그러므로 2·4 파동 당시와 현재와의 간에 생긴 크고 급격한 '정세변화'가 이 입법을 필요하게 만든 것이다.

중앙정보부의 한일 국교 정상화 비밀교섭

중앙정보부는 창설 직후 한일 국교를 정상화시키기 위한 물밑 교섭에 착수했다. 정식 국교가 개설되어 있지 않은 상황에서 비밀정보기관이 교섭에 나서는 것이 국익에 유리했다. 이승만 정부 이래 국교 정상화 교섭이 계속되어왔으나 그때까지 진전이 없었다.

김종필 부장의 지휘 아래 비밀교섭의 실무를 맡은 인물은 최영택.

5·16 직후 김종필의 지시를 받아 청정회 멤버들을 소집해서 중앙정보부 창설을 주도했던 인물이었다.[3] 중앙정보부 창설 당시 최영택이 첩보부대 첩보과장으로 있었기 때문에 보안을 요구하는 한일교섭에도 그가 최적임이었다.

청정회 멤버인 이영근 차장에게는 신당 창당 작업, 석정선 국장에게는 워커힐 건설과 새나라자동차 창업, 최영택에게는 한일 국교 정상화 작업이 맡겨진 것이다.

최영택은 국교 정상화 작업을 위해 중앙정보부 창설이 마무리되자마자 주일 대표부 참사관이라는 직함으로 일본에 파견됐다.

---

3) 1949년 5월 23일 육사 8기를 졸업한 1,335명 가운데 김종필, 이영근, 최영택 등 6등에서 35등까지의 30명은 육군본부 정보국으로 발령받았다. 이들은 실무에 배치되기 전 청량리 정보학교에 입교하여 3주간 정보교육을 받고 1949년 6월 20일부터 업무를 시작했다. 이들은 청량리의 '청(清)'자와 정보학교의 '정(情)'자를 따 청정회란 모임을 만들었다.

김종필은 최영택에게 당시 일본 수상이었던 이케다 하야토(池田勇人)와의 면담을 비밀리 주선하라고 지시했다. 김 부장이 비밀리 추진할 것을 강조한 것은 비밀정보기관의 수장이 일본 수상을 만났다는 사실이 외부에 공개될 경우 국내로부터 극렬한 반발이 일어날 것을 우려한 때문이었다.

당시 한일회담은 누군가는 해야 하지만 욕을 먹을까 봐 전면에 나서기를 꺼려하는 뜨거운 감자였다. 김종필은 그러기 때문에 중앙정보부장인 자신이 이 문제에 나설 수밖에 없었다고 회고했다(김종필, 2016: 248).

그즈음 미국 케네디(John F. Kennedy) 대통령이 박정희 의장을 초청했다. 김종필은 박정희가 미국을 방문하는 기회를 이용하여 박정희와 이케다 일본 수상과의 면담을 추진키로 결심했다. 이 정상회담을 마련하기 위해 1961년 10월 25일 일본 국회의사당 총리실에서 이케다 총리를 만난 김종필은 한일 국교 정상화가 혁명과업의 하나임을 강조하며 박 의장이 미국을 방문하는 길에 일본에 들러 일본 총리와 회담을 가질 것을 제의하여 동의를 받았다.

김종필과 최영택의 노력으로 1961년 11월 12일 도쿄에서 박정희-이케다 정상회담이 이뤄졌다. 박정희는 "일본이 대일 청구권에 성의를 보인다면 우리는 평화선 문제에 신축성을 보이겠다"는 입장을 보였다. 이 회담으로 박정희 정부의 대일교섭에 물꼬가 트였으나 1년여 간 큰 진전이 없었다. 한일 양측의 복잡한 국내정치 문제가 진전을 막고 있었다.

그러한 난관을 타개하기 위해 김종필은 다시 일본을 방문하는 계획을 추진했다. 미국 국무부와 중앙정보국(CIA)의 초청으로 미국을 방문하는 기회를 이용할 계획이었다.

최영택이 일본 외무성 아세아 국장에게 1962년 10월 21일 양측이 만날 것을 제안했다. 하지만 그날은 일요일로 이케다 수상이 하코네에서 휴양 계획이 있어 적당하지 않다는 일본 측 의견에 따라 하루 앞당겨 10월 20일에 하되, 오히라 마사요시(大平正芳) 외상을 동석시키기로 합의됐다(이도성, 1995: 117). 김종필-오히라의 첫 대면이 성사된 것이다.

방미길인 1962년 10월 20일 김종필-오히라 1차 회담이 열렸다. 박정희는 미국으로 떠나는 김종필에게 대일 청구권 금액을 8억 달러 정도에서 합의하라는 지침을 줬다(김종필, 2016: 219).

1차 회담에서 쌍방의 의사를 타진한 김종필은 귀국길인 1962년 11월 12일 일본에 들러 오히라와 2차 회담을 가졌다. 세 시간여 많은 얘기가 오갔으나 타협점이 보이지 않자 김종필은 '두견새가 울지 않거든 울게 해야 한다'는 도요토미 히데요시의 고사를 꺼내며 오히라를 압박했다.

결국 오히라는 '무상 2억 달러, 유상 3억 달러, 총 5억 달러'라는 복안을 꺼냈다. 이에 대해 김종필이 다시 '무상 3억, 유상 2억, 1억 플러스 알파(민간)'라는 대안을 제시하여 김종필의 대안대로 타협이 이뤄졌다.

이것이 유명한 '김종필-오히라 메모'이다. 두 사람은 오히라 외상의 사무실에 있던 메모지에 합의 내용을 각각 써서 대조해보고 확인했다.

다음 날인 11월 13일 귀국한 김종필로부터 합의 내용을 보고받은 박정희는 "잘했어, 수고했어"라며 만족감을 보였다.

일본과의 합의를 이끌어낸 후 두 달이 채 안 된 1963년 1월 7일 김종필은 중앙정보부장직을 사임했다. 신당 창당에 전념하려는 의도였다. 실무를 맡았던 최영택 주일 대표부 참사관도 1963년 3월 28일 귀국했다(이도성, 1995: 416).

그 후 한일교섭 창구가 외무부로 이관되면서 회담이 답보상태를 보였다. 1964년에는 한일 국교 정상화 회담에 반대하는 극렬한 데모가 일어났다.

이런 과정을 거쳐 1965년 6월 22일 일본 총리 관저에서 한일국교 정상화 조인식이 열렸다. 다음 날 이동원 당시 외무장관은 청와대를 방문해서 박정희에게 조인 서류를 결재받았다. 박정희가 서류에 사인하면서 "대체 이 서류 몇 개 가져오는 데 몇 년이 걸린 건가"라고 독백처럼 말했다. 그러자 옆에 서 있던 외무부 담당 국장이 "자유당 시절부터 햇수로 15년입니다"라고 보고했다(이동원, 1992: 271).

김-오히라 메모의 '6억 달러+알파'는 1965년 양국 외무부 간 타결 과정에서 8억 달러로 조정됐다. 박정희가 처음 구상한 금액이었다. 이 자금은 포항제철(1억 3,000만 달러)과 경부고속도로 건설, 소양강 다목적댐 건설에 요긴하게 쓰였다.

김종필은 타계 직전 청구권 자금을 나라 세우는 밑천으로 삼겠다는 혁명정부의 구상이 성공해 보람을 느낀다고 술회했다(김종필, 2016: 223).

한편, 박정희는 한일 국교 정상화 회담이 교착상태에 빠져있던 1964년 1월 박태준을 불러 일본과 비밀교섭에 나서도록 지시했다. 박태준은 그때 군에서 예편한 후 관계 혹은 정계진출을 권유하는 박정희의 권유를 뿌리치고 미국 유학을 준비하고 있었다.

박태준을 일본으로 보내며 밝힌 박정희의 심경에 그 당시 중앙정보부가 대일협상을 비밀리 추진할 수밖에 없었던 이유가 잘 나타나 있다. 박정희는 박태준에게 경제개발을 위한 재원을 단기간 내 확보하기 위해서는 "한일 국교 정상화를 조기에 실현시켜서 무상 3억불, 유상 3억불 정도로 기 합의된 대일청구권 자금을 활용하는 길밖에 없다"는 생각을 피력했다.

그리고 국교를 정상화하기 위해서는 "일본 사회의 전통적 관습인 소위 '네와마시'라는 비공식 접촉이 대단히 중요한 시기"라며 이번 일 역시 국가의 사활이 걸린 중요한 문제이므로 1년 정도 더 고생해주기 바란다며 박태준을 일본 유력자들과의 비공식 교섭인물로 파견했다(이도성, 1995: 194~196).

세계조류에 적응하려는 결단

　제5대 대통령 선거를 통해 정권의 정통성을 확보한 박정희.

　국가를 근대화시키기 위해서는 한미일 동맹관계를 구축, 서방진영의 자금을 끌어오는 방법이 최적이라고 보고 한일 국교 정상화를 강력하게 밀어붙였다.

　대통령에 취임(1963. 12. 17.)한 후 1964년 새해를 맞이하자마자 최측근 3명을 한일 국교 정상화에 동원했다. 김종필, 박태준, 이동원 세 사람이다.

　김종필은 1963년 10월 23일 8개월 간의 외유에서 돌아와 그해 11월 26일 실시된 총선에서 고향인 충남 부여에서 공화당 후보로 출마하여 당선된 뒤, 공화당의 최고 자리인 당 의장에 지명됐다.

　박정희는 중앙정보부장 시절 한일교섭의 터를 닦은 김종필을 일본으로 보내 공개적으로 교섭하도록 지시했다.

　박태준에게는 일본을 방문, 비공식적으로 영향력 있는 각계 지도자들을 만나 한일 국교 정상화를 설득하라는 지침을 줬다. 박태준은 1964년 1월 말 일본에 도착, 9월까지 머물며 일본정계를 비롯 학계, 언론계 등 각계 지도자들과 광범위하게 접촉하며 그 결과를 월 1회 정도 대통령에게 보고했다(이도성, 1995: 194~197).

　대선이 끝난 후 태국 대사로 나가 있던 이동원을 불러서는 외무부장관을 맡아 한일회담을 마무리하도록 당부했다. 이동원은 태국으로 돌아가 현지 업무를 정리하고 1964년 7월 27일 정일권에 이어 외무장관에 취임했다.

박정희는 측근을 앞세워 한일교섭을 강화하는 한편 국내 저항을 무마하는 데도 주력했다. 1964년 3월 20일 일본으로 건너간 김종필이 3월 23일 오히라 외상, 3월 24일 이케다 총리를 각각 만나 4월 초 양국 외무회담을 열어 국교교섭을 마무리하기로 의견을 모았다.

이 소식이 국내에 알려지자 3월 24일 서울대, 고대, 연대 학생 데모를 시발로 대학가 데모가 벌떼처럼 일어났다. 대통령은 3월 27일 데모 수습 차원에서 일본으로 건너간 김종필에게 일단 교섭을 중지하고 귀국하라는 지시를 내렸다.

이어 3월 30일에는 대통령이 서울시내 대학생 대표 11명을 불러 면담하며 한일교섭 내용을 학생대표들에게 알려줄 것을 약속하고, 다음 날 정부에서 학생대표들에게 김종필-오히라 메모를 비공식으로 설명해줬다.

그 후 조금 소강상태를 보이던 대학가 데모는 5월 20일 서울대 문리대의 '민족적 민주주의 장례식 및 성토대회'를 계기로 다시 전국으로 확산됐다.

급기야 6월 3일 서울시내 18개대 학생 1만 5천여 명이 김종필 화형식과 함께 박정희 대통령 하야를 요구하며 4개의 파출소를 투석으로 부수는 등 경찰로서는 수습하기 힘든 상황이 일어났다.

이에 대통령은 6월 3일 20시를 기해 서울 일원에 비상계엄을 선포, 집회와 시위를 금지시켰다. 김진위의 수도경비사령부, 김재규의 6사단, 정봉욱의 20사단, 이병엽의 33사단이 계엄에 투입됐다.

박정희가 한일국교 정상화에 임하는 심경은 6·3 사태 1년여 후인 1965년 6월 22일 한일협정이 타결된 다음 날 밝힌 입장문에 잘 나타나 있다.

"친애하는 국민 여러분!

어제 일본 동경에서 한일 양국의 전권 대표 사이에는 양국 국교 정상화에 관한 제 협정이 정식으로 조인되었습니다. 지난 14년 동안 우리나라의 가장 어렵고도 커다란 외교 숙제였으며, 또한 내가 총선거 때에 공약으로 내건 바 있는 이 문제가 마침내 해결을 본 데 즈음하여 나는 내가 가지고 있는 평소의 소신의 일단을 밝혀 국민 여러분의 이해와 협조를 얻고자 합니다.

한 민족, 한 나라가 그의 운명을 개척하고 전진해나가려면 무엇보다도 국제정세와 세계조류에 적응하는 결단이 있어야 합니다. 국제정세를 도외시하고 세계대세에 역행하는 국가판단이 우리에게 어떠한 불행을 가져오고야 말았는가는 바로 이조 말엽에 우리 민족이 치른 뼈저린 경험이 실증하고 있습니다.

오늘의 국제정세는 우리로 하여금 과거 어느 때보다도 일본과의 국교 정상화를 강력히 요구하고 있습니다. 오늘날 우리가 대치하고 있는 적은 국제 공산주의 세력입니다. 우리는 이 나라를 어느 누구에게도 다시 빼앗겨서는 안 되지만 더욱이 공산주의와 싸워 이기기 위하여서는 우리와 손잡을 수 있고 벗이 될 수 있다면 누구하고라도 손을 잡아야 합니다.

우리의 자유와 독립을 수호하고 내일의 조국을 위해서 도움이 될 수 있는 일이라면 어려운 일이기는 하지만 과거의 감정을 참고 씻어버리는 것이 진실로 조국을 사랑하는 길이 아니겠습니까. 이것이 나의 확고부동한 신념이올시다.

더구나 중공의 위협이 나날이 중대하여가고 있고 국제사회가 이른바 다원적 양상으로 변모하고 있는 이 시점에서 우리의 위치를 냉철하게 파악하고 반세기 전에 우리가 겪은 민족의 수난을 다시 되풀이하지 않기 위해서는 국가의 안전보장과 민족의 번영을 기약하는 현명한 판단이 절실히 요청되는 것입니다.

지난 수십년 간 아니 수백년 간 우리는 일본과 깊은 원한 속에 살아왔습니다. 그들은 우리의 독립을 말살하였고 그들은 우리의 부모형제를 살상했고 그들은 우리의 재산을 착취했습니다. 과거만을 따진다면 그들에 대한 우리의 사무친 감정은 어느 모로 보나 불구대천이라 아니할 수 없습니다.

그러나 국민 여러분! 그렇다고 우리는 이 각박한 국제사회의 경쟁 속에서 지난날의 감정에만 집착해 있을 수는 없는 것입니다. 아무리 어제의 원수라 하더라도 우리의 오늘과 내일을 위해 필요하다면 그들과도 손을 잡아야 하는 것이 국리민복을 도모하는 현명한 대처가 아니겠습니까(박정희, 1969: 337~338)."

조총련의 한일회담 방해 책동

___

 김일성이 천명한 3대 혁명역량 강화는 1960년대 북한 대남공작의 기본지침이 됐다. 조총련도 이 지침을 받들어 한일 국교 정상화 회담을 방해하기 시작했다.

 조총련은 한일회담 반대운동을 1964년도 연간 사업목표로 정하고 일본 좌파정당인 사회당, 공산당과 연합해서 반대시위, 서명, 일본 외무성 앞 항의집회 등을 열었다.

 1964년 3월 주일 한국대사관에서 작성한 정보보고서를 보면 북한은 1959년부터 1963년까지 5년간에 걸쳐 '재일공민공작(在日公民工作)' 명목으로 교포 교육비 30억 원, 남조선 특별원조비 240억 원을 일본에 투입했는데, 이른바 남조선 특별원조비는 대남공작에 사용된 비용으로 민단 와해공작, 남한 침투공작에 사용됐다(이도성, 1995: 176).

 이 보고서에 의하면 조총련은 1963년 9월 20일부터 30일까지를 한일회담 반대운동 특별강조기간으로 정하고 동경 하비야 공원에서 1만 명을 동원하여 군중대회를 연 데 이어 1964년 3월 11일 같은 장소에서 다시 집회를 열었다. 이와 함께 강조기간 매일 500여 명을 동원, 일본 외무성과 일본 국회 앞에서 한일회담 반대시위를 가졌다.

 또한 이 보고서는 북한과 일본 사회당의 교류를 설명하고 있는데, 북한은 1963년 9월 일본 사회당 친선사절단을 평양으로 초청해서 한일회담 반대 대책을 상의하는 한편 한일회담 반대활동을 지원하기 위해 3억 2천만 원의 특별기부금과 1억 원의 선거대책비를 지원했다.

그 결과 1963년 11월 일본 중의원 선거 직후 사회당 의원들은 한일회담 반대활동을 전개하기 위한 조총련, 공산당 연석회의를 여는 등 한일회담 반대운동에 앞장섰다.

북한은 1963년 대남사업총국과 조사부를 신설하는 등 조직을 개편한 후 동베를린, 조총련을 통해 대남우회공작을 강화했다. 대남연락부와 문화부에 해외공작부서를 신편하는 한편 외교관 신분으로 위장한 공작원들을 대거 파견했다.

해외 파견 공작원들은 세계 곳곳에 해외공작거점을 만들어 활동했다. 거점 책임자는 3호 청사의 과장급이었고 그 밑에 지도원급 몇 명이 파견되어 한 팀을 만들었다. 해외공관과는 별도의 공작거점이 생긴 것이다.

대남공작에 필요한 해외교포나 남한의 여행자들을 포섭하는 것이 해외거점의 중점업무였다. 1950년대까지는 북한의 체제를 선전하는 공작이 해파 공작원들의 일이었다. 한국 유학생·교포들에게 북한의 신문·책자와 함께 가족편지 등을 실은 대외 선전물을 살포하는 데 주력했다.

1967년 드러난 동백림 간첩사건은 1950년대 북한의 선전공작에서 촉발됐다. 당시 한국보다 경제적으로 앞서 있던 북한의 발전상을 본 서독 교민과 유학생들이 잔뜩 호기심을 갖고 동독 북한대사관을 드나들면서 북한 공작원들에게 포섭되기 시작했다(유영구, 1993: 249).

김재규와 이만섭의 6·3 사태 수습책

6·3 사태 직후 김종필과 김형욱은 대통령에게 사표를 냈다. 그러나 대통령은 김형욱 부장의 사표는 반려하고 김종필 공화당 의장의 사표는 6월 6일 수리했다. 정국이 급박하게 돌아가고 있었다.

6월 6일 열린 공화당 당무회의와 의원총회에서는 중앙정보부 해체를 정부에 건의하기로 결정했다. 김형욱 부장은 중앙정보부에 대한 비판여론을 완화하는 차원에서 전국 각도의 지부를 없애기로 결정했다. 대신, 반공업무만을 전담하는 대공분실을 각도에 설치했다.

재신임을 받은 김형욱은 치안 확보를 위해 계엄사령부와 긴밀히 협조하고 있었다.

서울시내 일원에 비상계엄이 선포됐기 때문에 계엄권한을 가진 민기식 육군 참모총장 겸 계엄사령관을 비롯 계엄에 투입된 군 지휘관들의 영향력이 커졌다.

당시 계엄병력으로 투입된 수도경비사령부의 김진위 사령관, 6사단의 김재규 사단장 등은 김종필에 대한 불만이 컸다. 군의 계급으로 보아 육군 중령에 불과했던 김종필이 중앙정보부장에 이어 공화당 의장에 오르는 등 큰 권한을 행사하는 데 대한 반발도 있었다.

이들 지휘관들은 계엄이 선포된 다음 날인 6월 4일 김종필을 체포하여 사법처리해야 한다는 데 의견을 모았다. 김종필과 함께 야당의 김준연, 서민호 의원도 체포해야 한다는 데 뜻을 같이했다. 김준연, 서민호 의원은 '박 대통령이 한일회담 과정에서 일본으로부터 돈을 받았다'는 허위사실을 유포해서 군의 비난을 받고 있었다.

김재규는 공화당의 이만섭 의원을 은밀히 불러 이 사실을 대통령에게 보고해주도록 부탁했다. 이만섭은 김재규가 위관장교 시절 사고로 일시 군을 떠나 대구 대륜중학교에서 체육선생을 하고 있을 때, 농구 대표선수로 활동하며 김재규의 지도를 받은 사제지간의 인연이 있었다.

동아일보 기자를 지내다 박정희의 권유로 정계에 입문, 전국구 의원으로 처음 국회에 진출한 이만섭은 박정희의 신임을 받고 있었다.

이만섭에 따르면 박 대통령은 삼선 개헌 전까지는 직언하는 자신을 무척 좋아해서 사흘이 멀다 하고 찾았다고 한다. 그럴 때면 이만섭은 수시 김재규와의 합석을 건의해서 세 사람이 청와대에서 자주 저녁을 함께했다.

6·3 사태 직후 이만섭을 부른 김재규는 이렇게 부탁했다고 한다.

> 지금 계엄군의 공기는 비록 데모는 진압됐지만 나라를 위해 이번 기회에 문제가 되는 몇 사람을 체포해야겠다는 분위기요. 대상은 야당의 김준연, 서민호 의원과 여당의 김종필 공화당 의장이오. 문제는 군의 공기가 이러한 데 이걸 대통령께 직언하여 일을 수습할 사람은 이 의원밖에 없을 듯하오. 그러니 대통령께 말씀 좀 드려주시지요.

김재규의 부탁을 받은 이만섭은 대통령에게 보고하기 전에 김종필 의장에게 알려주는 것이 도리라고 보고 6월 5일 김종필의 행방을 수

소문해보니 민기식 육군 참모총장 공관에 가 있었다.

김종필이 1차 외유를 떠날 때 남긴 '자의 반 타의 반'이라는 말은 당시 동아일보 기자였던 이만섭이 기사를 쓰며 만든 말이다.

이만섭이 총장공관으로 가보니 거기에는 민기식 이외 김성은 국방장관도 와 있었다. 민기식, 김성은은 김종필의 공화당 의장 사퇴를 바라는 군부여론을 전하기 위해 김종필을 만나고 있었다. 그 이전 두 사람은 대통령에게 군부 분위기를 보고했다. 그러자 대통령이 군부여론을 김종필에게 직접 알려주라고 했다.

이만섭이 면담 분위기를 보니 민기식, 김성은은 김종필을 어려워하며 말을 빙빙 돌리고 있었다. 이에 이만섭이 단도직입적으로 2보 전진을 위한 1보 후퇴가 불가피하다며 사퇴를 종용했다.

김종필은 일부 군인들이 자신에게 반감을 가지고 있는 모양인데, 자신을 비난하고 있는 장경순, 김성곤 의원과 함께 물러난다면 사퇴하겠다는 조건을 달았다.

다음 날인 6월 6일 대통령을 만난 이만섭은 전날 김종필과의 면담 분위기를 전하며 김종필 의장이 자진 사퇴한 모양으로 김종필의 사퇴를 일방 발표할 것을 건의했다.

훗날 이만섭은 6·3 사태가 큰 위기를 넘긴 것은 대통령이 김재규와 자신의 건의를 받아들여 김종필을 사퇴시켜 2차 외유를 내보내고 김준연, 서민호 의원을 구속시킨 것이 주효했다고 회고했다(이만섭, 2009: 87~92).

미 CIA 한국지부장의 김종필 2차 외유 주선

김종필 공화당 의장은 6·3 사태 직후 군부의 요구를 수렴해서 당 의장직에서 물러났다. 하지만, 계엄에 동원된 사단장들은 그에 머물지 않고 김종필의 사법처리를 요구했다.

계엄령의 발동으로 그 실권을 무시하기 어려웠던 대통령과 중앙정보부장으로서는 무척 곤혹스런 입장에 놓였다. 이에 김형욱 부장은 하나의 타협안을 내놨다. 김종필을 다시 외국으로 내보내는 제안이었다.

김종필 사퇴 직후의 어느 날 6사단장 김재규, 20사단장 정봉욱, 33사단장 이병엽, 수도경비사령관 김진위 등을 수도경비사령관실에서 만난 김형욱은 이들과 담판을 지었다.

그 가운데 정봉욱이 대통령의 약속을 자신이 확인해야 한다고 고집을 부렸다. 정봉욱은 박정희와 만주군관학교 동기였다. 그에 김형욱은 정봉욱과 함께 청와대로 대통령을 만나러 갔으나 대통령이 자리를 비워 되돌아왔다.

김형욱 회고록에 따르면 청와대에서 돌아오는 길에 김형욱은 함께 갔던 정봉욱을 중간에 내려놓고 곧장 미 CIA 한국지부장 에드워드를 만나러 갔다.

에드워드를 만난 김형욱은 에드워드와 함께 주한 미 대사 버거를 찾아가 대통령의 허락이 아직 떨어지지 않았지만 김종필을 외국으로 잠시 내보낼까 한다며 도와줄 것을 요청했다.

다음 날 대통령을 만난 김형욱은 김종필의 2차 외유를 허락받았다.

주한 미대사관측은 미 하버드대학 세미나에 참석하는 형식으로 하버드대학의 초청장을 주선해주었다. 김형욱의 일방적 조치에 김종필은 처음 강하게 반발했으나, 대통령의 뜻이 담겼다는 말을 듣고 곧 이를 수용했다(김형욱·박사월, 1985b: 127).

김종필은 1964년 6월 18일 2차 외유를 떠났다.[4] 외유를 떠나게 된 경위에 대해 김종필은 그의 증언록에서 김형욱과는 다른 뉘앙스의 증언을 남겼다. 자신이 스스로 결심해서 떠났다고 했다.

> 박 대통령은 이날 오후 8시를 기해 서울 일원에 비상계엄령을 선포했다. 청와대에 올라가 박 대통령에게 "제가 짐이 된다고 생각하시면 나가겠습니다"라고 말했다. 한참 침묵하던 박 대통령이 "그래, 한 번 더 나갔다 와"라고 말했다. 그래서 해외로 나간 것이 소위 '2차 외유'다. 6월 18일 아내와 함께 출국해 6개월 동안 세상을 구름처럼 돌아다녔다.

---

4) 김종필은 1963년 1월 7일 중앙정보부장을 사임하고 중앙정보부가 비밀리 조직한 공화당 창당준비위원장을 맡았다. 그러나 5·16 주체세력 내부의 원대복귀파들이 박정희의 민정참여에 반발하며 김종필을 비판하고 나서자 정국을 수습하는 차원에서 1963년 2월 25일 해외로 떠나 그해 10월 23일까지 8개월간 해외에 머물렀다. 정계와 언론계에서는 이때의 외유를 1차 외유라고 불렀다.

6·3 사태 배후 인민혁명당

중앙정보부는 6·3 사태를 지켜보며 새로운 특이점을 발견했다. 학생 데모대의 선전문에서 그 이전에는 볼 수 없었던 '매판 자본가', '피어린 항쟁' 같은 북한 선전물에 등장하는 용어들이 나타나고 있었다. 이것은 데모를 배후 조종하는 인물 가운데 북한과 연결된 세력이 있다는 것을 의미했다.

이러한 특이점을 추적하던 중앙정보부 제5국(국장 홍필용)은 1962년 1월 북한 노동당 지령에 의해 남한에 인민혁명당이라는 비밀 지하조직이 결성됐고, 이들은 혁신계 정치인, 현직 언론인 및 대학교수, 학생들로 구성되었으며 이 조직이 6·3 사태에 개입했다는 정보를 입수했다(김형욱·박사월, 1985b: 131).

이 사건의 실무 담당 과장은 제5국 대공과장 이용택이었다.

김형욱 부장은 1964년 8월 14일 기자회견을 갖고 사건 전모를 이렇게 발표했다.

> 1962년 1월 서울 남대문구 부암동의 우동읍 집에서 북괴로부터 특수사
> 명을 띠고 남하한 간첩 김영춘 사회로 통일민주청년동맹 중앙위원장이던
> 우동읍과 민주민족청년동맹 경북도 간사장이던 도예종 등이 발기인회를 갖
> 고 외국군 철수와 남북서신, 문화·경제교류를 통한 평화통일을 골자로 한

북괴노동당 강령·규약을 토대로 발족한 인민혁명당은 북괴 지령에 따라 한일회담 반대 학생 데모를 조직적으로 일으키는 방향으로 개편, 강화하여 3·24 학생 데모가 일어나자 '불꽃회' 간부 등을 포섭, 학생 데모를 배후 조종함으로써 현 정권을 타도, 국가변란을 음모했다(「서울신문」, 1964. 8. 14.).

이 사건은 사법처리 과정에서 일부 검사들이 증거부족을 이유로 기소를 거부하는 등 조작논란이 일었다. 김형욱 역시 그의 회고록에서 중앙정보부장으로 재직했던 7년 동안 가장 곤란하고 다루기 어려운 사건이었다고 고백했다. 심증은 뚜렷하나 물증이 없었기 때문이다.

그러면서 김형욱은 수사 도중 월북한 인민혁명당 총책 김배영(발표 당시에는 '김영춘'이란 가명 사용)이 간첩교육을 받고 1967년 다시 남파되었다가 체포된 사실을 들어 사건의 진실을 강조했다. 1967년 체포되었을 당시 김배영은 비밀연락을 위한 무전기와 난수표, 그리고 권총과 공작금을 소지하고 있어 간첩혐의를 벗어나기 어려웠다.

당시 수사 실무자였던 이용택은 2004년 「월간조선」과의 인터뷰에서 "김배영이 권총 여섯 자루에 실탄 300여 발을 소지한 채 부산 다대포로 침투했다가 검거됐는데, 진해 별장에 내려오는 박정희 대통령을 살해하라는 지령을 받고 내려왔었다"는 증언을 남겼다(「월간조선」, 2004. 4월호).

또한, 김형욱 부장은 발표문에서 '남조선을 혁명시킬 당이 필요하다'는 김일성의 지령에 따라 인민혁명당이 결성되었다고 밝혔다. 발표문을 보면 당시 중앙정보부는 1961년 9월 김일성의 연설문을 입수하여 그 추이를 지켜보고 있었던 것으로 보인다.

훗날 발굴된 자료에 따르면 1961년 9월 11일 평양에서 개최된 북한 노동당 제4차 대회에서 김일성은 이렇게 연설했다. 그의 연설의 관련 부분을 원문 그대로 옮겨본다.

남조선 인민들이 반제, 반봉건 투쟁을 성과적으로 진행하며 이 투쟁에서 승리를 쟁취하기 위하여는 맑스-레닌주의를 지침으로 하며 로동자, 농민을 비롯한 광범한 인민대중의 리익을 대표하는 혁명적 당을 가져야 합니다. 이러한 정당이 없이는 인민대중에게 명확한 투쟁 강령을 줄 수 없으며, 혁명 군중을 굳게 결속할 수 없으며, 군중투쟁을 조직적으로 전개할 수 없습니다. 혁명적 당이 없었고 명확한 투쟁 강령이 없었으며 따라서 기본 군중인 로동자, 농민이 항쟁에 광범히 참가하지 못하였기 때문에 4월 봉기는 철저히 조직적으로 전개되지 못하였으며 남조선 인민들은 그들이 흘린 피의 대가를 미제의 다른 주구들의 손에 빼앗기지 않을 수 없었습니다. 역시 혁명적 당의 령도가 없었으며 로동자, 농민, 병사 대중의 각성이 부족하였기 때문에 남조선 인민들은 군부 상층의 파쑈 분자들에 의한 권력 탈취를 막지 못하였으며 민주주의적 권리에 대한 적들의 공격을 반대하여 효과적인 반격을 조직하지 못하였습니다. 남조선 인민들은 이 쓰라린 경험에서 반드시 교훈을 찾아야 합니다. 남조선 인민들은 광범한 군중 속에 깊이 뿌리박은 로동자, 농민의 독자적인 당을 가져야 하며, 그 합법적 지위를 쟁취하여야 합니다.

3장

□ □ ■ □ □ □ □ □

대남연락부장 출신
박일영의
동백림 공작

동백림 사건은 조작인가?

동백림 사건은 1967년 7월 8일 '동백림을 거점으로 한 북괴간첩단 사건'을 중앙정보부가 발표하면서 세상에 드러났다.

야권의 이른바 '6·8 부정선거' 규탄 시위가 확산되는 시점이었다. 그러자 시위를 제압하기 위한 중앙정보부의 조작이라는 주장이 일어났다. 6·8 선거란 1967년 6월 8일의 제7대 국회의원 선거를 말한다.

이 선거에서 여당인 민주공화당은 국회 총의석수 175석 중 129석 (73.7%)을 차지하는 압도적 승리를 거뒀다. 야당인 신민당은 45석 (25.7%)을 얻는 데 그쳤다.

이렇게 되자 야당에서 부정선거 시비를 제기하고 그에 동조하는 학원가 부정선거 규탄 시위가 걷잡을 수 없이 확산됐다.

이 시위를 억제하는 수단으로 중앙정보부가 이 사건을 조작했다는 주장은 이 사건에 194명이라는 많은 지식인들이 연루되고 그들의 범증도 명확하게 구증되지 않아 논란이 커졌다.

더욱이 사건을 처리했던 김형욱 전 중앙정보부장은 미국으로 망명한 후 펴낸 회고록에서 서울대 민족주의비교연구회(민비연) 지도교수 황성모, 초대 회장 이종률, 2대 회장 김중태, 3대 회장 현승일 등을 동백림 사건과 관련시켜 정부 전복을 기도했다는 혐의로 체포한 것은 자신의 큰 실수였고, 전체적으로 보아 민비연은 동백림 사건과 관계가 없었다며 사건 처리 당시의 입장을 번복했다(김형욱·박사월, 1985b: 201).

게다가 많은 사건 관계자들이 세월이 흘러 언론 투고, 자서전 등 기록물을 통해 분단 극복과 통일을 위한 행보였다며 북측과의 접촉을 정당화하고 이러한 기록들을 바탕으로 새로운 세대의 연구자들이 석·박사 학위논문을 통해 중앙정보부의 조작을 당연시하는 학풍이 퍼져가고 있다.

그리고 이들 학계 연구물에서는 사건의 내용을 북한의 내부에서 실질적으로 바라볼 수 있었던 대남공작원 출신들의 증언을 의도적으로 배제하고, 수사 담당자들의 증언도 고의적으로 폄하하는 한편 인권유린 여부에 과도하게 관심을 집중하는 편향성을 보이고 있다.

성균관대학교 일반대학원이 2019년 2월 수여한 박사학위 논문 역시 '박정희 정권은 동백림 사건이라는 간첩단 사건을 조작함으로써 정치적 위기를 극복하는 등 일정한 정치적 이익을 얻음과 동시에 지식인들에 대한 통제를 이루어내고자 했다'고 평가했다.

그러면서 이 논문은 '동백림 사건 관련자들은 동베를린에 출입하고 북한 측과 접촉함으로써 남한의 실정법을 위반하기는 했지만, 그것은 철저히 개인적 차원의 것이었는데 박정희 정권은 이들을 간첩단으로 묶어냄으로써 한편으로는 6·8 부정선거 규탄 시위라는 정치적 위기를 돌파하기도 했지만, 다른 한편으로는 민간차원에서 다시 일어날 수 있는 통일 논의를 미연에 막아내고자 했다'고 서술했다(이정민, 2019).

이러한 연구물들이 축적되어가면 머지않아 중앙정보부가 처리한 많은 간첩사건들이 조작으로 간주되어 재심에 회부되고, 재판정은 무죄의 취지를 논증하는 데 학계 연구물들을 인용하는 사례가 늘어날 것으로 보인다.

북한에 포섭된 조선일보 서독 특파원

동백림 사건은 조선일보 서독 특파원 이기양 기자가 행방불명되면서 표면화됐다.

이기양은 공산국가인 체코슬로바키아 프라하에서 열린 세계여자농구선수권대회를 취재하러 1967년 4월 14일 체코로 출국한 후 연락이 끊겼다. 조선일보사는 5일이 지난 4월 19일 체코의 한국 여자농구선수단에 국제전화로 이기양의 행방을 수소문했으나 아는 사람이 없었다. 대회가 끝나고 4월 25일 귀국한 선수단원들로부터도 이기양의 소식을 들을 수 없었다.

이렇게 되자 독일 교민사회에서 월북, 납치, 살해 등 이기양의 신원을 둘러싸고 무수한 풍문이 떠돌았다. 하지만 조선일보사는 사건의 성격을 명확히 파악한 다음 보도한다는 원칙을 세우고 관련 보도를 일절 삼가고 있었다.

조선일보사가 이기양의 행방을 중앙정보부에 문의한 것은 5월 초. 방우영 사장이 중앙정보부 수사국 이용택 과장에게 수사를 정식 요청했다.

이용택 과장이 해외정보망을 통해 다방면으로 확인해보니 이기양이 프라하 공항에 들어왔다는 입국신고서가 없었다. 이는 이기양이 체코행 비행기를 타고 프라하 공항에 내렸으나 자의든 타의든 공항에서 곧바로 다른 비행기에 옮겨탔다는 것을 의미했다. 이용택은 직감적으로 '북괴에 의한 납치'라고 느꼈다.

중앙정보부를 통해 이기양의 행방불명을 확인한 조선일보사는 1967년 5월 14일 '체코슬로바키아의 프라하에서 열린 제5회 세계여자농구선수권대회를 취재하기 위해 지난 4월 14일 체코에 입국했던 이 특파원이 현재 체코 당국에 의해 억류되고 있는 것으로 알려지고 있으나 한 달이 지난 14일 현재 그의 소재는 확인되지 않고 있다'고 보도했다. 그 후 이기양의 행방은 2020년 12월 7일 현재까지도 의문으로 남아 있다.

그런데 북한 대남연락부 출신 전향 공작원 박병엽이 체코 도착 이후 이기양의 행로에 대해 중요한 증언을 남겼다. 박병엽에 따르면 당시 이기양은 동베를린의 북한 공작원에 포섭되어 있었다고 한다. 그의 말을 요약하면 이렇다.

> 이 특파원은 체코에 취재를 간 김에 잠시 모스크바를 방문하고 돌아갈 작정이었던 걸로 안다. 체코가 사회주의 국가여서 모스크바를 다녀오기 쉬웠기 때문이다…(중략)…이 특파원이 모스크바에 가려고 했던 것은 당시 북한의 대남연락부의 부부장이 모스크바에서 한번 만날 것을 희망했기 때문이다. 그런데 이 부부장이 모스크바로 움직이기가 싫어 이 특파원에게 살짝 평양으로 오는 게 좋겠다고 사전의 약속을 변경했다. 이것이 화근이었다. 부부장이 이 특파원을 만나려고 했던 것은 그동안의 고마움에 대한 인사와 평화통일방침 교양 등을 위한 것이었다…(중략)…그러나 결국 이 특파원이 평양에 갔다가 서독으로 돌아가기 위해 모스크바로 되돌아왔을 때는 이미 자신의 실종 보도가 나갔다. 이 소식을 접한 이 특파원은 결국 서독으로 돌아가지 못한 것으로 안다. 그 뒤 그가 모스크바에 머물렀는지, 다른 곳으로 갔는지는 알지 못한다(유영구, 1993: 362~363).

북한 스파이망을 탈출한 임석진의 공포

———

이기양 기자가 실종됐다는 조선일보 기사를 보는 순간 엄청난 충격과 공포에 휩싸인 사람이 있었다.

서독 유학 중 북한 스파이망에 걸려들었다가 가까스로 벗어난 임석진.

조선일보 기사를 보자마자 북한의 소행인 것으로 직감하고 자신의 신변에까지 곧 위협이 들이닥칠 것이 걱정됐다. 사실 이기양 기자를 포섭해서 북한과 연결시켜준 것도 임석진이었다.

중앙정보부에서 사건이 드러난 후 임석진의 혐의를 조사해서 1967년 7월 3일 서울지검에 넘긴 조사결과를 보면 임석진이 이기양을 포섭한 경위는 이렇다.

1956년 1월 서울대를 졸업한 임석진은 서독으로 유학, 1961년 7월 26일 프랑크푸르트대학 철학과에서 박사학위를 받고 1966년 6월 24일 귀국해서 이기양이 실종되었던 때에는 명지대 조교수로 일하고 있었다.

임석진이 북한 공작원에 포섭된 시기는 1960년 4월쯤. 동베를린 북한대사관과 연결되어 있던 재독 동포에 포섭되어 '조국통일 과업에 협력하고자 한다'는 편지를 북한대사관에 보냈다. 이에 북한 측에서 '동무의 애국심을 높이 평가한다. 언제라도 대사관을 방문하면 쌍수를 들어 환영하겠다'는 회신을 보내왔다.

임석진의 마음속에는 6·25 전쟁 때 헤어진 수양어머니 가족의 행방을 찾고 싶은 속내도 있었다. 서울에서 대학을 다닐 때 북한의 대남방송을 즐겨 듣곤 하던 임석진은 어느 날 박헌영, 이승엽 등 남로당 거물들이 미국의 스파이 활동을 하다 사형당했다는 방송을 들었다. 그때부터 북으로 넘어간 수양어머니와 그 아들 윤기봉의 생사가 궁금해졌다(조갑제, 2006: 180).

1960년 4월 동백림 북한대사관으로 찾아간 임석진은 북한 공작원 석학철로부터 이기양을 데리고 다시 오라는 지령을 받았다.

북한의 지령을 받고 돌아온 임석진은 이기양을 포섭하는 데 성공, 그를 데리고 1960년 8월 동백림 북한대사관으로 갔다.

이기양이 임석진에게 쉽게 포섭된 것은 두 사람이 서울대 재학 시절부터 절친한 사이였기 때문. 임석진이 독일로 유학을 떠난 뒤 이기양은 수시로 임석진에게 편지를 보내 '아무래도 나도 공부를 해야겠다'고 했다.

그로부터 3년 후인 1959년 이기양은 조선일보 서독 특파원으로 파견되어 근무하며 튀빙겐대학에 진학, 철학을 전공하고 있었다.

이렇게 가까운 사이였기 때문에 이기양이 실종되었다는 소식을 듣는 순간 북한에 대한 분노와 함께 북한 스파이망을 가까스로 빠져나온 자신에 대한 경고라는 생각에 임석진은 소름이 돋았다.

그 순간 임석진의 심경에 대해 중앙정보부 조사결과는 이렇게 기록하고 있다.

전비(前非)를 회오하고 수차 자수코자 하였으나 자신과 과거 연계를 가졌던 자들에 누를 끼칠 것을 겁내고 주저하고 있던 중 자신에 의하여 북괴 구성원이 되었던 전 조선일보 서독 특파원 이기양이 첵코에서 행방불명이 되었다는 신문 보도를 보고 이는 괴뢰 집단에서 당명(黨命)에 복종치 않아 반동이라는 이유하에 그 보복 수단으로 납치한 것으로서 북괴의 수단방법을 가리지 않는 악랄하고 잔혹한 만행임과 동시 여사(如斯) 마수가 하시(何時) 하처(何處)에서 자신에게 가하여질지 예단을 불허한다는 판단하에 본 건 수사 책임이 있는 당부(當部)에 전시 내용이 노출되기 전에 1967. 5. 19. 자수하여 온 자임.

동백림 북한대사는 대남연락부장 출신 공작전문가

———

　냉전시대 한국, 독일, 베트남은 동서 이념대립의 최전방이었다. 자유진영과 공산진영의 이익을 대변해서 싸우는 비밀전쟁의 현장이었다.

　그 가운데 베를린은 동서로 갈라졌으나 자유통행이 가능한 특이한 지형을 띠고 있었다. 자연히 동서진영의 스파이들이 서로를 염탐하기 위해 몰려들었다.

　북한이 동베를린에 대남 우회공작을 차린 것도 이러한 베를린의 지리적 특성을 이용하려는 계략이었다.

　중앙정보부 조사결과와 박병엽의 증언을 비교해보면 북한이 동백림에 공작거점을 구축하기 시작한 때는 1950년대 후반. 남로당 출신들이 박헌영·이승엽 간첩사건을 계기로 거세되고 북한 출신들이 대남공작의 전면에 나서기 시작하던 시기였다.

　동백림을 거점으로 한 대남 우회공작을 주도한 인물은 동독 주재 북한대사 박일영. 일제 때부터 소련의 공작원으로 활동했던 인물로 북한정권 수립 후 내무성 정보국 부국장·국장과 대남연락부 부부장을 거쳐 연락부장에 오른 정보공작 사업의 베테랑이었다.

　박헌영 직계 인물인 배철이 6·25 전쟁 중 대남연락부장을 지내다 실각한 후 1953년 말부터 1954년 10월까지는 박금철, 1954년 10월부터 1956년 4월까지는 박일영이 대남연락부를 지휘했다.

박일영 밑에서 이원찬, 석학철 등 5명 내외의 공작원들이 참사, 서기관 등의 신분으로 위장해서 실무를 맡았다. 실무자들을 지휘하는 책임자는 대남연락부에서 따로 파견한 김 과장이란 인물이 맡고 있었다(유영구, 1993: 340).

1950년대 말에 유럽으로 유학 간 사람들은 이승만 정부 말기 이승만의 독재 모습과 전쟁 직후의 가난을 체험하고 고국을 떠난 사람들이었기 때문에 생활난에 쪼들리고 있었다. 그에 따라 남한정부에 대한 불만이 많았다.

북한 공작원들은 이러한 약점을 파고들었다. 1950년대 말에는 북한의 복구가 빨라 경제적으로 한국보다 앞서 있었고, '멸공 북진통일'만 부르짖는 이승만에 비해 '평화통일'을 내세우는 북한의 선전구호가 유학생들에게 신선하게 다가왔다.

북한 공작원들은 처음 적당한 대상자를 물색해서 북한대사관을 한번 방문해달라고 권유하는 편지와 함께 북한체제의 우월성을 선전하는 사진, 팜플렛 등을 제작해서 보냈다.

이러한 선전에 호응해서 북한대사관을 찾은 유학생, 교수 등 지식인들을 극진히 대접하고, 사상교육을 시킨 후 넉넉하게 돈을 쥐어줘서 돌려보냈다. 그러면서 동백림 북한대사관에 가서 이북사람들을 만나보니 좋더라는 이야기를 다른 한국인들에게 퍼뜨리도록 주문했다. 생활난에 쪼들리다 돈 맛을 안 사람들은 조금씩 북한의 조정권으로 휩쓸려 들어갔다.

북한에 친인척을 둔 유학생들도 주요한 공작 대상이었다. 북한에 있는 연고자들의 안부를 전해주어 혈육의 감정을 부추긴 후 평양에 한번 가서 친인척을 상봉하도록 유도해서 평양으로 보냈다.

자수자 임석진에 대한 박정희 대통령의 관용

___

이기양 기자가 실종된 뒤 북한의 공작 실상을 정부당국에 신고해야 겠다고 결심한 임석진은 적절한 신고 방법을 고심하게 된다.

자칫하면 남한에 침투해 있는 간첩에게 테러를 당할 수도 있었다. 임석진이 유학을 마치고 돌아와보니 사회 곳곳에 오열분자가 도사리고 있었다.

임석진이 처음 스파이망을 벗어나기 위해 귀국을 밝혔을 때 그들은 보안이 누설될 것을 우려, 귀국을 극구 말렸다. 하지만 임석진은 북한 대남사업총국장 이효순에게 '보안을 지킬 테니 걱정하지 말라'는 결별 서한을 보내고 서둘러 귀국해버렸다.

적당한 신고 방법을 고민하던 임석진은 홍세표를 찾아가기로 했다. 홍세표는 박정희 대통령의 처조카, 즉 육영수 여사의 언니 육인순의 장남이었다. 임석진과는 한국은행 프랑크푸르트 지점에서 근무할 때 친분을 맺은 사이였다.

임석진은 북한을 두 번이나 다녀오는 등 그간 북한과 연계활동을 벌였던 사실을 털어놓으며 박정희 대통령을 만나게 해달라고 졸랐다.

독일에서 홍세표와 교류할 때 박 대통령이 남로당에 가입한 혐의로 입건되었으나 전향 후 김창룡의 좌익수사에 협조했던 일을 알고 있었다. 비슷한 처지에 놓여 있는 자신을 박 대통령이 이해해줄 것

같았다.

박 대통령이 독일을 방문했을 때 보여준 일화도 임석진에게 믿음을 줬다. 박 대통령 일행이 라인강가를 달리다가 돌산을 개간해서 만든 포도농장을 보고는 차를 세우게 한 뒤 산기슭으로 올라가 맨손으로 흙을 파 바위산을 확인하고, 우리도 이렇게 할 수 있다고 말했다는 소문이 독일 교민사회에 퍼지고 있었다.

1967년 5월 17일 오후 3시, 청와대에서 임석진은 홍세표와 함께 대통령을 만나 두 시간여에 걸쳐 자초지종을 털어놓았다.

말을 마치면서 임석진은 대통령에게 "단순한 동기와 목적, 수단으로는 대한민국의 젊은 지식인들을 자기네 수족으로 붙잡을 수 없다는 것을 북측에 보여주고 싶다"며 순수한 동기에서 생각하고 행동하다 말려든 사람들을 선처해달라고 호소했다.

대통령은 "앞으로 사회활동에 지장이 없도록 보장해드릴 테니 염려 말고 열심히 일하십시오"라며 격려했다. 그러면서 지금 한 말을 글로 써서 가급적 빠른 시일 내 갖다줄 것과 중앙정보부에서 연락이 오면 적극 협조해줄 것을 당부했다.

임석진은 그날 밤부터 이틀간 200자 원고지 200장 가량의 글을 써 홍세표에게 주었다(조갑제, 2006: 197~198).

김형욱의 수사 단서 왜곡

━━━

임석진이 박 대통령을 만나 동백림 사건을 처음 제보했다는 사실은 월간지 「신동아」가 최초 보도했다. 「신동아」의 전진우 기자가 임석진과의 인터뷰 내용을 L씨라는 이니셜로 1989년 4월 「신동아」에 게재함으로써 밝혀졌다.

이어 「월간조선」 조갑제 기자가 박정희 전기를 집필하면서 임석진과 박정희의 회동 내용을 실명으로 표기했다.

박정희는 임석진의 자수내용을 김형욱 중정부장을 청와대로 불러 알려주며 수사지시를 내렸다.

중앙정보부에서 임석진을 찾은 것은 1967년 5월 22일 오전. 중정 직원들이 서울 갈현동의 자가로 와 임석진을 데리고 남산으로 갔다. 김형욱은 임석진을 보자마자 "그런 일이 있으면 저한테 직접 오시지 않고"하며 불만 섞인 인사를 했다(조갑제, 2006: 199). 대통령을 통해 사건을 제보한 것이 못마땅한 표정이었다.

이처럼 훗날 임석진 스스로의 증언을 통해 박 대통령에게 사건이 처음 제보된 사실이 명확히 드러났다.

그럼에도 김형욱은 그의 회고록에서 이 같은 사실을 모두 빼버리고 자신이 임석진으로부터 처음 사건을 인지한 양 기록해놓았다.

임(林)모라는 사람이 나에게 면회를 신청해왔다…(중략)…첫눈에 보기에 '인텔리'티가 절절 흐르는 청년이었다. "그래 내가 무얼 도와드릴까?" 나는 임이 너무나 긴장해 있어서 그의 말문을 열려고 부드럽게 물었다. 임은 나를 한참이나 말없이 보고 있더니 고개를 떨구며 악을 쓰듯 말했다. "부장님, 저 자수하러 왔습니다." "하하하! 간첩이라도 되시나? 자수를 하게." "네. 저는 간첩입니다. 저는 독일 유학을 하는 동안 1961년 8월부터 1965년 8월까지 동독을 방문한 것은 물론 소련 또는 중공을 경유하여 북한을 세 번이나 들어가 1주 또는 4주일간씩 머무르면서 간첩 밀봉교육을 받았습니다." "아 아니?" 중앙정보부는 삽시간에 초긴장 상태에 돌입하였다. 즉시 제5국장 홍필용과 대공수사과장 이용택을 호출하였다(김형욱·박사월, 1985b: 181~182).

중정 이용택 과장에게 떨어진 대통령 특명

김대중 납치, 정인숙 피살, 육영수 여사 피살사건 등 박 전 대통령의 특명 사항을 전담 처리하던 중앙정보부 수사국장 이용택.

동백림 사건 당시는 수사국장 밑의 과장이었다. 1960~70년대 대공 전선의 최전방을 지휘했던 그는 2004년 「월간조선」과의 인터뷰에서 "정치·경제적 급변기에 조국이 살아남아 오늘이 있게 된 데 중앙정보 부의 역할이 컸다"며 "국민들이 잘살아보자며 신바람 속에 나라를 일 으켜 경제적으로 북한을 제치고 앞서나갈 수 있었던 그 시절, 국가안 보의 기틀을 마련하는 데 작은 역할을 할 수 있었던 것이 가슴속에 묻어둔 보람"이라며 중앙정보부 근무에 자부심을 보였다.

그는 헌병장교로 군에 몸담고 있을 때 박정희로부터 수사실력을 인정받아 중앙정보부가 창설되자 중앙정보부에 입사, 박 대통령으로 부터 국가적으로 중요한 수사를 직접 지시받아 복명하는 관계로 발 전했다.

조선일보의 요청으로 이기양 기자 실종사건을 내사하고 있던 그에 게 동백림 사건 조사지시가 떨어진 것은 1967년 5월 22일. 김형욱 부 장이 부르더니 메모 한 장을 건네줬다. 메모를 펼쳐보니 임석진의 이 름과 전화번호가 적혀 있었다.

청와대에 들어갔더니 각하께서 이 사람이 이기양 특파원의 행불사건에
상당한 단서를 갖고 있다고 하시면서, 동백림에 있는 북한대사관에서 대남
공작을 벌여왔다고 하시는구먼. 은밀한 수사를 지시하셨으니 당신이 이 사
람을 만나 알아보고 결과를 나와 함께 청와대로 들어가 대통령께 보고하시
오(조갑제, 2006: 200).

김형욱의 지시 내용으로 미루어 박 대통령은 임석진으로부터 전달
받은 자술서를 김형욱 부장에게 보여주지 않았다. 아마 중앙정보부의
조사결과와 대조해보려는 복안이었던 것 같다.

김 부장을 통해 대통령 지시를 받은 이 과장은 바로 남산 밑의 아
스토리아 호텔에 방을 하나 얻어 임석진과 만났다. 자신이 그때까지
조사한 자료와 임석진의 진술을 바탕으로 사건의 윤곽을 파악한 이
용택은 5월 24일경 김형욱 부장과 함께 청와대에 들어갔다.

보고를 받은 박 대통령은 "내가 알고 있는 것과 비슷하군"이라고 독
백처럼 말하곤 김형욱 부장을 질책했다.

북괴가 해외에 나가 사는 우리 동포를 활용해서 해외로부터 우리를 포위
하고 침투공작을 하려는 의도인 것 같은데, 당신은 외국 정보기관에서 주는
것만 갖고 일하나? 너무 국내에만 치중해서 대남 간첩이나 지하당 간첩단
사건에만 얽매이지 말고 국제적으로도 신경 좀 쓰시오. 국외 업무도 강화하
고. 그리고 이 사건은 철저히 수사해서 뿌리 뽑으시오. 이게 어디 동백림뿐
이겠어? 북괴 대사관이 있는 곳이라면 전부 이럴 테지(조갑제, 2006: 201).

사상 최초 해외 북한스파이망 국내유인 공작

동백림 간첩단 사건의 두드러진 특징은 범행 현장이 외국이라는 점이었다. 북한 공작원들이 동백림에 거점을 차리고 서유럽지역 교민들을 포섭했기 때문에 이들을 국내로 데려오기 위해서는 서독, 프랑스, 영국 등 유럽 국가들과의 협력이 필요했다.

하지만 외부에 드러내놓고 이들 국가와 교섭을 벌일 경우 수사기밀이 누설되어 혐의자들이 모두 북한으로 달아날 수 있었다. 그 당시에는 범죄인 인도조약이 체결된 나라도 유럽에 없었다.

철저히 수사하라는 대통령 특명을 받은 중앙정보부로서는 대단히 곤혹스런 입장에 빠졌다. 그 순간 중앙정보부는 아주 대담한 구상을 하게 된다. 대상 국가들과 사전 상의 없이 수사 대상자들을 족집게처럼 집어내어 감쪽같이 국내로 데려오는 작전이었다.

건국 이래 처음 시도하는 해외 북한 스파이단의 국내 유인공작이었다. 세계 정보의 역사에서도 유례를 찾아보기 어려운 공작. 공작명은 GK공작으로, 독일(Germany)과 한국(Korea)의 이니셜을 따 GK공작이라고 이름 붙였다.

이 계획이 성공을 거두기 위해서는 그들이 자진해서 국내로 들어오도록 미끼를 던지거나 회유하는 방법으로 자발적 입국을 유도하는 것이었다.

혐의자들을 검토한 결과 유럽에서 데려와야 할 대상자는 총 48명으로 집계됐다.

중앙정보부는 처음 임석진의 진술을 바탕으로 임식진이 직접 포섭한 자를 'X망', 다른 공작망에 걸려든 것으로 추정된다고 임석진이 진술한 사람들을 'Y망'으로 구분했다.

X망에는 조선일보 이기양 기자, 임석진의 동생 임석훈 등 17명이 들어 있었다. 사는 곳을 기준으로 보면 10명이 서독, 2명이 프랑스, 3명이 미국에 살고 영국과 스위스에도 각 1명이 살고 있었다. 유럽 전역뿐 아니라 미국에까지 스파이망이 뻗어 있었다.

Y망에는 서독에 거주하는 7명이 포함되어 있었다.

중정은 이들을 송환하는 계획을 세우며, X망원을 우선 송환하고, Y망원은 특별한 증거가 없을 경우 현지 파견관이 내사하도록 한다는 방침을 세웠다.

그러나 임석진의 진술 이외 혐의가 포착된 자들이 증가되어 유럽에서 연행해야 할 인물이 최종 48명으로 확정됐다.

이처럼 연행 대상자가 늘어난 데 대해 훗날 임석진은 "당시 중앙정보부가 단 1명이라도 구제하려는 노력이 없었다"고 비판한 반면 중정의 담당자들은 연행 대상자를 줄였으면 좋지 않았을까 하는 여론이 있지만, 당시로서는 더 이상 뺄 것도 줄일 것도 없었다고 주장했다.

중앙정보부 조사결과 보고서에 따르면 임석진을 동백림 북한대사관과 처음 연결시킨 인물은 조명훈이었다. 조명훈은 1959년 6월 윤이상의 소개로 동백림 북한대사관을 찾아가 북한에 포섭된 인물이었다(한옥신, 1969: 23).

조명훈은 훗날 "지금 생각해도 당시 중앙정보부로서는 마지막 기회였다고 생각하며, 그때 안 했으면 너무 늦었다고 생각한다"며 GK공작을 높게 평가했다(국정원과거사위, 2007: 370).

김형욱의 저돌성과 예리함

──

　김형욱은 최장수 정보부장을 역임한 인물이다. 1963년 7월부터 1969년 10월까지 6년 3개월간 중앙정보부장을 역임했다.

　그의 장수비결은 어디에 있을까.

　초대 중앙정보부장 김종필은 그의 저돌성과 예리함을 그 요인으로 보았다. 이것저것 계산하지 않고 밀어붙이는 성격에다 아주 예리한 측면이 있었다. 그러한 성격을 박정희 대통령이 높이 사 그를 오랫동안 데리고 있었다는 것이다.

　김형욱은 자기 이해관계가 걸린 일엔 몇 사람이 달라붙어 꾀를 내도 그를 이기기 힘들었다고 한다(김종필, 2016: 339).

　김형욱의 저돌성이 가장 잘 나타난 사건이 동백림 사건이다. 자수자 임석진은 "당시 대통령의 신중한 경청자세로 보아 설마 유럽까지 가서 관계자들을 잡아올 것으로는 전혀 생각하지 못했다."고 국정원 과거사위 조사관들에게 진술했다(국정원 과거사위, 2007: 368).

　당시 중앙정보부의 준비과정에 김형욱의 저돌성, 예리함이 잘 묻어 있다. 먼저 중앙정보부는 연행자 48명을 A, B, C, D급으로 구분했다. A급은 귀국 설득이 불가능해서 강제송환이 요구되는 자, B급은 설득 여지가 있으나 강제송환이 필요할 것으로 보이는 자, C급은 설득하여 귀국이 가능한 자, D급은 대체적으로 설득 귀국시킬 수 있는 자로 보았다.

이어 임석진의 진술을 검증하기 위해 동백림 북한대사관을 정찰했다. 중앙정보부 요원을 서독 유학생으로 가장시켜 동백림 북한대사관을 방문하는 일행에 끼워넣어 북한 공작원들이 유럽 동포들을 포섭하는 과정을 세밀히 관찰하도록 했다.

동백림 북한대사관에 위장 침투한 중앙정보부 요원은 북한 공작원으로부터 공작교육을 받고, 융숭한 대접과 함께 1백 달러의 공작금까지 얻어서 돌아왔다. 그 요원은 임석진의 진술이 사실이라는 현장 확인 보고서를 본부에 보냈다(김형욱·박사월, 1985b: 192).

범증을 확인한 중앙정보부는 곧 체포팀을 구성했다. 사건에 앞서 현지에서 활동하던 요원들 이외, 본부에서 외국어에 능숙하고 유럽의 지리에 밝을 뿐 아니라 태권도 유단자의 실력을 갖춘 직원들을 선발했다. 본부에서 선발한 체포팀은 총 39명이었다.

수사 대상자 48명을 국내로 연행하기 위해 수립한 공작계획서의 정식제목은 'GK-6717 공작계획(약칭 GK공작계획)'. 1967년 6월 7일 작성됐다.

이처럼 동백림 사건 수사계획은 1967년 6월 8일 시행된 제7대 국회의원 선거일 이전에 수립됐다. 그해 5월 17일 임석진의 대통령 대상 제보로 시작되어 중앙정보부의 5월 24일 대통령 1차 보고에 이은 연행 대상자 48명 검토, 확정 등 일련의 수사절차가 7대 국회의원 선거에 앞서 급속히 진행되고 있었다.

이로 미루어 훗날 사회 일각의 6·8 부정선거 규탄 시위를 무마하기 위해 중앙정보부가 동백림 사건을 조작했다는 주장은 그 신빙성이 떨어진다.

회유하되 불응시 수단방법을 가리지 말 것

'GK공작계획'에 의하면 중앙정보부는 1967년 6월 19일을 유럽지역 북한 스파이망 일제 검거일로 잡았다. D데이를 앞두고 본부 선발 체포조 39명을 대상으로 검거요령, 비상연락 방법, 호송요령 등의 교육이 실시됐다.

서독, 프랑스 등지의 북한 스파이들을 검거하는 즉시 서독 본에 집결시켜 함부르크-앵커리지-동경-서울로 이어지는 항공편으로 호송하는 것이 GK공작의 윤곽이었다. 미국에 거주하는 연행 대상자 3명은 뉴욕 총영사관으로 유인하여 동경을 거쳐 서울로 데려오는 계획을 세웠다.

D데이로부터 9일 전인 6월 10일 선발대 4명이 현지로 출발하여 서독 주재요원들과 현지 검거활동에 필요한 문제들을 협의하고, 제2, 3진이 순차적으로 파견되어 D데이 4일 전까지 목표인물들이 사는 곳에 배치됐다.

검거팀은 현지 협조자들과 함께 목표인물들의 동향을 주시하며 6월 19일 H시에 일제히 대상자들을 검거, 본으로 집결시키는 일정에 맞춰 집행명령 대기상태에 들어갔다.

그리고 공작보안을 유지하는 방법으로 현지 주재 외교관의 차량, 해외 주재 공관을 활용하고 공항 내 여행수속도 현지 외교관이 대행토록 주서독대사관측과 협조했다(국정원 과거사위, 2007: 369).

함부르크 공항을 서독 출발지로 정한 것도 보안을 유지하려는 고육책이었다. 혐의자들을 본에 집결시켜 함부르크까지 자동차로 이동하는 데는 열 시간이 걸리는 먼 거리였다. 그럼에도 함부르크 공항을 선택한 것은 쾰른-본 공항의 경우 너무 조용하여 남의 눈에 목격될 가능성이 많았기 때문이었다. 함부르크 공항에서는 한국과 수사협정이 체결되어 있던 일본항공(JAL)에 탑승하도록 내부방침이 정해져 있었다.

이 공작의 성공여부는 기밀유지에 있었다. 기밀이 누설될 경우 북한의 첩자들이 모두 북한으로 달아날 수 있었다. 그에 따라 김형욱 부장은 서독 주재 중앙정보부 책임자인 양두원도 모르게 이 공작을 준비했다. 본부에서도 해외공작담당 제1국장도 모르게 1국 부국장을 시켜 진행했다.

D-4일인 6월 15일 김형욱 부장은 현지 중정 책임자 양두원에게 공작계획을 알리고 차질 없는 추진을 당부했다.

양두원은 현지에 도착한 1국 부국장과 사업을 시작하면서 주서독대사 최덕신에게도 알리지 않고 서독대사관의 모든 공문서, 전보의 발신 및 수신을 통제했다.

뒤늦게 이 사실을 안 최덕신 대사가 항의했으나 김형욱 부장은 개의치 말고 임무를 강행하라는 지시를 내렸다. 서울에서는 D-4일부터 제1국장이 지휘를 맡았다.

D-4일 서독, 프랑스 등 20여 개 지점에 3~4명으로 한 팀이 된 공작반이 안착하여 임무수행 완료라는 암호전문을 본부에 보고하자 김형욱 부장은 "임무에 만전을 기하라. 지식인의 명예심을 잘 이용, 어디까

지나 설득하되 이것이 불가능하면 수단방법을 가리지 말라"는 체포지시를 내렸다(김형욱·박사월, 1985b: 193).

당시 체포팀은 대상자들이 극렬하게 저항할 것에 대비, 마취제까지 준비하고 있었다.

황급히 달아난 북한 스파이들

중앙정보부는 동백림 사건 관련 해외 연행 대상자를 총 48명으로 잡고 체포에 나섰으나 최종적으로 국내 송환에까지 성공한 인물은 총 30명이었다. 10명은 현지 조사결과 무혐의 처리됐고, 8명은 북한으로 달아났다.

보안을 유지하려고 많은 노력을 기울였으나 본부에서 서독에 투입한 인원만 해도 39명에 이른데다가 현지에서 협조해준 한국공사관 및 교포들도 22명에 달했다. 합계 61명이 이리저리 휘젓고 다니자 북한에 포착되지 않을 수 없었다.

특히, 프랑스의 핵심인물들이 서둘러 동백림으로 도피했다. 노봉유는 서울대를 졸업하고 1957년 7월 파리대학으로 유학하여 졸업 후, 전기기술자로 일하고 있었다. 그는 파리대에 재학 당시 북한에 포섭되어 파리대 유학생 박협, 방준, 정하룡 등을 학술모임에 끌어들여 세뇌시킨 후 북한대사관과 연결시켰다. 프랑스 지역 북한 스파이망의 중심인물이었다.

하지만 중앙정보부는 이 노봉유를 체포하는 데 실패했다. 노봉유는 중정 체포팀이 유럽에 도착하자 이를 눈치 채고 동백림 북한대사관으로 도망쳤다.

박협은 파리대 법과에 유학 중 노봉유에 포섭된 인물이었다. 졸업

후 프랑스 변호사 시험에 합격해서 파리에서 변호사로 일하며 파리대 유학생 방준, 정성배 등을 북한 스파이망에 끌어들였다.

중앙정보부에서 정성배를 체포해서 조사한 보고서에 따르면 박협이 중앙정보부의 체포를 눈치 챈 것은 1967년 6월 19일이었다. 중정 체포팀이 활동을 개시한 그날이다.

그 며칠 후인 1967년 6월 24일 오후 1시 30분경 박협은 정성배와 방준을 파리시내 어느 다방으로 불러냈다. 그 자리에서 박협은 "6월 19일 한국대사관에서 나에게 제6대 대통령 취임식에 참석해달라는 연락이 왔다. 연락을 받고 가만히 생각해보니 나를 검거하려는 술수로 보였다. 그래서 북한 상부선에 보고를 했더니 즉시 조직원들을 데리고 입북하라는 지령이 하달됐다"며 함께 달아날 것을 촉구했다.

하지만 정성배는 집안일을 정리한 다음 6월 말경 입북하겠다며 동반 입북을 미루고, 그날 저녁 7시 30분경 파리 교외 부루제 공항에서 바르샤바로 떠나는 박협을 전송하러 갔다.

파리를 떠나며 박협은 정성배에게 비밀연락 방법과 입북경로를 자세히 가르쳐줬다. 박협이 알려준 방법은 이러했다.

정 동지(정성배)의 신변이 위협하면 내가 동백림에서 외국인 명의로 영문 전문을 발송하겠다. 영문은 "Pak is seriously ill and shall be hospitalized in Paris"이다. 이 전문 가운데 "ill"은 정 동지의 신변이 위험하다는 뜻이다. "hospitalized"는 즉시 입북하라는 뜻이다. 입북경로는 스위스 또는 덴마크 통과 사증을 수령하여 입국하면 공항 구내에서 바르샤바, 프라하, 동백림 등 3개 도시로 가는 항공권을 살 수 있다. 그러므로 3개 도시에 도착하면 입국관리국 직원에게 북한대사관을 문의하여 연락하라. 위험전문을 수령하게 되면 즉시 이러한 경로로 입북하라.

이와 함께 박협은 방준이 프랑스인 집에 숨어 있는 사실을 알려주며 방준에게 자신이 파리를 떠났다고 통보할 것을 당부했다.

박협을 전송한 후 정성배가 방준에게 전화를 걸어 '박협이 출발했다'고 알려주니 방준은 '알겠다'며 자신도 6월 26일 아침 파리를 떠나 북한으로 가겠다고 했다.

한편, 박협은 파리를 떠나기 직전 정성배에게 3통의 편지를 주며 발송을 부탁했다. 충남 당진의 본가, 이응로, 파리의 어느 식당 여주인에게 보내는 편지였다.

박협이 부탁한 편지 3통을 우송한 후 정성배는 자신도 평양으로 가기로 마음먹고 내연관계에 있던 스위스 여성에게 "나는 공산당원이다. 이번에 조직이 노출되어 북한으로 탈출하려 한다"는 심경을 밝혔다.

그 직후 정성배는 박협이 '레인 하트'란 외국인 이름으로 암호전문을 보내오자 북한으로 도망치기 위해 도피 시점을 엿보던 중 중정 요원들에게 붙잡혔다(한신옥, 1969: 115).

박협이 급하게 도주한 과정에 대해서는 당시 파리 주재 한국대사관에서 공보관으로 근무하다 퇴직 후 연세대 정외과 교수를 지낸 이기택이 증언을 남겼다.

주불 대사관 직원들은 차량을 동원하고 연이어 도착한 수사관들과 분승하여 파리 주변에 산재한 혐의 대상자들의 거주지를 급습했다. 그러나 프랑스에서는 여섯 명가량의 유학생들이 종적을 감췄다. 프랑스에서 변호사 시험에 합격한 박협은 실종됐던 이기양 기자의 서울대 정치학과 2년 선배였다. 평소 대사관에 나와 번역 일도 했다. 이 친구 방을 급습해보니 급히 개봉했던 편지 한 통만 있었다. 편지 내용은 박협의 영문자 이름 약어인 P. H.를 이용해 만든 암호전문이었다. 'Paul Heimat is seriously ill. And should be immediately hospitalized in Paris.' 박협에게 도피하라는 경고였다. 박협은 이걸 받아 읽고 사라진 것이었다. 박협을 포함해 프랑스에서 잠적했던 여섯 명은 그 후 행방불명으로 처리됐다. 몇 개월 뒤 프랑스 경찰청은 주불 한국대사관 측에 이들의 출국 사실을 발견할 수 없었다며 'KGB 계통으로 중국이나 소련대사관을 통해 프랑스에서 빠져나간 것으로 보인다'는 회신을 보내왔다(조갑제, 2006: 209~210).

북한 대남사업총국의 역공작

중앙정보부의 동백림 사건 관계자 국내유인 공작을 알게 된 북한 대남사업총국은 곧바로 반격에 나섰다.

그들은 처음 임석진이 국내로 들어가겠다는 뜻을 밝히자 유럽지역의 공작이 탄로 날 것을 우려하여 극구 말렸다. 중국요리점까지 차려주며 유럽에서 살도록 설득했다.

하지만 임석진이 배신하지 않겠다는 편지를 띄우고 국내로 들어와버리자 그 순간부터 그들은 긴장하고 있었다.

그즈음 북한 내부의 움직임에 대해서는 그때 북한 연락부에 근무하고 있었던 박병엽이 자세한 증언을 남겼다. 당시 대남사업총국은 중정이 유럽에서 동백림 사건 관계자를 연행하는 것을 보면서 중정이 핵심을 찌르지 못하고 있다는 것을 알았다. 이 사람 저 사람 마구잡이로 잡아가는 것을 보고 확실한 증거를 갖고 있지 못한 것을 눈치챘다.

그에 따라 북한은 중앙정보부의 수사를 교란하는 역공작에 착수했다. 역공작에는 세 가지 방법이 동원됐다.

첫째는 서유럽 교포사회에 유언비어를 살포하는 것이었다. 누구누구가 북한대사관 끄나풀이라고 광범위하게 허위사실을 퍼뜨려 중정의 수사 초점을 흐리게 만드는 공작이었다. 이 공작을 위해 평양에서 사회안전부 소속 역정보공작팀이 동백림에 급파됐다. 이 공작은 서유럽 교포사회를 분열시키는 심리적 효과도 컸다.

둘째는 서유럽 교포들을 동원해서 중정의 관계자 연행을 규탄하는 활동이었다. 중정이 국내의 6·8 부정선거 시비를 억제하기 위해 동백림 사건을 조작하고 있다는 주장을 선전하게 시켰다.

셋째는 서유럽지역 공산당, 사회당에게 중앙정보부를 규탄하도록 촉구하는 일이었다. 당시만 해도 공산당들 간의 국제 연대가 공고했다. 그에 따라 북한으로서는 그들의 지원을 쉽게 받을 수 있었다. 북한의 사주를 받은 서유럽 공산당들은 주권침해 시비를 제기하며 연행자들을 돌려보내라고 집요하게 주장했다.

박병엽에 의하면 당시 동백림 북한대사관에는 중정이 포착하지 못한 지하 공작망이 별도로 있었다. 이름이 알려지지 않은 이씨 형제가 북한대사관과 연결되어 있었다.

이씨 형제의 형은 당시 조선분야 공학박사로 네덜란드에 연구하러 갔다가 북한 공작원에 포섭됐다. 그의 동생은 서독에 거주하고 있었다.

이씨 형제가 서유럽에서 운영하던 스파이망도 50여 명 규모였다. 이 공작망은 1970년대 중정에서 포착, 유럽 간첩단 사건으로 세상에 드러났다. 하지만 당시 국내에 들어왔던 3명만 붙잡히고 나머지는 유럽에 거주하고 있었기 때문에 안전했다고 한다(유영구, 1993: 351~353).

청와대 경호실장 비서로 잠입한 북한 여간첩

———

중앙정보부가 동백림 사건 수사에서 거둔 가장 큰 성과는 청와대까지 침투한 북한 여간첩을 검거했다는 점.

박종규 청와대 경호실장의 부속실에 근무하는 여직원이 북한 간첩이었다. 중앙정보부가 서울지검에 제출한 의견서에 따르면 이 간첩의 이름은 김옥희.

인사서류상의 정식 직책은 청와대 경호실장 부속실 통신원이었다. 이대 불어불문학과를 졸업하고 1962년 2월 스위스 쥬네브대학, 프랑스 솔본느대학 등 대학을 전전하며 불어를 공부하다 파리대에 유학 중이던 조영수와 결혼했다.

조영수는 중앙정보부 검거가 시작되자 북으로 달아난 노봉유에게 포섭되어 있던 인물.

1964년 4월 김옥희 부부는 평양에 들어가 노동당에 입당하고 공작금 2,000달러를 지원받아 파리로 돌아왔다.

파리로 유학가기 전 육군 참모총장실에서 군 근무를 했던 조영수는 동백림의 북한 공작원 이원찬에게 육군 참모총장실에서 알게 된 군사기밀들을 제보하기도 했다.

김옥희 부부는 1965년 8월 다시 평양에 들어가 암호방송 해독방법 등 간첩임무를 지령받고 공작금 2,000달러를 받아 파리로 돌아왔다.

이때 이들 부부에게 하달된 지령은 A-3방송으로 하달되는 북한지령을 받아가며 국내에서 혁신정당을 조직하는 한편 야당 국회의원을 포섭해서 반공법과 국가보안법 개정운동을 전개하라는 것 등이었다.

북한으로부터 지령을 받고 돌아온 이들 부부는 곧바로 1965년 10월 27일 국내로 잠입했다. 귀국할 때 김옥희는 북한에서 받은 비밀연락 암호문서인 난수표를 음부에 숨겨가지고 공항검색을 피했다.

귀국 후 김옥희는 청와대 경호실장 보좌관 이병욱의 보증과 추천으로 경호실장 부속실 직원에 취직했다.

서울지검 공소장에 따르면 공작거점 구축에 성공한 김옥희는 청와대에 출입하는 저명인사들의 명단, 대통령 행사계획, 경호실장 보좌관 이병욱의 직무내용, 베트남에서 사상한 국군자 수 등을 수집해서 조영수에게 전했다.

조영수는 김옥희가 수집한 정보와 자신이 따로 수집해온 정보를 정리해서 1967년 3월 파리를 경유, 평양에 다시 들어가 보고하고 돌아왔다(한옥신, 1969: 144~145).

중앙정보부는 김옥희의 간첩혐의를 포착하고도 그녀를 체포하는 데 많은 고민을 했다. 박종규 경호실장이 당대 실세인데다 북한 간첩이 청와대에 침투한 사실이 알려질 경우 대통령의 위신까지 깎일 수 있었기 때문이다.

검거 당시의 어려움에 대해 김형욱은 회고록에서 이렇게 밝혔다.

> 나는 이 사건을 계기로 집권당 안에서도 어려움을 많이 겪었다. 어느 날 청와대로 보고하러 가던 차, 경호실장 박종규가 내 사무실로 달려왔다. "웬일이오, 박 실장." "당신 김옥희를 어쩌고 잡아넣었소? 당장 석방하시오."

"박 실장, 그게 무슨 말버릇이오? 내가 애매한 사람을 구속한 것도 아닌데 어지간했으면 당신 비서까지 체포해야 했겠소. 그 여자 때문에 박 실장이 매장될 뻔한 걸 내가 사전에 알고 막아주었다고 나에게 감사해야 할 텐데."

"뭐라구요? 당신, 세상 일이 당신 생각대로 되는 줄 알아. 당신이야말로 나를 파멸하려 들고 있소. 이것 보시오. 지금 당장 석방하겠소? 안 하겠소?" 박종규는 권총을 빼내 나의 이마를 겨누었다. "하하. 여기가 어딘데 당신이 맘대로 총을 휘두를 수 있는 줄 아시오. 그래 청와대를 경호하라고 준 총을 대통령의 정보부장인 나에게 겨누오? 당신, 지금 당신이 어떤 일을 하고 있다는 것쯤은 알고 있겠지?" "잔말 말고 석방하겠소. 안 하겠소! 내가 쏘지 못할 줄 아시오?" "하하하. 쏘아보시구려. 당신 총을 함부로 휘두르는 걸 보니 자칫하면 총 때문에 망하겠군 그래. 그래 내가 인간 박종규의 그 따위 권총 협박에 넘어갈 줄 알아? 쏘아보시오, 어디. 당신 보자보자 하니 너무한다구. 들리는 말로 당신이 공화당 국회의원이고 누구고 간에 불러다 무릎을 꿇려 놓고 발로 차고 온갖 행패를 부린다고 하더니 과연 거짓이 아니군 그래." 주위로 몰려든 사람들이 간신히 둘을 떼어놓았다. 나는 매우 우울하였다.

북한과 내통한 주서독대사 최덕신

이념대립이 극심하던 냉전시대에는 자유진영이냐 공산진영이냐 하는 특정 진영에 가담하는 것이 중요했다. 많은 것이 이 기준에 따라 정의됐다. 그 경계선에 서는 것조차 용납되지 않던 시절이었다. 이념을 바탕으로 조국과 적국이 구분됐다.

북한 출신이라도 남한에 거주하고 있으면 남한의 이념과 체제에 따라야 했다. 하지만 그들의 마음속에는 북한의 고향에 남아 있는 부모 형제들에 대한 그리움과 애정이 남아 있었다.

북한은 1960년대부터 이들 실향민들의 가슴을 파고드는 공작을 벌였다. 북에 남아 있는 부모님의 사진과 편지를 제3국을 통해 전달하여 북한의 정치적 주의·주장에 동조하도록 만드는 일이었다.

동백림 사건 당시 주서독대사였던 최덕신도 이러한 공작에 말려들었다. 최덕신은 박정희 정부에서 외무부장관(1961. 10.~1963. 3.)까지 지냈으나 1986년 4월 월북한 인물로 잘 알려져 있다. 1963년 12월부터는 주서독대사로 일하고 있었다.

평북 의주 출신인 최덕신의 부친 최동오는 일제 때 조선혁명당, 임시정부 법무부장 등을 역임하고 해방 후에는 서울에서 비상국민회의 부의장, 남조선 과도입법의원 부의장을 지냈다. 1950년 6·25 전쟁 때 납북되어 1956년 납북인사 중심으로 결성된 재북평화통일촉진협의회 집행위원으로 활동하다 1963년 9월 사망했다.

최동오는 그가 죽고 불과 3개월 뒤 서독대사로 부임하는 아들을 대단히 곤경에 빠뜨리는 유언을 남겼다.

죽기 직전인 1963년 8월 고향 의주에 다녀온 최동오는 아들에게 남기는 유언을 편지 형식으로 쓰고 육성으로 녹음한 다음 자기가 죽은 후 이 편지와 녹음테이프를 꼭 한국의 최덕신에게 전달해달라는 말을 남겼다.

편지 및 녹음테이프와 함께 자신이 아끼던 만년필, 회중 은시계, 뿔로 만든 빗 등도 전해달라고 했다. 아들 최덕신이 보면 최종오의 유품이라는 걸 확인할 수 있는 물건들이었다.

김일성은 최동오의 유언과 유품을 최덕신에게 전하라는 임무를 연락부에 하달했다. 그 당시 연락부에서 일했던 박병엽에 따르면 이 공작은 연락부장 출신인 박일영 주동독 북한대사가 직접 관장했다. 한국의 대사를 포섭해야 하는 비중 있는 공작이었기 때문에 하급 공작원들에게 맡길 수 없었다.

북측이 그렇게 최덕신에 대한 접근방법에 고민하고 있을 때 마침 최덕신으로부터 제3자를 통해 아버지 소식을 묻는 전갈이 왔다. 북으로서는 최덕신을 포섭할 수 있는 좋은 여건이 생겼다.

연락부와 박일영은 최동오의 유언장과 유품을 비밀리에 최덕신에게 전달하며 북한의 평화통일 공세에 최 대사를 끌어들이기로 작전을 짰다. 작전에 따라 곧 북한 공작원이 박일영의 지휘 아래 최동오의 유언장과 유품, 그리고 북한에 있는 최덕신의 친척까지 한 명 데리고 서독 본으로 밀파됐다. 그리고 이 유품 전달 공작은 성공적으로 끝났다.

이 공작이 성공을 거둔 후 북한 3호 청사에서는 평가회의를 열어 더 이상 최덕신과 밀착 접근하지 않고 당분간 그대로 두며 관리해나가기로 결론을 내렸다(유영구, 1993: 365~366).

최덕신 처리 문제로 고심한 박정희

최덕신 주서독대사는 자신이 북한과 연결된 걸 감추고 있었으나 동백림 사건 제보자 임석진은 이를 알고 있었다.

1966년 6월 평양에 갔을 때 대남사업총국장으로부터 최덕신 대사가 자신들과 밀접한 관계가 있으므로 무슨 일이 있으면 도움을 받을 수 있을 것이라는 말을 들었다. 그 말을 듣는 순간 임석진은 등골이 오싹했다고 한다. '한 국가의 외무장관을 지낸 사람까지 북한에 포섭되어 있다'고 생각하니 무서운 생각이 들었다.

그런데 임석진은 박정희 대통령에게 자수할 때 최덕신 얘기를 빠뜨렸다. 그에 따라 그는 중앙정보부 조사를 받을 때 최덕신 대사도 혐의자라며 북한에서 들은 대로 진술서를 썼다.

진술서를 쓴 다음 날 김형욱 부장이 불러 다그치며 물었다. "최덕신 대사까지 거론했던데, 이거 너무 범위가 넓어지는 거 같아요. 당신 역공작하는 거 아니오?"

김형욱의 의심에 임석진은 화가 치밀어올랐으나 대들 수도 없어 "나는 다만 이상한 말을 들었기에 적어준 것입니다"하고 물러나왔다(조갑제, 2006: 203).

박정희 대통령도 중앙정보부로부터 보고를 받고 최덕신 대사 문제를 적절히 처리하는 데 고심했다고 한다.

중앙정보부 수사실무 책임자였던 이용택 과장은 임석진 진술서를 바탕으로 최덕신 주변을 조사해본 결과 윤이상의 하부선을 통해 북측에 아버지 소식을 탐문하고, 북측과 접촉한 사실도 확인했다.

이용택은 이 사실을 김형욱 부장을 거치지 않고 직접 박 대통령에게 보고했다. 하지만 박 대통령은 신중한 처리를 당부했다고 한다.

> 이 과장, 거 신중하게 하시오. 좀 더 철저하게 수사해보고. 최 대사도 고향이 이북이니 어쩌면 북에서 마수를 뻗쳤는지도 모르지…. 개인적으로는 효자인데, (만약 사실이라면) 법률적으로는 안 되는 것 아니야….

대통령 지시에 대해 이용택은 장관까지 지내고 현직 대사로 나간 사람이 북한과 내통하고 있다는 것이 알려질 경우 대통령 자신과 정부에 큰 흠이 될 것을 우려하는 것으로 보고 사법처리 대상자 명단에서 최덕신을 뺐다고 한다.

당시 중앙정보부는 최덕신의 북한 내통 문제를 확인하기 위해 서독에서 연행해온 윤이상을 심하게 다루었던 것으로 보인다. 어느 날 윤이상이 수사관이 잠시 자리를 비운 사이 책상 위에 있던 재떨이를 깨자기 머리를 몇 차례 찍는 등 자해소동을 벌였다. 그때 윤이상은 자기의 피를 묻혀 벽에다 '최덕신은 결백하다'고 썼다고 한다.

한편, 최덕신은 본국 소환지시에 따라 귀국하여 동백림 사건을 대통령에게 보고했다. 이용택도 그 자리에 배석했다. 그때도 최덕신은 북한과의 내통 사실을 대통령에게 보고하지 않았다고 한다. 그 장면을 이용택은 조갑제 기자에게 이렇게 회상했다.

최덕신은 사건 전말을 대통령께 보고하면서도 자기가 북한 측 요원들과
접촉했다는 사실은 쏙 빼버립니다. 그러고는 한술 더 떠 자신도 북괴로부터
친인척 상봉 제의를 받았지만 한마디로 거절했다고 보고합니다(조갑제,
2006: 206).

이용택은 박 대통령이 국내로 들어온 최덕신을 다시 외국대사로 내
보내지 않은 것은 최덕신을 국내에 묶어두기 위한 의중이 담긴 조치
로 봤다.

최덕신은 박정희 정부 내내 천도교 교령을 지내며 국내에 머물렀다.

4

장

중앙정보부의
불완전한 승리

조작시비에 대한 이용택의 반론

'미완의 수사.'

이용택이 동백림 사건 수사를 마무리하며 남긴 말이다. 범행 현장이 서독, 프랑스, 영국을 비롯 미국까지 뻗쳐 있었다는 점, 수사 인력의 제한, 20일에 불과한 구속 기간에 수사를 끝내야 했던 법적 제약, 해외유학까지 마친 엘리트들의 자기방어에 능란한 화술 등이 수사팀을 어렵게 만들었다.

김형욱 부장이 1967년 7월 8일 사건을 처음 발표할 때 194명의 혐의자 가운데 107명을 입건 또는 구속 중이라고 했다. 사건을 발표하기 직전인 7월 3일 범행이 구체적으로 드러난 14명을 1차로 검찰에 송치한 데 이어 7월 14일까지 두 번에 걸쳐 43명을 조사를 마치고 검찰에 넘겼다. 사건 발표 당시의 숫자에 비해 사법처리 인원이 많지 않았다. 그만큼 범증 확보가 어려웠다는 걸 의미한다.

중앙정보부는 1967년 10월 26일 체포에 실패한 17명에 대한 조사결과를 검찰로 넘기면서 노봉유, 박협, 방준, 조상권 등 4명을 북한으로 탈출한 자, 이기양을 체코에서 행방불명된 자, 나머지는 영국, 스위스, 서독 등에 거주하고 있으나 체포에 실패한 자로 구분했다.

1967년 11월 9일 첫 공판이 열렸을 때 이들에게 적용된 죄목은 국가보안법, 반공법, 간첩죄 및 외환관리법 위반이었다. 오랜 시간이 지난 후 사면 혹은 형집행정지로 출옥하여 독일, 프랑스로 돌아간 사건 관계자들은 자서전 혹은 언론 인터뷰를 통해 사건이 조작되고 수사 도중 심한 고문을 받았다는 증언들을 남겼다. 이에 대해 이용택은 2004년 4월 「월간조선」 김석규 기자에게 범증 확보의 어려움에 대해 이렇게 말했다.

> 증거가 문제였습니다. 북한을 오간 증거는 북쪽에 있고, 있는 것이라곤 피의자의 증언밖에 없었습니다. 물론 그들 중에는 난수표를 몰래 갖고 귀국한 사람도 있었지만, 대다수 사람들은 물적 증거가 없었습니다. 검찰에서의 진술이 법원에서 다들 뒤집혔습니다. 공산당원들의 법정 투쟁인데, 국민들은 그것을 모릅니다. 물론 증거가 희박하거나 별것 아닌 사건을 너무 엄중하게 다룬 적도 있고, 세칭 '관제 공산당'을 많이 만들어왔던 것도 사실입니다. 항상 수사를 할 때마다 직원들에게 '증거주의로 수사해라. 역사란 항상 변하기 때문에 오래된 사건이 후에 문제가 될 때에 대비해 당당한 증거를 확보하고 있어야 한다'고 강조했습니다. 동백림 사건이 전적으로 조작됐다는 말을 할 수 없습니다. 연행과정이나 물적 증거에 대해서는 시비가 되겠지만, 사건 자체는 분명했습니다. 본인들이 진술했고 그를 뒷받침하는 자료도 확보했으며 일부는 자수도 했습니다. 이 사건에 대해서 우리는 자신 있습니다 (「월간조선」, 2004. 4월호).

서독의 반발과 중정의 외무부 대응 전폭 지지

——

    중앙정보부가 서독과 프랑스의 동백림 사건 관계자들을 연행해오는 데는 서독과 프랑스 현지 대사관의 협조가 주효했다. 현지 대사관의 전폭적인 지원이 없었다면 물의 없이 무난히 국내로 데려오기 어려운 상황이었다.

    이처럼 현지 대사관이 적극 협조한 것은 외무부장관 명의 협조지시 전문 때문이었다.

    1967년 6월 19일자로 주서독대사관과 프랑스대사관에 하달된 지시 전문에는 '한국으로부터 특별 파견된 기관원 활동에 대사가 무조건 전적으로 협조하라'는 내용이 들어 있었다.

    그런데 독일 언론에서 이 사건을 보도하기 시작할 때까지도 외무부 본부에서는 이 지시를 아는 사람이 없었다. 당시 외무부장관에 내정된 최규하(1967. 6. 30.~1971. 6. 4.)는 아직 부임하지 않아 차관이 장관직을 대행하고 있었다. 차관 밑의 담당 국장은 윤하정 구미국장이었다.

    중앙정보부는 처음 윤하정 국장을 통해 정식 외무부 협조를 받으려 했다. 체포팀을 현지로 보내기 직전 중정 직원을 윤 국장에게 보내 외무부 장관 명의로 주서독, 주프랑스대사관에게 타전해달라고 암호전문을 제시했다. 하지만 암호전문의 내용은 알려주지 않았다. 그에 윤 국장은 내용도 모르는 전문을 내려 보낼 수 없다며 거절하고 그 직원을 돌려보냈다.

그러자 곧 중앙정보부의 담당 부국장이 다시 와서 타전을 부탁했다. 이 부탁 역시 거절하자 다음 날 담당 국장이 직접 전화를 걸어 협조를 요청했으나 이마저 전문 내용을 설명해주지 않아 거절했다. 중앙정보부로서는 비밀유지를 위해 철저히 내용을 은닉하려고 했던 것이다.

그 후 윤 국장은 며칠간 그 일을 잊고 있었는데 그해 6월 30일 독일 유력 일간지인 「프랑크푸르트 룬트샤우」를 비롯 지방 5개 신문이 일제히 한국정부 요원들이 독일지역 한국 유학생들에게 접촉한 후 유학생들이 실종되었다고 대대적으로 보도하기 시작했다.

서울 외무부 본부의 담당 국장이었던 윤하정은 서독 신문을 보고 무척 놀라 서독 및 프랑스대사관에 대사관 직원이 가담하게 된 경위, 대사관 시설 및 직원들의 가담 정도 등을 상세히 보고하라는 전문을 내렸다.

그러자 서독대사는 6월 19일자 장관 명의 전문을 제시하며 경위를 해명했다. 윤 국장이 본부 사람들을 통해 경위를 알아보니 자신이 거절한 중앙정보부 요청 암호전문을 정보문화국장이 내용도 모른 채 전결로 결재해서 현지에 타전한 것으로 밝혀졌다.

사건이 복잡해졌다고 파악한 윤 국장은 평소 친분관계가 있던 김형욱 중앙정보부장을 만나 서독과의 외교관계에 심각한 손상을 줄 수 있으므로 외교적 해결이 중요하다는 점을 강조했다. 그 설명을 듣고 김형욱 부장은 외무부가 하는 조치에 이의를 달지 않겠으니 '외무부가 하고 싶은 대로 하라'며 전폭적인 위임의사를 밝혔다. 그 후 중앙정보부는 외무부의 외교처리에 조금도 이의를 달지 않았다고 한다(윤하정, 2011: 12~17).

강제납치는 없었다

───

　동백림 사건이 표면화된 후 서독에서 터져나온 항의의 요지는 강제납치와 주권침해, 두 가지로 압축된다.

　주서독대사관은 수많은 항의 방문과 매일 수백 통씩 쏟아지는 전화, 편지 공세에 시달렸다. 북한 측의 역공작도 작용하고 있었다.

　강제납치 문제에 대해서는 중앙정보부와 외무부가 자신을 가지고 있었다. 사건 혐의자들에게 자진 귀국해서 누명을 벗거나 제6대 박정희 대통령 취임식 혹은 8·15 광복절 행사에 대통령께서 초청했다는 방식으로 유인을 했기 때문에 수사 대상자들이 이를 믿고 자발적으로 귀국했던 것이다.

　이 문제에 대해 서독 검찰당국은 어떤 입장을 가지고 있는지 중정과 외무부는 궁금했다. 독일 검찰당국의 정확한 입장을 알아야만 적절한 대응방안을 강구할 수 있었기 때문이다.

　서독 연방검찰은 사건 발생 후 서독 내각과 서독 의회에 사건경위를 조사한 결과를 비밀리 보고했다. 이 비밀 보고서를 주서독대사관에서 입수하는 데 성공했다. 거기에는 한국으로 데려간 한국인들이 강제 납치되었다는 범죄성을 입증할 확실한 증거가 없다는 내용이 들어 있었다.

　나중에 서독 외무성이 공식으로 보내온 항의문서에도 단순히 한국

기관원들이 독일 유학생들을 데려갔다(were taken)로 서술되어 있지, 강제연행 혹은 납치라는 표현은 쓰지 않았다(윤하정, 2011: 16).

노무현 정부 당시 국정원 과거사위가 서독에서 연행된 사람들을 대상으로 연행 경위를 조사한 보고서에도 대통령 취임식 참석 혹은 광복절 행사 참석이라는 말로 속였거나, 귀국해서 간단한 조사만 받으면 된다는 설득에 따라 모두 자진해서 귀국한 것으로 기록되어 있다.

윤이상의 처 이수자는 서독대사관에서 '대통령이 새 문화정책을 세우기 위해서 문화인들이 필요하다'며 윤이상과 함께 국내로 들어갈 것을 권유해서 대사관에 가 서울에서 온 수사관을 만났는데, '닷새 후에는 반드시 돌아올 수 있게 할 테니 서울로 가자'고 해서 따라나서게 됐으나 강압은 없었다고 증언했다.

이응로의 처 박인경은 대사관에서 '박정희 대통령이 재선 축하연을 여는데 외국에서 공로가 많은 분들을 초대하게 되었다'고 해서 따라나섰다고 진술했다.

한편, 과거사위는 당시 혐의자들을 연행해온 수사관들을 면담했는데, 이들도 한결같이 강제연행을 부인했으며, 프랑스 체류 피의자 정성태는 귀국할 때 수사관과 술도 함께 마실 정도였다고 증언했다.

윤이상도 '북측과 관련된 일을 조사하기 위해 한국에 가야 한다'는 수사관의 설득에 '얼마나 걸리느냐'고 물어, 열흘 정도 걸릴 거라고 수사관이 말하자 '그러면 가겠다'며 따라나섰다고 한다(국정원 과거사위, 2007: 376~378).

서독과 한국의 승자도 패자도 없는 승리

―――

1967년 6월 19일 중앙정보부의 동백림 사건 혐의자 일제 검거로 촉발된 서독과의 외교분쟁은 1년 6개월간을 끌다 1969년 1월 18일 완전 타결됐다.

서독 의회와 언론에서는 중앙정보부 요원들의 행위를 주권침해로 간주했다. 독일 외무성도 1967년 7월 15일 공식 항의문서를 보내면서 '독일정부의 승인 없이 한국정부 관계자가 독일영토 내에서 공적인 행동을 했으며 그에 따라 문제의 한국인들이 독일을 떠나게 되었다'고 지적했다.

그러면서 독일은 사건재발 방지 약속, 독일 주재 중앙정보부 요원 3명의 추방, 연행 한국인 전원 귀환 등을 요구했다.

여기에 대해 외무부 담당국장은 답변을 준비하면서 '주재국 정부에 알리지 않고 외국정부 관리들이 주재국 내에서 공적인 기능(Official Function) 행위를 하더라도 그것이 반드시 주재국의 주권침해로 간주될 수는 없다'는 국제법 학설이 있는 사실에 주목했다.

그에 따라 한국 외무부는 독일에 답변서를 보내면서 '한국 공무원들은 긴급하고 비상한 상황에서 불가피한 행동을 했다. 그러나 이러한 일이 다시 되풀이되지는 않을 것이다'라고 밝히면서도 주권침해에 대해서는 일체 반박하지 않고, 중정 요원 3명의 귀국조치, 혐의가 가

벼운 5명의 조속한 귀환조치 등을 약속했다.

이러한 외교적 노력을 통해 서독 내부의 반발여론은 점차 진정되어 갔다. 그러나 그해 11월 9일 열린 첫 공판에서 주범들에게 사형 등 중형이 구형되자 독일의 여론이 다시 들끓기 시작했다. 그러자 독일정부는 한국에 대한 차관지원 중단이라는 경제적 압박 카드를 꺼내들었다.

해를 넘겨 열린 1968년 11월 21일 최종재판에서도 검찰이 사형을 포함한 중형을 구형하자 독일 외무성이 주한서독대사를 소환하고, 김영주 서독대사가 주최한 독일 국회의원 초청 만찬 자리에 40여 명의 좌파 시위대가 난입하여 식탁에 올라 반한구호를 외치는 등 난장판을 벌였다.

이런 가운데 1968년 12월 12일 서독 브란트(Willy Brandt) 외무부장관은 독일 대통령의 특사를 한국에 보내 전면적 타결을 하자고 한국 측에 타진해왔다.

김영주 대사는 서독의 특사 파견 제의가 외교적 문제 해결을 위한 마지막 기회라고 보고, '이번에 문제가 해결되지 않을 경우 국교단절이라는 파국을 면하기 어려울 것'이라는 비장한 내용의 친전을 외무장관 앞으로 보내왔다(윤하정, 2011: 27).

이에 한국 외무부는 독일의 특사 파견을 수용하고 정일권 총리 주재로 관계 장관들이 참석한 대책회의를 열어 '재판종결 후 피고인들에 대한 전면 감형 및 석방' 원칙을 정하고 김형욱 부장도 그에 동의했다.

이런 과정을 거쳐 1969년 1월 13일 서울을 방문한 파울 프랑크(Faul Frank) 특사와 한국정부는 교섭 끝에 완전한 타결을 보고 1월 18일 이를 공식 발표했다.

한국은 대통령 특별사면 형식으로 확정판결을 받은 자들을 석방하여 자유의사에 따라 독일로 귀환하는 것을 허용하고, 독일은 동백림 사건과 관련하여 한국정부가 취한 모든 조치와 동기를 이해한다는 것이 합의의 요지였다.

한국은 독일에 대한 호의적 조치로 독일이 가장 관심을 보이던 윤이상을 형집행정지 방식으로 석방하여 프랑크 특사가 귀국할 때 함께 독일로 돌려보냈다.

독일도 한국교포와 유학생들이 북한과 접촉하거나 북한 간첩이 독일에 입국하는 것을 방지하는 데 노력하겠다고 약속했다.

양측 교섭이 타결된 후 프랑크 특사는 '승자도 패자도 없다(There were no victor, nor defeated)'며 만족감을 보였고 윤하정 국장도 양국이 모두 추구했던 외교적 목표를 달성한, 양측 모두의 승리라고 평가했다(윤하정, 2011: 32).

조국을 배신한 자들에 대한 김형욱의 비판

———

동백림 사건이 마무리된 후 김형욱 부장은 여러 가지 착잡한 심경을 남겼다.

서울대 민족주의비교연구회를 연루시킨 것에 대해서는 잘못된 일이었다고 솔직하게 사과했다. 자수자 임석진의 아우와 누이를 기소한 데 대해서도 미안한 심기를 보였다. 워낙 범증이 뚜렷하여 기소할 수밖에 없었다며 친족의 옥고에 괴로워하는 임석진을 지켜보기가 너무 안타까웠다고 했다.

간호사들의 서독 파견을 처음 주선한 의사 이수길을 입건한 데 대해서도 미안해했다.

하지만 평양까지 가서 간첩교육을 받고 거액의 공작금을 챙겨가지고 돌아와 북의 지령에 따라 움직인 자들에 대해서는 날카로운 비판을 남겼다.

> 지식인은 많은 경우 자신의 지적 성장이 오직 자신의 능력과 노력의 결과이지 국가와는 아무런 관계가 없다는 이기주의에 빠질 약점을 허다히 가지고 있었다…(중략)…동백림 간첩사건은 이러한 지식인의 개인적 세계주의와 그들에 대한 국가의 기대가 마찰한 전형적인 예에 불과한 것이었다. 조국과 사회의 기대를 한 몸에 받고 떠났던 유학을 마치고 돌아오면서 조국의 기본

체제를 송두리째 넘어뜨리려는 북한의 간첩이 되어 심지어 북한과의 비밀연락 암호문서인 난수표를 음부에 끼워 숨겨오는 인텔리 여성을 과연 어떻게 국가와 사회가 용납할 수 있다는 말인가.

과잉수사에 대한 아쉬움

이종찬 전 국정원장은 김형욱 중앙정보부장의 동백림 사건 처리방법을 비판했다. 그는 1965년 중앙정보부 정규과정 제1기로 중앙정보부에 임용되어 6개월간 신입교육을 받고 보안부서에 배치되어 우편·영화·불온간행물 등을 검열하는 파트에서 실무를 시작했다.

훗날 국정원장까지 오른 이종찬은 중앙정보부의 동백림 사건 처리방식을 정면 비판했다. 너무 많은 사람을 간첩혐의로 몰아 수사함으로써 유럽의 지식인들을 친북인사로 양산하는 역효과를 가져왔다고 봤다.

김형욱 부장이 박 대통령의 지시로 사건을 인지하게 된 실수를 만회하려는 심리에서 큰 사건인 양 부풀렸다는 것이다. 그 결과 상당수 인물이 남북 어느 곳에서도 환영받지 못하는 인사로 전락하고 말았다는 점을 아쉬워했다.

> 나는 이 사건의 처리 과정을 보면서 지식인들을 더욱 이성적으로, 나라의 먼 미래를 내다보면서 다루는 방법은 과연 무엇일지 다시 생각하게 되었다. 그들은 대부분 당시의 남한에 비판적이었던 만큼 그 이후의 북한에 대해서도 자기 할 말을 할 수 있는 이들이었다. 그러나 그들은 스스로 판단하기 이전에 인권이 유린되는 과정을 거치면서 대부분 자기 목소리를 잃었다…(중

략)…사전에 전혀 모르다가 임석진의 자수로 전모가 드러나는 바람에 체면을 구긴 김형욱의 광적인 분풀이 때문에 나라의 중요한 일꾼이 될 만한 분들이 일생을 망쳤던 것이다. 이는 개인의 손실일 뿐만 아니라 나라의 손실이기도 했다(이종찬, 2015: 217).

공포와 강제만이 꽉 찬 사회에 대한 환멸

동백림 사건은 임석진의 자수에서 촉발됐다. 임석진이 자수하지 않았다면 그 사건은 그 시점 세상에 드러나기 어려웠다. 그러면 임은 언제 어떻게 북의 스파이망을 벗어나기로 결심했을까.

훗날 임은 조갑제 기자와의 인터뷰에서 그 시기를 처음 북한을 방문했던 1961년 9월이라고 회상했다.[5] 1961년 9월 평양 순안공항에 내리자마자 북한사회가 잘못된 곳이란 걸 직감했다고 한다.

서독에서 우편물로 받아보던 화려한 화보 속의 밝고 명랑한 북한은 어디에도 없었다. 우중충하고 잿빛 감도는 건물들, 색깔이라곤 새빨간 광목에 씌어진 김일성에 대한 충성 구호들뿐, 보이는 사람들은 창백하고 공포에 질린 얼굴들이었다(조갑제, 2006: 184).

임석진이 북한을 다녀온 뒤 24년이 지난 1985년 10월 16일. 장세동 안기부장과 함께 남북정상회담 문제를 상의하러 군사분계선을 넘어 평양으로 향하던 박철언 안기부장 특보도 임석진과 비슷한 첫인상을 남겼다.

박철언은 개성에서 평양으로 가는 도중 열차 창밖의 모습을 유심히

---

5) 중앙정보부 조사서에는 임석진의 첫 북한 방문이 1961년 8월 5일에서 8월 30일까지라고 기록되어 있다.

보았다. 그때의 인상을 박철언은 이렇게 기록했다.

> 평양으로 가는 도중, 깨끗한 침대와 갖가지 다과는 아랑곳하지 않고 계속
> 창문 밖을 내다보았다. 북한땅의 모습은 낙후된 탄광촌에서 무기력하게 생
> 존해가는 어둡고 가난한 마을 같았다. '같은 민족이 이렇듯 비참하게 못살고
> 있다니…' 슬픈 상념에 잠겼다(박철언, 2005: 185).

북한을 방문하고 서독으로 돌아간 임석진의 마음에는 북한의 대
남공작에 가담하고 있는 자신의 현실에 대한 자괴감이 싹트기 시작
했다.

하지만, 북한의 스파이망을 벗어나기도 쉬운 일이 아니었다. 그는
그때까지 북한으로부터 많은 공작금을 받아 쓰고 20여 명의 재독 유
학생과 교포를 북한 공작원에게 연결시켜줬다.

고민 끝에 그는 1964년 9월 동백림으로 북한 공작원 이원찬을 찾아
가 생활난을 핑계로 대고, 더 이상 공작을 할 수 없다며 국내에 들어
가겠다는 의사를 밝혔다.

그에 대해 이원찬은 귀국을 허락할 수 없고, 매월 200달러를 줄 테
니 서독에 남으라고 요구했다. 200달러는 당시 북한 대학의 조교 수
급에 상당하는 월급이었다.

북측은 1965년 3월 중국음식점까지 차려주며 임석진의 귀국을 말
렸다. 그런 노력에도 불구, 이 중국음식점이 동업자인 중국인의 횡령
으로 문을 닫고 말았다.

그에 따라 임은 동백림의 이원찬을 다시 찾아가 귀국해서 공작하겠
다며 귀국 허용을 간청했다. 하지만 이원찬은 자신의 선에서 결정하

기 어려운 일이라며 평양에 보고하여 지침을 주겠다고 약속했다.

그 후 임석진은 평양의 요청에 따라 1966년 6월 5일부터 일주일간 평양에 들어가 자신의 귀국 문제를 상의했다.

대남사업총국의 이효순 국장과 임춘추 부국장이 매일 번갈아 가며 임을 찾아와 귀국을 단념하라고 설득하며, 우선 생활비를 대줄 테니 유럽의 제3국에서 6개월간 휴양하고 있으라고 달랬다.

임석진이 지켜보니 이효순과 임춘추는 자신이 귀국해서 변심할 경우 그동안의 동백림 공작이 노출될 것을 우려하고 있었다. 임석진은 그때 그들의 제안을 정면에서 거절할 경우 평양을 빠져나오지 못할 것 같은 기분이 들었다. 그들은 평양에서 살라는 제안까지 내놨다.

그에 따라 임석진은 자칫 잘못하면 평양에 억류될 것을 우려, 우선 제3국에서의 휴양을 받아들이겠다는 답변을 주고 평양을 빠져나왔다.

서독으로 돌아오자마자 영국 런던으로 건너가 북한의 이효순 앞으로 결별의 편지를 띄우고 서울행 비행기를 탔다. 김포공항에 내린 날짜가 1966년 6월 24일이었다.

"제3국에서 6개월간 휴양하라는 당의 지시이나 형편상 본국으로 귀국한다. 공작노출은 걱정하지 말라. 귀국 후에는 깊이 잠복하고 있겠다"는 것이 이효순에게 보낸 임석진의 편지 요지였다(한옥신, 1969: 28).

대남사업총국장 이효순의 쇼크와 대남공작 중단

———

임석진이 자신들의 만류에도 불구하고 남한으로 들어가버리자 평양의 대남사업총국에는 비상이 걸렸다. 임석진의 태도로 보아 언제든지 남한당국에 밀고할 가능성이 높았기 때문이다.

당시 대남사업총국의 내부사정에 대해서는 그즈음 평양에서 대남공작 교육을 받고 있었던 김진계의 회고에 잘 나타나 있다. 김진계는 대남공작원으로 남파되었다가 체포되어 전향을 거부한 채 만기복역하고 출소한 인물이다.

김진계에 의하면 대남사업총국장 이효순은 임의 귀국을 저지하는 데 실패한 시점인 1966년 6월 초 대남사업 부서에 공작중지 지시를 내리고 대남공작원들을 대거 제대시켰다.

김진계도 제대 명령에 따라 황해북도 봉산군 마산리에 있던 3급 관리소 봉산 관개관리사업소 당 비서 자리로 전출됐다.

김진계의 공작교육을 담당하고 있던 지도원은 이효순이 공작원들을 제대시키는 이유를 3대 공포증 때문이라고 김진계에게 설명해줬다. 대남공작원들이 남파되어 변절을 잘한다는 점, 남한 정보경찰의 수사망이 치밀한 점, 남반부 인민들이 밀고를 잘한다는 점 등 세 가지 공포에 이효순이 시달리고 있었다고 한다(김진계·김응교, 1990: 70~72).

이와 같은 김진계의 증언은 역설적으로 당시 중앙정보부의 대공체계가 큰 효과를 거두고 있었다는 것을 의미한다. '반공태세 재정비'를 혁명공약 제1호로 내걸은 박정희 정부는 정변 직후 반공법을 제정하는 등 효율적인 반공정책 수립에 많은 노력을 기울였다.

5·16 주체세력인 육사 8기는 대부분 위관급 장교로 6·25 전쟁에 참여해서 많은 동기생들이 사망하는 등 전쟁 체험에서 우러나오는 반공의식이 강했다.

김형욱 부장도 취임 즉시 간첩신고 제도를 강화했다. 북한이 미군의 베트남전 개입을 견제하기 위해 남한에 게릴라 거점을 확보하려 시도할 것이고, 그럴 경우 부역자 가족과 월북인사 가족들에게 접근하리라고 예측했다.

이러한 판단 아래 중앙정보부는 부역자 가족, 월북인사 가족들을 중앙정보부로 초치하여 북한의 대남공작 실상을 설명하고, 북에서 친척이 내려오면 생명을 보장해줄 테니 틀림없이 신고하도록 교육했다. 김형욱 부장도 각 지방 경찰서와 대공분실을 순시할 때마다 이 점을 강조했다. 그 결과 자발적 간첩신고가 제도화되어갔다.

김형욱은 그의 회고록에서 그 과정을 이렇게 회고했다. "간첩이 뿌리를 내리기 전에 잘라버리는 이 계획은 즉시 놀랄 만큼 효력을 나타냈으며 나는 어김없이 그들에게 생명을 보장한다는 약속을 지켰다(김형욱·박사월, 1985b: 17)."

동백림 공작이 실패한 후 북한 노동당 3호 청사에서는 자아비판이 있었다. 당시 연락부에 근무하고 있었던 박병엽에 따르면 3호 청사에서는 실패의 요인을 네 가지로 봤다.

첫째는 비밀공작의 가장 기본적인 원칙인 공작원 간 연계 차단에 소홀했다는 점이었다. 연줄에 연줄로 포섭한 사람들을 평양과 동백림 대사관에 계속 불러들여 공작원 사이의 연계선이 노출됐다. 그 결과 임석진 한 사람이 자수하자 고구마 줄기마냥 여러 사람이 넝쿨째로 중앙정보부에 걸려들었다는 것이다.

둘째는 공작성과에 비해 공작금을 너무 많이 썼다는 비판이었다. 유학생들을 동백림으로 불러 푸짐하게 대접하고 돈까지 듬뿍 쥐어주자 생활난에 빠져 있던 유럽의 한국 유학생들과 광부, 간호원들이 동백림을 기웃거렸으나 큰 소득도 없이 돈만 잔뜩 들어갔다는 것이다.

셋째, 동백림 공작의 핵심인물인 임석진의 귀국을 막지 못했다는 것이다. 임석진이 런던을 떠나며 이효순에게 보낸 편지가 평양에 도착하기도 전에 평양에서는 유럽지역 공작원을 통해 임석진이 런던을 거쳐 서울로 들어갔다는 정보를 입수했다. 하지만 평양에서 미처 손을 쓸 시간이 없어 임의 귀국을 막는 데 실패했다고 한다.

넷째, 이기양 기자를 모스크바로 불러들인 연락부 부부장에게 많은 비판이 쏟아졌다. 모스크바로 불렀으면 담당 부국장이 모스크바로 가서 접촉해야지 평양까지 이기양을 불러들여 이기양이 은밀하게 돌아갈 타이밍을 놓치게 만들었다는 것이다. 이기양을 담당했던 부부장은 중앙당 과장과 지방당 부위원장을 지냈으나 대남사업의 경험이 전혀 없었던 사람이었다. 사건 후 부부장을 비롯 담당과장과 지도원은 모두 해고되었다고 한다(유영구, 1993: 370).

이효순 대남사업총국장 체제의 와해

1967년 5월 25일, 남북관계에 큰 획을 긋는 일이 북한에서 일어났다.

대남공작을 주도해오던 이효순 대남사업총국장이 해임된 날이다. 임춘추 부국장도 이효순과 함께 숙청됐다. 동백림 공작 실패에 대한 문책성 인사였다.

이날은 북한 노동당 중앙위 제4기 15차 전원회의가 비밀리 열린 날이다. 당 중앙위원회 위원들이 100여 명 참석하는 전원회의는 본래 공개되는 것이 원칙이었는데 이날 회의는 극비리 진행됐다.

다만, 3급 기업소 당 비서 이상 간부들만 그 내용을 녹음으로 들을 수 있었다. 3급 기업소인 봉산 관개사업소 당 비서였던 김진계도 녹음된 전원회의 내용을 들을 수 있었다.

이 회의에서 김일성은 "이효순과 임춘추는 많은 혁명간부들을 남조선에 넘겨주었으며 대남사업을 근본적으로 말아먹었다"고 힐책했다 (김갑철, 1996: 60).

이날 회의는 최고인민위 상임위원장 최용건이 사회를 맡았다. 김일성의 후계자로 부상하고 있던 김정일도 이 회의에 참석했다. 김정일 주도로 진행된 당 중앙위원회 지도결과를 공개 심문하는 형식으로 이날 회의는 진행됐다.

김정일이 이효순에게 대남공작원들을 지방으로 내려보낸 이유를 추궁했다. 그러자 이효순은 보안사항이라 공개석상에서 언급하기 어렵다며 끙끙댔다.

김정일의 닦달에도 이효순이 계속 보안사항을 이유로 답변을 미루자 최용건이 이효순 문제는 국가보안 문제가 많아서 정치위원회에서 취급해야 한다고 김일성에게 양해를 구하고 넘어갔다.

이효순에 이어 임춘추가 단상으로 호출됐다. 이번에는 김일성이 임춘추를 몰아세웠다. 김진계는 그 당시 내용을 이렇게 기록했다.

> "동무. 동무는 남조선총국에서 이효순이 못된 짓을 하구 있는데, 뭐 하구 있었소? 그 이유를 말해보시오." 갑작스런 수상의 질문에 회의장은 조용해졌다. "저, 저는 전혀 알지 못했습니다." 임은 떨고 있었다.
>
> "기럼, 동무가 소설 청년전위를 썼다구 하는데 기 목적이 메요?" 평소 연설할 때 쓰는 표준말이 아니라 지독한 평안도 사투리에 쇳소리 섞인 음성이었다…(중략)…"동무! 내레 동무를 남조선총국에 배치한 거이, 동무를 믿구서 잘 돌보라구 배치한거야요! 기런데 총국이 어케 돌아가는디 영판 모르믄서 소설이나 쓰구 있었슴네까!" 김이 호통을 치니까, "…저, 저는…" 임은 꾸물럭거리면서 뭔 말을 힘겹게 토하려는데, "길세, 자추디 말구 얘기레 딛우라우요!" 김은 다시 소락대기를 질렀다(김진계·김응교, 1990: 82-83).

이어 열린 정치위원회에서 이효순은 김일성의 권위에 도전한 언행에 대해 신랄한 비판을 받았다. 특히, 공식석상에서 "조선노동당은 합법적으로 북한땅을 담당하고, 대남사업총국장은 한반도의 절반인 남한땅을 담당하기 때문에 김일성 총비서와 대등한 권리를 가지고 있고, 그래서 노동당의 지시에 따를 필요가 없다"고 발언한 사실이 알려져

호된 비판을 받았다고 한다.

그 후 이효순은 평남 성천군 농기계작업소 부지배인으로 강등되고, 임춘추는 노동당 역사연구소장으로 좌천됐다.

이효순을 숙청한 후 김일성은 "생사를 무릅쓰고 어려운 일을 하고 돌아온 혁명가들을 절대로 지방으로 내려보내 고생시키지 말라. 공작 후 돌아오면 푹 쉬도록 조치하라"는 지시를 내렸다고 한다(김진계·김응교, 1990: 171).

5

□ □ □ □ ■ □ □ □ 장

김일성을
사랑한
스파이들

북한 대남연락부에 포섭된 임자도 면장

———

한일 국교 정상화 회담에 반대하는 데모가 불붙기 시작하는 1964년 3월 남한 지하에 맑스-레닌주의를 신봉하는 통일혁명당이 생겨났다.

남한에 맑스-레닌주의적 혁명당이 필요하다는 김일성 교시에 따라 북한 대남연락부가 추진한 정치공작의 산물이었다.

창당 후 4년여간 통혁당은 지하에서 암약하며 남한체제를 전복하려는 활동을 전개했다. 김일성은 1970년 11월 2일 노동당 제5차 대회 당 중앙위 사업총화보고에서 '매국적 한일회담을 반대하는 1964년의 6·3 봉기', '한일협정을 배격하는 1965년 8월 투쟁', '1967년의 괴뢰 대통령 및 괴뢰 국회의원 선거 반대투쟁'을 비롯한 많은 투쟁에 통일혁명당 조직들이 적극 참가했다고 밝혔다(돌베개 편집부, 1988: 319~320).

통혁당 사건의 단초가 되는 임자도 사건을 중앙정보부가 발표한 것은 1968년 7월 20일. 임자도에 연고가 있던 북한 대남공작원 김수영이 임자도에 잠입하여 외삼촌이자 임자도 면장이었던 최영도(발표 당시에는 '최영길'이란 가명 사용)와 자신의 친동생 김수상을 포섭, 북으로 데리고 가 노동당에 입당시키는 한편 6개월 동안 지하당 결성 간첩교육을 시킨 후 남으로 내려보냈다는 것이 발표의 요지였다.

이처럼 임자도 면장 최영도가 대남공작원 김수영에게 포섭되면서 통혁당의 씨앗이 뿌려졌다. 중앙정보부는 처음 최영도와 그 주변인물을 체포했을 때 통혁당이라는 실체를 알지 못했다. 나중에 통혁당 총책으로 밝혀진 김종태에 대해서도 처음에는 최영도 일당이 무교동을 휩쓸던 어깨두목 김종태를 포섭했다고 발표했다.

그러면 최영도를 포섭한 김수영은 어떻게 대남공작원으로 선발되었는가?

그에 대해서는 김수영이 선발될 당시 대남연락부에서 일했던 전향 공작원 박병엽이 그 정황을 기억하고 있다. 박병엽에 의하면 김송무(김수영의 별칭)라는 30세도 안 된 청년이 노동당 대남연락부 앞으로 자신을 대남공작원으로 써달라는 편지를 여러 차례 보내왔다고 한다.

김송무는 6·25 당시 의용군으로 참전했다가 월북했으며 의용군 당시 중학교 3학년이었다고 자신을 소개했다. 그에 따라 연락부의 실무자가 이 청년에게 찾아가 만나보고 이 청년이 전남의 임자도 출신으로 그곳에 연고자가 많다는 사실을 확인했다.

당시 연락부는 내륙공작을 위해 남한의 서남해안에 연락거점을 확보하려고 안간힘을 쓸 때였기 때문에 '임자도'라는 말에 연락부 관계자들의 귀가 번쩍했다.

2차로 김송무에게 연락부의 한 과장이 파견됐다. 김송무를 만나고 온 과장 역시 공작원으로 훈련시켜 남파하는 게 좋겠다고 당시 대남연락부장이던 유장식에게 보고했다.

보고를 받은 유장식 부장도 선뜻 응했다. 결국 김송무는 자신의 소원대로 연락부의 한 초대소로 소환됐다. 연락부는 김송무를 초대소로 소환하여 교육을 하면서 그가 자유주의 경향이 많은데다 입이 가벼워 말이 많은 흠이 있는 반면에 솔직하고 대담하며 통이 크면서도 의욕적이라는 장점을 갖추고 있다는 점을 확인했다.

그의 흠으로 보아서는 대남공작 부문에 종사할 만한 사람이 아니었지만 장점도 있고 임자도의 가족관계가 무엇보다 호조건이었다.

결국 교육을 계속 시키고 만일 그 뒤에도 미덥지 못하면 우수한 공작원을 딸려 내려보내면 된다는 연락부 방침이 결정됐다. 1963년 초부터 김무송에 대한 간첩교육이 집중적으로 실시됐다(「월간중앙」, 1992. 1월호).

영호남 공산주의자들의 커넥션

중앙정보부는 1968년 8월 24일 통일혁명당 사건을 발표하면서 1970년대 결정적 시기가 오면 민중봉기와 국가전복을 시도했던 건국 후 최대의 지하당 조직인 통일혁명당(통혁당)을 적발, 관련자 158명을 검거해서 1차로 73명을 검찰에 송치했다고 발표했다(「서울신문」, 1968. 8. 24.).

1968년 7월 20일 임자도 거점 고정간첩 27명을 일망타진했다고 발표한 지 한 달여 만이었다. 임자도 간첩단 사건에서 통혁당의 단서가 포착되어 통혁당의 존재사실이 드러났다.

수사결과 통혁당 총책으로 드러난 김종태는 경북 영천 출신이었다. 1950년 동국대학교 경제학과를 졸업했는데 재학 시 좌익학생운동에 가담하고 졸업 후 경북 안동사범학교와 포항 동지상고에서 교사로 일했으며, 1954년 5·20 국회의원 선거 때 경북 영천에서 당선된 친형 김상도의 비서로 1958년 5월까지 4년여간 정치권에 몸담았다.

4·19 후 대구에 있는 어느 잡지사에서 일하고 있던 김종태를 포섭한 인물은 임자도 출신 간첩 김수상이었다. 김수상은 임자도 출신 대남공작원 김수영이 남파하여 외삼촌 최영도를 포섭, 월북할 때 함께 데리고 갔던 김수영의 친동생이다.

평양으로 올라간 최영도는 현직 임자면 면장이었기 때문에 오래 자리를 비울 수 없어 며칠 만에 임자도로 복귀하고, 김수상은 실업자였기 때문에 대남공작원 양성소인 695군 부대에 입교해서 1년여간 교육을 받았다.

사건 후 재판과정에서 김종태는 1964년 3월 말 김수상의 안내로 임자도에서 공작선을 타고 처음 방북했다고 진술했다. 그리고 김수상은 남파되자마자 김종태를 접촉, 방북에 합의했다. 이로 미루어 김수상이 간첩교육을 마친 시기는 1964년 3월 중순경이었던 것으로 보인다.

간첩교육이 끝날 때 즈음 김수상은 자신이 중심이 되어 지하당을 구축하라는 지령을 받았다. 이에 대해 그는 자신보다는 자기와 형님 동생 하고 지내는 대학선배가 있는데 그 사람을 중심으로 조직하는 것이 좋겠다는 대안을 제시했다.

그러면서 김수상은 그 선배는 김종태라는 사람으로 대학 시절에 학생운동을 한 경험도 있고, 1946년의 10·1 대구사건에도 가담하였으며 고등학교에서 교편을 잡고 있다가 지금은 대구에 있는 어느 잡지사에서 집필활동을 하고 있는데, 천재적인 두뇌를 가지고 있고, 선후배 간의 교우관계도 아주 넓고 좋으신 분이라고 김종태를 추천했다.

그러자 대남연락부의 담당 지도원은 김종태를 평양으로 데리고 오라고 지시했다(김용규, 2013: 40~41).

이처럼 김수상의 제안으로 김종태가 북에 포섭되었다는 것이 대남공작원 출신 김용규의 증언이다.

김용규는 1936년 서울에서 태어나 6·25 전쟁 때 납북되어 김일성대학 철학과를 졸업하는 등 순탄한 길을 걸었으나 1957년 남로당 숙청 때 문천기계공장 근로자로 추락했다.

그 후 1967년 대남공작원으로 선발되어 김일성 군사정치대학을 수

료하고 10여 년 동안 대남공작에 가담하면서 김일성으로부터 영웅 칭호와 '금별메달'을 받는 등 연락부의 부부장급 대우를 받던 거물간첩이었으나 1976년 대남침투 때 동료 2명을 사살하고 귀순했다.

2013년 사망한 김용규는 과거 연락부에서 일할 때 부부장급으로 대우받으면서 「대남공작 성공사례집」을 읽을 수 있는 위치에 있었고, 연락부의 거의 모든 공작에 관여했기 때문에 대남공작에 관해서는 자신이 최고 전문가라고 자평했었다.

김용규의 주장과 달리 전향간첩 박병엽은 김종태를 연락부에 소개한 인물이 최영도라고 밝혔다. 최영도가 처음 북에 갔을 때 김종태를 소개하였다는 것이다. 최영도는 6·25 전쟁 전 한독당 계열 청년단체에서 활동할 때 김종태를 알게 됐으며, 김종태의 사상이 좋고 활동도 다양하므로 함께 활동할 수 있게 해달라고 요청하였다는 것이다(「월간중앙」, 1992. 1월호).

박병엽은 통혁당 사건의 단초가 된 대남공작원 김수영의 가명을 김송무라고 기억했다. 그런데 김수영의 동생 김수상 역시 남한에서 활동할 때 가명을 김송무라고 사용한 것으로 보인다.

김수상의 주선으로 대남연락부와 연결된 김종태는 통혁당을 조직해나가면서 조카인 김질락을 끌어들였다. 김질락은 서울대 문리대 정치학과를 1957년 졸업하고 변변한 일자리 없이 고시공부에 매달려 있다가 삼촌인 김종태에게 이끌려 통혁당이 운영하던 잡지 「청맥」의 주간으로 통혁당에 참여하기 시작했다.

김질락은 통혁당 사건으로 구속되어 1972년 7월 15일 사형당하기 전 감옥에서 통혁당에 참여한 것을 후회하는 수기를 남겼다. '어느 지식인의 죽음(원제: 주암산)'이라고 제목을 붙인 이 수기에는 김종태가 김수상(가명 김송무)에게 연결되는 과정이 이렇게 기록되어 있다.

그가 종태 삼촌과 인연이 된 것은 자유당 말엽, 그러니까 그가 경북 영천에 주둔하고 있는 모 부대에 근무하고 있던 때의 일로 무슨 사고를 낸 일이 있었는데, 그때 막내 삼촌이 그를 구해준 것이 인연이 되어 우리 집안에 드나들게 되고, 종태 삼촌과도 알게 되었다는 것이다.

그때 종태 삼촌은 나한테 이렇게 말했다. "송무는 김삭(자유당 때 국회의원)씨의 집안으로 고향엔 어머님이 한 분 있고, 외삼촌이 그곳 임자면 면장으로 돈푼깨나 있는 모양인데 요번에 나한테 부탁해서 대학엘 가겠다고 왔다."

그러니 자기로서는 송무를 대학에 넣어주고 얼마간 돈을 먹겠노라는 것이었고, 송무야말로 자기에겐 큰 봉이라는 것이었다. 종태 삼촌은 전에도 다른 사람들을 대학에 넣어주고 돈을 번 일이 여러 번 있었기 때문에 나는 다만 어련하시겠나 싶었을 뿐이었다.

그는 지금 이북에 가 있다. '조막손이 계란 훔친다'더니 그가 종태 삼촌을 북괴와 접선시킨 장본인일 줄이야 정말 몰랐다. 또한 임자면 면장이요, 그의 외삼촌이란 자가 최영도였다는 사실을 내가 알게 된 것은 1968년 11월 말, 1심 재판의 사실심리 때였다(김질락, 2011: 42~43).

김일성의 품을 찾아간 통혁당 총재 김종태

북한은 1968년 통일혁명당(통혁당) 참여자들이 중앙정보부에 의해 대거 체포된 이후 통혁당은 남한 내부에서 자생적으로 생겨난 조직인 것처럼 선전해왔다. 그래야만 통혁당의 선전가치가 높아지기 때문이다.

하지만 통혁당 간부였던 김질락은 죽음 직전 친삼촌인 통혁당 총재 김종태가 김일성에게 포섭되어 통혁당을 창당하는 과정을 설명하는 글을 남겼다. 옥중에서 통혁당에 참여한 것을 후회하는 '어느 지식인의 죽음'이란 책자에 그의 글이 남아 있다.

이 글을 보면 김종태는 평양을 비밀리 방문해서 김일성을 만나고 돌아와 자신과 이문규를 은밀히 불러 김일성을 만난 정황과 대화내용을 소개하며 통혁당에 가담하도록 두 사람을 포섭했다.

1968년 8월 24일 중앙정보부 발표에 의하면 통일혁명당의 주모자는 김종태이며 민족해방전선과 조국해방전선을 구성하여 「청맥」이라는 잡지를 운영하고, '학사주점'을 경영하며 세력을 확대해갔다.

「청맥」을 운영하던 민족해방전선의 책임자가 김질락, '학사주점'을 운영하던 조국해방전선의 책임자가 이문규였다. 신영복은 김질락 바로 밑에서 일하고 있었다(「동아일보」, 1968. 8. 24.).

김질락이 김종태로부터 들은 김일성 면담내용을 그대로 인용하면 이렇다.

나는 (김일성에게) 한참 동안 남조선 혁명의 불가피성과 목적, 그리고 지하
당 조직 건설의 필요성 등을 역설하고 군중공작에 대해서 설명했지요. 김
장군은 나한테 담배를 권하면서 '선생 같으신 분이 50명만 있으면 남조선
혁명은 문제가 없다'고 말하면서 '선생이 원하시는 일이면 무엇이든지 다 해
드리겠다'고 말하고, '남조선 혁명은 남조선 인민의 힘으로 달성해야 한다'고
하더구만요. 나하고 이야기가 끝나자 대번 이효순 국장을 부르더니 '김 선생
이 요구하시는 일이면 무엇이든 해드려라'고 명령합디다. 대남사업 총국장
이면 대단한 존잰데 김 장군 앞에서는 쩔쩔매더구먼. 밖에 나오니 이효순
국장과 임춘추 부국장이 나를 붙잡고 수상 동지께서 뭐라고 말씀하시더냐
고 묻는데, '당신네들에게는 말할 수 없소'하고 잘라 말했지(김질락, 2011:
136~138).

누가 통혁당을 제보했는가

───

중앙정보부가 임자도 간첩사건 수사에 나서게 된 경위에 대해서는 여러 가지 설이 있다.

김형욱 당시 중정부장은 최영도(수사 발표문에는 최영길로 표기)의 동생이 신고했다고 그의 회고록에서 밝혔다(김형욱·박사월, 1985b: 244).

최영도의 동생이 마약중독자였는데 아편이 떨어져 아편을 살 돈이 없는데도 최영도가 돈을 주지 않자 고통을 받다가 발작적으로 신고해 왔다고 했다. 최영도의 동생은 최영도가 북한으로부터 막대한 공작금을 받아온 사실을 알고 있었다.

이와는 달리 김종태의 조카 김질락의 동생 김승락은 자신이 중앙정보부에 고발해서 수사가 착수됐다고 주장했다. 월간지 「신동아」는 김승락의 수기 '통혁당 사건 내가 고발했다'를 입수해서 1996년 6월호에 게재했다.

이 수기에서 김승락은 군에서 제대하고 친형 김질락의 집에 기거하고 있던 1967년 12월 「청맥」 주간이던 김질락과 학사주점 대표 이문규 등이 김종태의 집에 모여 마르크스-레닌을 토론하고 밤새워 뭔가 모의하는 것을 보고 수상히 여겨 숙부 때문에 집안을 망칠 수 없다고 판단, 중앙정보부에 고발했다는 것이다(「동아일보」, 1996. 5. 19.).

한편 전향 공작원 박병엽은 김형욱, 김승락과 달리 정태묵의 동생 정태상의 밀고로 수사가 시작됐다고 회고했다.

정태묵은 최영도가 처음 월북했을 당시 대남연락부에 추천해서 간첩이 된 구 남로당 출신 인물이다. 북한에서 받은 돈으로 서울 무교동에 '삼창산업사'란 자동차 매매업체를 차려놓고 통혁당 가담자들을 지원하고 있었다.

김대중 전 대통령의 목포상고 1년 선배로서 1967년 6월 8일 실시됐던 제7대 국회의원 선거에서 목포에 출마했던 김대중 후보를 지원하는 선거운동을 했다.

박병엽은 정태묵 동생 정태상이 밀고한 경위를 이렇게 증언했다. 정태상은 원래 자기 형의 월북 사실뿐만 아니라 전남조직 관계, 김종태의 서울조직 관계를 약간 아는데다 노출의 위험성이 있어서 북한이 북으로 데려가 교육을 시켰다.

그런데 정태상의 부인이 정태묵에게 남편을 찾아내라고 계속 요구하자 정태묵은 하는 수 없이 이북으로 무전 연락하여 동생을 남한으로 내려보내달라고 요청했다.

정태상은 이남으로 돌아와 활동자금으로 삼창산업을 설립하여 운영하던 형에게 생활비 및 사업비로 돈을 떼어달라고 했다. 하지만 정태묵은 당 건설을 위한 기반조성용 자금을 개인적으로 쓰도록 줄 수없다고 완강히 버텨 형제간에 다툼이 일어났다.

이것이 화근이라는 사실이 뒷날 밝혀졌다. 정태상이 형과의 불화를 부인에게 얘기하면서 정태묵에 대한 비밀이 누설됐고 결과적으로 친인척을 거쳐 정태상은 검사에게 소환당하게 됐던 것이다.

정태상이 김종태의 활동을 일부 알고 있어 사건이 커졌다. 더욱이 김질락과 이문규가 월북한 것이 정태상이 평양에 있을 때였고 김송무가 김질락·이문규의 월북 사실을 그에게 귀띔해주어 알고 있었다.

이것 때문에 나중에 김송무는 뒷날 이북에서 비판받았다. 통혁당 사건이 다른 데서 문제가 되어 터졌다면 정태묵에 대한 평가도 상당했을 텐데 사건의 경위를 이북에서도 자체적으로 조사해보니 정태묵의 동생 쪽에서 발단이 됐음이 확인됐다.

노동당은 임자도 사건이 터지자 당시 임자도 쪽에 조총련의 선이 있어 이를 통해 확인할 수 있었다.

이북에서는 김종태의 조카 쪽에서 발단이 됐다는 얘기도 있었지만 결정적인 단서는 정태묵의 동생 쪽에서 나왔음이 분명하다는 결론을 내렸다(「월간중앙」, 1992. 2월호).

김종태의 묵비권 행사와 장독대 밑 난수표

———

통혁당 총책 김종태는 임자도 간첩사건으로 최영도, 정태묵 등과 함께 중앙정보부에 검거됐을 때 처음 묵비권을 행사하며 입을 열지 않았다.

이러한 김종태의 수사태도는 중앙정보부 수사관들에게 새로운 의혹을 불러일으켰다. 묵비권을 행사할 만큼 중요한 비밀을 감추고 있다는 의혹이었다. 김종태를 체포할 때까지 중앙정보부는 통혁당의 존재를 모르고 있었다.

김종태가 계속 묵비권을 행사함에 따라 그의 간첩행위를 입증할 물증으로서 북한과 무전을 교신할 때 사용했을 난수표를 찾는데 수사 방향이 집중됐다. 김종태 집의 변소, 하수구까지 샅샅이 뒤지고 장독대를 살폈으나 찾지 못했다. 마당을 파고 숨겼을 가능성에 대비, 쇠꼬챙이로 마당을 다지듯이 쑤셔봤지만 허사였다.

급기야 중앙정보부는 장독대 바닥의 콘크리트 속에 숨겼을 것으로 보고, 장독을 모두 내려놓은 다음 콘크리트를 잘게 부수기 시작했다. 그 결과 장독대 밑 콘크리트의 한쪽에 구멍이 나 있었고 그 속에서 난수표가 발견됐다.

그즈음 중앙정보부는 또 다른 중요한 증거물을 확보했다. 어느 여인이 김종태가 체포될 때 김종태 아내가 황급히 맡긴 보따리를 들고 찾아온 것이다. 그 보따리 속에는 미화 3만 달러, 무전기, 그리고 김종태 아내의 난수표가 들어 있었다.

그 보따리를 들고 온 여인은 김종태 아내의 동창생으로 김종태가 체포된 사실을 신문을 통해 알고서 며칠 전 김종태 아내가 맡긴 보따리가 궁금해서 풀어보니 무전기, 난수표, 거액의 달러 등이 들어 있자 놀란 나머지 서둘러 중앙정보부를 찾은 것이다.

이를 계기로 김종태 아내까지 검거한 중앙정보부는 묵비권을 행사하던 김종태 내외에게 무전기, 난수표 등을 들이대며 추궁하자 김종태는 모든 것을 자백했다.

그리고 김종태 내외의 난수표를 해독한 결과 김종태가 통혁당 총책이라는 사실이 드러났고 미처 검거하지 못한 이문규가 부책이라는 점이 밝혀졌다.

이제 중앙정보부로서는 이문규를 체포하는 것이 시급한 일이었다. 이문규가 북으로 달아날 수도 있었기 때문이다. 그때 이문규는 경북 포항으로 달아나 언론에 공개되는 수사동향을 주시하고 있었다. 하지만 곧 이문규도 체포되고 이문규에게서도 난수표가 나왔다.

김종태 내외, 이문규가 소지하고 있던 난수표의 발견으로 통혁당의 전모가 드러나자 김종태는 수사관들에게 울먹이면서 자기 아내만은 살려달라고 애걸했다고 한다(김형욱, 1971: 296~299).

중앙정보부의 역공작에 말려든 북한 대남연락부

이문규는 서울대 문리대 정치학과 동문인 김질락과 함께 통혁당의 2인자였다. 기소장에 기재된 그의 피의 사실을 보면 1967년 5월 4일부터 5월 28일까지 월북하여 북한 노동당에 입당하고, 통혁당 산하조직인 조국해방전선의 책임비서로 활동했다. 북한으로부터 공작금 1백만 원을 수수하고, 암호문과 권총 1정(실탄 14발)을 수수했다.

하지만 이문규는 임자도 간첩사건으로 김종태, 김질락 등이 체포될 때 포항으로 달아나 언론에는 그의 이름이 등장하지 않았다.

김종태 집의 장독대에서 찾아낸 난수표로 그가 통혁당의 부책이라는 사실을 알아낸 중앙정보부는 뒤늦게 이문규를 체포하고서도 그의 검거사실을 철저히 비밀에 부쳤다.

이문규를 미끼로 통혁당과 북한과의 연결고리를 파악하려는 전략이었다. 당시 중앙정보부의 비밀암호 해독능력은 김형욱 회고록에 잘 기록되어 있다.

김형욱에 따르면 그 당시 간첩들은 제각각 다른 난수표를 소지하고 있었다. 한 사람이 체포될지라도 다른 사람의 난수표를 통해 연락망을 유지하겠다는 북한의 속셈이었다.

그러나 서너 개 이상의 난수표를 확보하게 되면 몇 분 안에 북한의 비밀송신을 해독할 수 있는 능력을 중앙정보부는 가지고 있었다고 한다.

또한, 북한은 그 당시 남한의 일반 우체국에서 송수신하는 전보를 이용하여 남한의 간첩들과 통신연락을 취하고 있었다. 이문규의 난수표에 감추어진 암호는 우체국의 전보를 이용하는 방법이었다.

중앙정보부는 이 암호를 역이용하여 북한의 대남공작을 유도하는 공작을 추진했다.

1968년 8월 15일경 서울 어느 우체국에서 윤상길이라는 민간인으로 위장한 중앙정보부 요원이 제주도에 전보를 쳤다.

당시 서울에서 제주도로 치는 전보는 유선 케이블이 없어 무전으로 송신되었기 때문에 북한은 이 전보들을 가로챌 수 있었다.

제주도 이승호 앞으로 보내는 전보의 내용은 「상철 16일 입원 52,300원 명동 2가 139 본인 앞으로 급송바람. 윤상길」이었다. 여기서 전보내용의 한글은 전부 장식용이고 '16523002139'라는 숫자가 본문이었다.

이 숫자를 이문규의 난수표에 감추어진 암호에 따라 해독하면 '16'은 접선 지시, '52'는 사태위급, '3'은 이문규, '00'은 서귀포, '21'은 접선 날짜, '39'는 구조바람으로 풀이된다. 이것을 문장으로 구성하면 '사태 위급하니 구조 바란다. 서귀포에서 접선할 날짜의 지시를 바란다. 이문규'가 된다. 이 전보를 북한에서 풀이할 것이라는 전제 아래 이런 전보를 제주도로 날린 것이다.

중앙정보부의 예측대로 이틀이 지난 후 북한의 암호송신이 내려왔다. '1968년 8월 20일 밤 10시 서귀포에서 만나자'는 회신이었다.

중앙정보부 요원들은 서귀포 해수욕장에 해수욕하러 온 사람들로 위장해서 서귀포 바닷가 주변에 잠복했다. 중앙정보부 본부에서는 군과 협조, 해군 함정과 공군 전투기들을 비상 대기시켰다.

약속일 밤 10시 어둠 속에서 고무보트가 다가와 서귀포읍 남성리 절벽 밑으로 달라붙었다. 이 모습을 지켜보던 중앙정보부는 간첩들이 매복 제1선과 제2선을 지날 때까지 그대로 두었다. 선두 간첩에 뒤이어 후미에서 공비들이 접근해올 것을 체크하려는 의도였다.

선두의 간첩들이 제1선과 제2선을 지나고 후미가 없는 것을 확인한 중앙정보부는 일제히 사격을 개시하여 간첩들을 사살하고 바다에 떠 있던 간첩선이 달아나자 해군 함정과 공군 전투기들이 공습하여 간첩선을 격침시켰다. 상륙 간첩과 간첩선에 타고 있던 무장공비 12명은 사살되고 바다에 뛰어들어 목숨을 건진 공비 2명은 생포됐다.

중앙정보부 역공작의 대성공이었다. 생포된 무장간첩 2명의 진술을 통해 김종태가 북한정권 수립 20주년 기념일인 1968년 9월 9일 무장공작선을 타고 월북, 박두일이라는 가명으로 김일성 앞에서 남한대표 자격으로 연설할 예정이었다는 사실도 밝혀냈다(김형욱·박사월, 1985b: 248~251).

'학사주점'과 「청맥」이 포섭공작의 중심

김종태의 조카로서 이문규와 함께 통일혁명당 2인자 역할을 했던 김질락은 1967년 4월 월북하여 북한 노동당에 입당하고 통혁당 산하 조직인 민족해방전선의 책임비서로 일하다 체포됐다.

그는 감옥에서 전향한 후 쓴 수기에 통일혁명당의 비밀활동 방법에 대해 이렇게 설명했다. 연락거점은 김종태의 집이었고, 「청맥」과 '학사주점', 그리고 이문규 집을 연락처로 이용했다. 조직형태는 삼인소조(三人小組)를 기존 조직으로 하였으며, 종선, 단선의 원칙을 고수하고 횡선, 월선을 절대로 금했다.

조직방법은 처음에 포섭대상자를 물색하되 가급적이면 ① 가족, 친지, 동창, 친우, 직장 등 생활의 가장 가까운 주변에서 찾아내고 ② 출신성분과 가족관계, 학력, 직업, 성품 등을 미리 조사하여 가급적 특수기관이나 경찰관 등의 가족이 아닌 자를 선정했다.

포섭공작에 대해서는 종태 삼촌과 다른 지도간부들이 노동자 계급과 농어민층을 주로 포섭하기로 하고, 이문규는 '학사주점'을 중심으로 청년 학생 지식층을, 그리고 김질락은 「청맥」을 중심으로 언론계와 학계에 각각 침투하기로 결의했다.

모든 투쟁은 삼인소조의 기본조직을 기점으로 전개되도록 지시되었고, 당원을 교양함에는 무엇보다도 혁명의식을 제고하도록 노력했다.

연락관계는 신속, 정확하여 절대로 5분을 초과하는 일이 없도록 평소에 훈련을 쌓게 하는 동시에 가급적이면 무인 포스트를 이용하도록 했다.

회합 장소에 대해서는 사람들의 눈이 많은 다방이나 음식점 같은 곳은 되도록 피하며 2층 건물에서 내려다보이는 낮은 건물이나 상대방의 눈에 쉽사리 띄는 장소는 될 수 있는 대로 피하도록 하고 해수욕장, 공원 같은 유원지를 이용하도록 했다.

항상 뒤에 누가 미행하지 않는지 확인하고 연락문은 쉬운 일상용어 가운데서 골라 암호로 사용하도록 했다(김질락, 2011: 79~81).

김형욱의 김대중 감싸기

임자도 간첩사건에 이은 통혁당 간첩사건이 세상에 드러난 것은 1968년 8월이었다. 그해 1월 21일에 발생한 김신조 일당의 청와대 침투기도, 이틀 후 일어난 미국 첩보수집함 푸에블로호 납북 등 남북긴장이 최고로 높았던 시기이다.

국내정치적으로는 박정희 대통령이 1967년 5월의 대통령 선거에서 당선되어 두 번째 임기를 시작하는 시기였다. 당시 헌법은 대통령 임기를 4년으로 정하고, 1차에 한해 연임할 수 있도록 규정하고 있었다. 자연히 박정희 이후의 대통령에 대한 관심이 떠오르기 시작했다.

그러한 시국에 김형욱 중앙정보부장은 야당 정치인 김대중을 박정희 이후의 대권을 잡을 정치인으로 보고 김대중과 손을 잡으려 했던 것으로 보인다.

그 당시 김형욱의 의중은 임자도 간첩사건 수사과정에서 적나라하게 드러난다. 김형욱 자신이 회고록에서 김대중을 비호하는데 앞장섰던 사실을 밝혔다. 그 내용을 보면 이렇다.

임자도 간첩사건의 주범 최영도는 1967년 6월 8일 치른 제7대 국회의원 선거에서 목포지역 야당 후보로 출마한 김대중의 선거 사무장이었다. 북한의 지령을 받는 간첩을 선거 사무장으로 두고 있었던 것이다. 중앙정보부가 철저히 수사할 경우 선거 당시 북한과의 연계여부를 밝힐 수 있었을 것이다.

그러나 김형욱은 김대중을 보호하기로 마음먹고 김대중과 단둘이 만나 간첩수사를 회피하는 요령을 가르쳐준다. 김형욱은 점심을 먹자며 김대중을 남산 청사 근처의 세종호텔 안가로 불렀다. 세종호텔에는 중앙정보부가 특별조사를 위해 확보하고 있던 룸이 있었다.

김형욱은 수사관들을 내보내고 김대중과 단둘이 마주 앉았다. 김형욱이 먼저 입을 열었다. "사실은 오늘 초대한 것은 점심식사를 하기 위한 것이 아니라 최영길(최영도를 지칭)에 대한 것을 몇 가지 다짐하고 넘어가야 할 것이 있어서입니다. 괜스리 중앙정보부로 호출을 하면 귀찮은 일이 생길 것이고 김 의원의 정치적 장래에 본의 아닌 흠도 생길 것 같아서…. 최영길로부터 무슨 이상한 낌새를 느낀 적은 없었습니까? 무슨 특별한 부탁이나 반정부 발언을 하도록 종용받았다거나."

이에 김대중은 최영길의 정체를 전혀 몰랐다고 해명했다. "나도 정치가로서 대망을 가진 사나이요. 최영길이가 그따위 조직에 가담했다는 걸 사전에 알았다면 내가 그를 중용했다는 것이 될 법이나 한 일이겠습니까."

그러면서 김대중은 "결과적으로 보아 내가 최영길을 선거참모로 썼다는 것은 불행한 일이었습니다. 김 부장께서 나까지 한사코 연루시키려 든다면 고생 좀 하게 되리라고 각오는 하고 있습니까" 하며 김형욱을 겁박했다.

이에 김형욱은 "개인적으로 이 나라에 김 의원 같은 야당 정치인도 있어야 한다고 믿는 사람입니다. 장래가 촉망되는 야당 정치인에게 이만한 일로 결정적인 상처를 안겨주고 싶은 생각은 없소이다"라며 복안을 밝히고 "곧 우리 조사관들이 간단한 질문을 할 터이니 최영길의 배후에 대해서는 방금 나에게 말씀하신대로 그저 모른다고만 진술하시오. 그 사람들이 별 트집을 잡거나 무례를 범하지 않도록 내 얘기해두고 가리다"라며 수사회피 요령까지 가르쳐주었다.(김형욱·박사월, 1985b: 245~246).

한편, 임자도 간첩사건의 또 다른 주범 정태묵도 1967년 총선에서 김대중 지원 선거운동을 했다. 하지만 정태묵의 기소장에도 김대중과의 관련은 적시되어 있지 않다. 김형욱은 최영도처럼 정태묵에 대해서도 김대중과의 관련 부분을 의도적으로 누락시킨 것으로 보인다.

서울고법에서 정태묵에게 사형선고를 내린 판사는 이택돈이었다. 그는 훗날 조갑제 기자에게 이런 말을 남겼다.

> "그때 나는 주심 판사였다. 임자도 간첩사건 기록을 읽어보니 정태묵이 김대중 씨를 만난 것은 목적을 갖고 그렇게 한 것 같은데 이 부분에 대한 수사가 제대로 되어 있지 않다는 느낌을 받았다(조갑제 외, 2006: 67)."

정태묵에 대한 수사가 제대로 되어있지 않은 이유에 대해 김대중은 내란선동 및 계엄포고 위반으로 구속된 직후인 1980년 5월 20일 계엄사 합동수사본부에 제출한 자필 진술서에서 아래와 같이 설명했다.

> 이 사건이 나자 하루는 당시 정보부의 김형욱 부장의 보좌관들이 와서 출두를 요청하므로 시청 앞 뉴코리아 호텔에서 김 부장을 만났음. 김 부장으로부터 '임자도 사건의 주범 정태묵을 조사 중 김 선생의 이름이 나왔는데, 사건과는 전혀 관련이 없으나 일단 이름이 거명된 이상 수사절차상 조사를 안 받을 수 없으니 미안하지만 참고인 조사에 응해 달라'는 요청을 받

았음.

그리하여 선거기간 중 타인과 동석으로 2~3차 만났으며 선거 후에도 서울서 1차 만난 것을 사실대로 진술해주었음. 이것은 후일에 간접적으로 들은 이야기이나 정태묵이 조사받던 중 진술하기를 '선거기간 중 김대중의 말을 들으니 반공정신이 투철하여 전혀 다른 말을 꺼낼 여지가 없는 것으로 보고 아예 공작하려는 생각을 갖지 않았다'고 했다는 말을 들었음(조갑제 외, 2006: 65~66).

김일성의 김종태 애도와 김질락의 때늦은 참회

중앙정보부는 1968년 8월 24일 통일혁명당 사건을 발표하면서 김종태, 김질락, 이문규 등 73명을 검찰에 송치했다고 밝혔다. 수감 중이던 김종태는 1968년 9월 29일 서울구치소를 탈옥하여 도주하다가 체포되어 특수도주 미수죄가 추가됐다.

1969년 7월 10일 김종태와 이문규에 대한 사형이 집행됐다. 그러자 김일성은 두 사람에게 '영웅' 칭호를 부여하고 평양 대극장에서 '통일혁명당 서울시위원회 위원장 고 김종태 동지 추모회'를 열었다. 그와 함께 평양 전기기관차 공장을 김종태 전기기관차 공장으로, 해주 사범대학을 김종태 사범대학으로 개명하여 김종태 추모 분위기를 이어갔다.

그리고 김일성은 3호 청사 간부들 대상으로 "김종태 동무는 혁명가로서의 지조를 굽히지 않고 탈옥도 시도하고 법정투쟁도 잘했습니다. 김종태 동무가 이렇게 묵비권을 행사하며 장렬하게 최후를 마쳤기 때문에 그 하부조직들이 살아남게 된 것입니다. 이 동무에게 당 중앙위원회 정치위원에 버금가는 대우를 해주어야 합니다. 그래야 남조선 혁명가들과 조직 성원들이 김종태 동무처럼 옥중에서도 혁명적 지조를 끝까지 지킬 수 있습니다(김용규, 2013: 245~246)"라며 김종태의 법정투쟁을 칭송했다.

한편, 김질락에 대한 사형집행은 계속 미루어지다가 7·4 남북공동성명 직후인 1972년 7월 15일 집행됐다. 그사이 김질락은 통혁당 활동을 후회하며 '어느 지식인의 죽음(원제: 주암산)'이란 수기를 집필했다. 그 수기의 머리말에 김질락은 이런 말을 남겼다.

지난 수년간 조국과 민족을 향해 반기를 들고 이웃과 가족들을 기만하며 북괴와 야합함으로써 끝내는 무한한 고뇌의 심연에 빠져 스스로 단죄의 무딘 칼날을 받지 않으면 안 되게 된 나는, 그 역겨운 죽음의 오랜 항로를 통해서 나라를 사랑하고 나 자신을 사랑하는 올바른 길이 무엇이며 참된 생명의 길이 무엇인가를 깨닫게 되었다.

북괴가 무엇을 노리고 있고 우리를 향해 무엇을 어떻게 하려하고 있는가를 똑똑히 알게 되었으며 그네들과의 야합이나 공존이 얼마나 어리석고 위험한 일인가를 보다 절실히 깨닫게 되었다.

때문에 나는 나의 사망을 매장해버리는 데 그치지 않고 나의 사망을 증거로 북괴를 고발하고 북괴로 말미암아 무서운 죽음의 길을 헤매고 있는 모든 가엾은 사람들에게 나를 증거하여 경고한다.

공화당 침투 간첩의 귀싸대기를 후려친 김형욱

1967년 6월 8일 제7대 국회의원 선거가 실시됐다. 한 달여 전 5월 5일 대통령 선거에서는 박정희가 무난히 재선된 상황이었다.

국회의원 선거를 지켜보던 중앙정보부는 전남 보성에서 출마한 야당의 이중재가 북한 대남방송과 똑같은 주장을 계속하며 정부내부의 극비사항을 발설하는 데 주목하기 시작했다.

이중재의 경쟁자는 공화당의 양달승 후보였다. 공화당 공천 싸움에서 김규남과 경합하다 김규남을 따돌리고 공천을 따냈다. 중정은 공천경쟁에서 밀린 김규남이 공천탈락에 불만을 품고 야당 후보인 이중재와 결탁하고 있을 것으로 의심하면서 김규남의 집에 도청장치를 설치했다. 얼마 후 김규남과 이중재가 대화하면서 양길승과 박정희 대통령을 비난하는 내용이 잡혔다.

중앙정보부는 김규남에 대공 용의점을 두고 조사에 들어갔다. 먼저 김형욱 부장이 도청한 녹음테이프를 준비해놓고 김규남을 부장실로 불렀다. 지역구 공천에서 탈락했던 김규남은 공화당의 전국구 의원으로 공천을 받아 국회에 진출한 상태였다.

국회의원다운 의젓한 태도로 부장실을 들어서는 김규남에게 다가간 김형욱은 느닷없이 김규남의 귀싸대기를 서너 차례 후려치며 고함을 질렀다.

"네 정체가 뭐야? 우리가 다 알고 있다고, 바른대로 말하라우!"

순간 김규남은 얼굴이 백지장처럼 하얘지며 "잘못했습니다, 부장님" 하고 고개를 숙였다. 다소 진정한 김형욱은 "여기 녹음테이프가 보이겠지요. 사실대로 얘기하시오"라며 다그쳤다(김형욱·박사월, 1985: 218).

그 직후 김규남의 입에서 영국에 거주하는 박노수라는 인물의 이름이 튀어나오고 그의 주선으로 김규남이 일본 동경대학원, 영국 케임브리지대학 등에서 유학한 사실이 드러났다.

수사 단서를 잡은 중정은 비밀정보협정이 체결돼 있던 일본 경시청에 수사협조를 의뢰하여 전남 광주 출신인 박노수가 1955년 2월 일본으로 밀항, 동경대학 법학부에서 석사학위를 마치고 1961년 2월 영국 케임브리지대로 유학, 국제법 전공 법학박사를 취득한 사실을 알아냈다.

그와 함께 박노수가 영국 런던대학에 유학 중이던 조총련계 인물 현일수와 친분을 맺으며 현일수의 주선으로 동백림 소재 북한대사관의 공작원과 연결됐다는 사실을 확인했다. 박노수가 김규남도 여러 번 데리고 동백림을 다녀온 정황도 포착됐다.

일본 경시청에서는 김규남이 동경대학원에서 공부할 때 조총련계 장학금을 받고 있었다는 사실을 알려주며 김규남이 한국 내에 잠복하고 있는 북한 간첩일 가능성이 있다는 소스를 중정에 보내왔다. 이제 중정으로서는 김규남의 간첩혐의를 입증할 증거물을 확보하는 것이 시급해졌다.

대통령 턱밑까지 접근했던 북한 공작원

중앙정보부는 김규남의 간첩혐의를 은밀히 조사하면서 해외 정보망을 통해 런던에 있는 박노수의 동향을 주시하고 있었다.

그러던 어느 날 김형욱 부장은 대통령에 대한 정보 보고차 청와대를 방문, 비서실장실에 들렀으나 이후락 실장이 자리를 비우고 없었다.

빈방에서 이후락을 기다리며 서성이다 우연히 책상 위에 눈을 돌린 김형욱은 거기에 박노수의 인물카드가 놓여 있는 것을 보고 깜짝 놀랐다. 그때까지 중앙정보부는 수사보안이 누설될 것을 우려, 김규남 간첩사건을 극비리 내사하고 있었다. 김형욱이 문서를 자세히 살펴보니 박노수를 대통령 경제담당 비서관으로 채용할 것을 상신하는 내용이었다.

얼마 있다가 이후락이 들어오자 김형욱은 빈방에서 머물다 우연히 책상 위의 서류를 보게 되었다고 양해를 구하며 박노수를 비서관으로 천거하는 배경을 물었다.

그에 대해 이후락은 박노수가 직접 대통령에게 성의를 다하여 보좌하고 싶다는 편지를 보내와 여기저기 알아보니 매부가 현직 공화당 의원으로 있는 등 신원이 확실하고 케임브리지대 법학박사라고 해서 임용을 준비하고 있다고 설명했다.

이후락으로부터 경위를 들은 김형욱은 박노수를 장기간 수사하고 있는 배경을 알려주며 박노수가 북한 대남공작의 런던 책임자라고 강조했다.

그러면서 박노수가 지금 청와대에 침투하기 위해 공작하고 있다고 주의를 환기시키고 이후락과 함께 대통령 방으로 들어가 이러한 사실을 대통령에게 보고했다. 김형욱으로부터 보고를 받은 대통령은 '큰일 날 뻔했다'고 놀라며 박노수를 귀국시켜 조사하라는 지시를 내렸다.

그 후 중앙정보부는 박노수가 청와대 경제담당 비서관으로 진출하기 위해 공작하고 있는 사실을 철저히 감추며 김규남을 통해 박노수의 귀국을 유도했다.

그 결과 박노수는 청와대 경제담당 비서관이 확정된 것으로 알고 1969년 2월경 아내와 귀국하겠다는 회신을 보내왔다.

중앙정보부는 박노수의 귀국에 대비, 간첩혐의를 입증할 증거를 확보해두고 숨죽이며 박노수의 귀국을 기다렸다(김형욱·박사월, 1985: 220).

박정희 대통령의 여당침투 간첩 구속 지시

박정희 전 대통령은 국정을 수행하면서 공과 사를 엄격히 구분해서 국민들로부터 많은 신망을 받았다. 당시 집권당이었던 공화당에 침투한 간첩 김규남을 처리하는 과정에서도 그의 단호함을 엿볼 수 있다.

집권여당에 간첩이 침투해 있었다는 사실은 정부여당에게는 치명적 약점이 될 수 있었다. 그에 따라 김형욱 중앙정보부장은 김규남 구속에 따른 파장을 우려하여 그의 체포를 머뭇거리고 있었다. 하지만 박정희 전 대통령은 어느 정도 범증이 잡히자 김규남 일당의 체포를 지시했다.

김형욱은 그의 회고록에서 자신의 재직기간 중 취급한 모든 간첩사건의 처리와 발표에 있어서 대통령의 최종 허락을 받지 않고 결행한 사건은 하나도 없었다고 밝혔다(김형욱·박사월, 1985b: 263).

박노수는 1969년 2월 18일 그의 아내와 함께 귀국했다. 중앙정보부의 귀국유도 공작이 성공을 거둔 것이다. 박노수는 청와대 경제담당 비서관으로 임용된 줄 알고 국내로 들어왔다.

중앙정보부는 대통령의 인가가 떨어지자 관련자 16명을 구속하고 이를 1969년 5월 14일 공표했다.

박노수가 1961년 케임브리지대학에 재학 중 북한 공작원에게 포섭되어 1968년 8월에는 아내와 함께 평양을 방문, 노동당에 입당한 후 간첩교육을 받았으며, 박노수에 포섭된 김규남은 1961년 1월 평양에 가서 연락부장을 면담한 후 노동당에 입당, 전남 보성군민으로 구성된 일신계(日新契)를 공작거점으로 삼으라는 지령을 받았다는 것이 중앙정보부의 발표요지였다.

또한, 중앙정보부는 이 사건의 의미를 이렇게 설명했다.

> 북괴는 6·25 동란 때 완전히 괴멸됐던 한국 내의 지하세력을 재건, 소위 결정적인 시기에 대비하기 위해 1961년부터 유럽지역에 유학 중인 국내학생 및 재일교포 학생들을 포섭했다. 포섭된 인물들을 동백림 또는 평양 등지로 안내, 비밀 아지트에 수용한 후 한국에서의 사회주의 혁명의 불가피성 등에 대한 교양과 세뇌공작 및 간첩 밀봉교육을 시켰다. 동시에 각종 지령문과 공작금품을 주어 한국에 침투시킨 다음 합법적인 거점을 구축, 정계·학계를 비롯한 각계에 진출시켜 암암리에 사회주의 혁명기운을 조성, 4·19와 같은 혼란기가 오면 민중을 봉기케 할 목적으로 유럽과 일본지역을 무대로 대규모적인 간첩단을 조직, 암약케 한 바 있는데 그 일단(一團)이 이번에 타진됐다(경향신문, 1969. 5. 14.).

김형욱 부장은 5월 14일 중앙정보부 회의실에서 이 사건을 발표한 후 기자들과 질의답변을 가졌는데 1969년 5월 14일자 경향신문에 보도된 내용을 간추려보면 아래와 같다.

질문: 김규남은 공화당 창당요원으로 활약하였다는데 가담 경위와 배후인물은?

답변: 이 문제에 대해서는 대통령께서도 철저히 조사하라는 지시가 있었다. 공화당 창당 시부터 참여한 것은 사실이다. 1962년 10월 친지

인 김병철의 주선으로 재건동지회에 참여하였으며 그 후 1963년 2
월 공화당 전남 제10지구당(보성)에 정식 입당했다.

질문: 항간에는 김규남 사건이 공화당 숙당 문제와도 관련성이 있는 듯이
유포되고 있는데.

답변: 본 사건의 주동인물은 박대인(박노수의 가명)이며 김규남은 유력한
관련자이므로 어디까지나 대공수사 면에서 다루고 있는 것이지 정
치성의 개입 운운은 언어도단이다.

질문: 건국 이래 국회에 직접 침투한 간첩사건은 제헌국회 이래 두 번째
인데 보안당국은 김규남의 국회잠입 전 신원파악을 소홀히 한 것
아닌가?

답변: 김규남의 국회진출 전에 간첩혐의를 발견하지 못한 것은 국민에게
미안하게 생각한다. 정당에서 선거 시에 입후보자들에 대한 신원조
회를 의뢰하는 예가 없다. 그런데 당부에서는 수년 전부터 김규남
에 대한 내사를 거듭했으나 확증을 잡지 못하여 동향감시에 주력
하여오던 중 마침내 이번 사건을 통하여 확증을 잡고 검거하게 된
것이다.

질문: 북괴의 마수가 계속 구라파 지역에 뻗치고 있는데 앞으로 해외교포
와 유학생들에 대한 사상 선도를 위한 근본적 대책은 무엇인가?

답변: 앞으로 해외여행자에 대하여는 철저한 신원조사를 실시할 것이며
장기 거류자에 대하여는 해외공관의 활동을 더욱 강화하여 그들에
게 올바른 국가관을 주입시키는 계몽활동과 아울러 광범위한 정보

활동을 전개하여 북괴의 마수에 걸리지 않도록 사전조치를 강구하
겠다.

한편, 박노수와 김규남은 사형을 언도받고 1972년 7월 13일과 28일
각각 처형됐다.

6

□ □ □ □ □ ■ □ □   **장**

이수근은
중앙정보부장을
포섭하러 내려온
공작원

이수근은 대남사업총국이 남파한 공작원

1967년 3월 22일. 조선일보 이기양 기자가 체코에서 실종되기 20여 일 전이다. 북한 조선중앙통신 이수근 부사장이 판문점을 통해 남으로 넘어왔다.

북한의 고위층이 귀순의 형식을 빌려 넘어왔기 때문에 당시 사회적으로 큰 파문이 일었다. 하지만 이 사건은 이수근이 탈북하는 과정에서 석연찮은 점이 많이 나타나 지금까지도 귀순의 진정성 여부에 대한 논란이 계속되고 있다.

이수근이 남으로 넘어온 지 2년여 뒤인 1969년 1월 27일 변장한 채 해외로 달아나려다 중앙정보부에 의해 체포됐기 때문에 오랫동안 이수근은 위장귀순 간첩으로 알려져왔다.

그런데 조갑제 기자가 1989년 3월호 월간조선에 '이수근은 간첩이 아니었다'는 기사를 게재하면서 위장귀순 여부가 다시 쟁점화됐다.

오랫동안 논란 끝에 문재인 정부 들어서 서울 중앙지법이 2018년 10월 11일 이수근의 간첩혐의에 대해 무죄를 선고했다. 국정원이 적폐세력으로 몰려 대대적인 수사를 받고 있던 수세적 국면 속에서 적절한 대응의 기회도 갖지 못한 채 한국현대사에 큰 영향을 미친 중요한 간첩사건이 무죄로 번복되고 말았다.

재심 판결의 결정적 증거는 '이수근이 위장귀순한 간첩으로서 반국가단체의 구성원 또는 그 지령을 받은 자라는 점과 관련하여 검사가 제출한 증거들은 증거능력이 없거나 증명력이 없는 것이어서 이를 인정하기에 부족하다'는 점이었다.

검사가 제출한 증거의 능력이 없거나 증명력이 없는 것이 간첩으로 볼 수 없다는 이유였다. 따라서 이수근이 위장귀순한 간첩으로서 반국가단체의 구성원 또는 그 지령을 받은 자라는 점과 관련한 증거들이 있으면 이 사건의 역사적 진실은 규명될 수 있다.

이런 점에서 남파간첩 출신 김진계는 이 사건의 진실을 규명할 수 있는 중요한 단서를 남겼다. 그가 북한에서 녹음을 통해 들었다는 북한 노동당 중앙위 제4기 15차 전원회의에 이수근 사건의 진실을 알 수 있는 중요한 내용이 들어 있다.

그날 회의에서 김일성은 이효순에게 누가 이수근을 남으로 내려보냈느냐고 묻고, 이효순은 자신이 내려보냈다고 대답하는 내용이 나온다. 북한에서 대남공작의 총책임자가 이수근을 내려 보냈다면 그것은 이수근이 반국가단체의 구성원 또는 그 지령을 받은 자라는 점을 의미한다.

김진계가 남긴 기록을 원문 그대로 옮기면 아래와 같다.

그러자 이번에는 김일성이 숨을 톱으면서 질문했다. 본래 평안도 사투리를 쓰는 김일성은 공식석상에서는 표준말을 썼다.

"내 하나 물어보겠습니다. 동무! 이수근 중앙통신사 부사장을 누가 남조선에 내려보냈습니까?"

"…접니다."

"왜 보냈습니까?"

"저…."

그때 또 젊은 목소리가 댕돌같이 나섰다.

"쫌 날레날레 얘기하시라요!"

"…."

이효순은 말하지 않았다. 그러자 사회자는 국가보안 문제가 많아서 이효순 문제는 정치위원회에서 취급해야 한다며 수령에게 양해를 얻고 간단히 끝냈다(김진계·김응교, 1990: 82).

북한 조사부 부부장의 김형욱 포섭 지령

———

대남공작원 출신 김진계는 '이효순이 김일성 앞에서 이수근을 자신이 남파시켰다'고 실토했다는 증언을 남겼다.

그와 함께 전향 공작원 박병엽도 이수근이 남파된 배경과 지령받은 임무에 대해 구체적 증언을 남겼다.

박병엽의 증언에 의하면 1966년 6월 24일 임석진이 자신들의 만류에도 불구하고 국내로 귀국해버리자 대남공작에 차질이 생긴 이효순은 산하조직에 새로운 대남공작망을 개척하는 데 총력을 기울이라고 닦달했다.

그럴 즈음 조사부 부부장 김성민이 남한의 김형욱 중앙정보부장을 포섭해서 대남공작망으로 활용한다는 아이디어를 냈다. 조사부는 문화부, 연락부와 함께 대남사업총국에 소속된 기관이었다.

황해도 신천군 출신인 김형욱이 동향의식이 강하다는 정보를 입수하고 있었던 김성민. 자신의 처가 쪽 친척이었던 이수근의 고향이 김형욱의 고향과 가까운 황해도 서흥군인데다, 수완이 좋은 사람이라는 점에 착안해서 이수근을 위장 망명시키는 공작계획을 수립했다.

김성민은 해방공간 남한에서 공작경험을 쌓은 베테랑. 1949년 8월 대만의 장개석 총통이 반공협력을 협의하기 위해 경남 진해에서 이승만 대통령과 단독으로 회담을 가졌을 때, 장개석의 통역으로 회담장에 들어가 대화내용 전체를 녹음하여 평양으로 보냈던 인물이다.

주한 중국대사관에서 일하던 김성민은 1950년 초 홍콩을 경유, 중공으로 들어가 6·25 전쟁 때 중공 인민지원군에 소속되어 북한으로 들어갔다. 전쟁이 끝나고 북한 인민군으로 넘어간 김성민은 연락부, 조사부 등 대남공작 파트에서 근무하며 조사부 부부장의 자리까지 올랐다.

1966년 7~8월경 공작계획을 마무리한 김성민은 그해 말 이수근을 공작원으로 소환해서 교육을 시작했다. 김성민은 조사부장인 방학세에게는 대충만 보고하고 은밀하게 공작을 추진했고, 방학세는 김성민이 유능한 공작원 출신인 점을 고려, 상부에 제대로 보고도 하지 않았다. 이효순 국장과 임춘추 부국장도 모르는 사이 엄청난 공작이 진행됐던 것이다.

이처럼 김성민이 극비리 추진한 비밀공작은 이수근이 판문점을 통과하는 과정에서 대대적으로 언론에 노출되자 북한 내부에서 그 경위를 확인하는 데 부산했다.

김성민은 끝까지 함구하고 있었으나 이수근의 정체를 알고 있던 공작원 교육 초대소의 관리원이 상부에 보고해서 이효순과 당 중앙까지 알게 됐다.

공작보안이 노출된 후 김성민은 공작진행 및 처리방식을 놓고 비판을 받았으나, 이수근이 김형욱에게 접근하는 데 성공했다는 점을 내세워 오히려 큰소리를 쳤다고 한다. 하지만 김성민은 얼마 뒤 대남공작 부서에서 퇴출됐다.

박병엽은 이수근이 남한을 탈출하려고 시도한 배경에 대해 북측의 지시도 없었는데 이수근이 스스로 다시 이북으로 돌아가려고 해외로 나왔다가 중앙정보부의 수사망에 걸려든 것으로 봤다.

북한 3호 청사의 대남연락부 실무자들 사이에서는 이수근 체포 소식을 듣고 대남공작업무의 정식 계통에서 벗어나 무모한 공작을 벌이다 실패할 수밖에 없었다는 여론이 돌았다고 한다(유영구, 1993: 374~376).

김형욱 최측근에 접근한 이수근

북한 조사부 김성민 부부장의 이수근 남파공작은 초기단계에서 대단한 성공을 거두었다.

이수근이 판문점을 통해 넘어온 3월 22일은 제6대 대통령 선거를 한 달 반 정도 앞둔 시점이었다. 그해 5월 3일 박정희와 윤보선이 재격돌하는 제6대 대통령 선거가 예정되어 있었다.

남과 북이 극한의 체제경쟁을 벌이고 있던 1960년대 중반 '자유를 찾아와 기쁘다'는 이수근의 탈북 발언은 반공을 국시의 제일의로 내걸고, 반공정책을 강화해온 박정희 정부로서는 대통령 선거에 대단히 유리하게 작용할 수 있는 호재였다.

박정희 대통령은 이수근이 귀순한 다음 날인 1967년 3월 23일 기자들에게 "지금껏 귀순한 북괴 언론인 중에서 최고 거물이니 광범한 정보를 얻게 됐다. 우리가 북괴보다 잘살고 있다는 실정을 이 씨가 보여줬다"며 흐뭇해했다(「조선일보」, 1967. 3. 24.).

조선일보는·1967년 3월 24일자 사설에서 '자유대한의 승리'란 제목으로 "이수근 씨가 판문점에서 유엔 측 군사정전위원 벤코프트 준장의 승용차를 재빨리 이용하여 북괴 경무원이 난사하는 탄우를 뚫고 목메어 기다리던 자유의 품으로 탈출하는 데 성공했다는 사실은 문자 그대로 극적이고 감명어린 쾌사라 아니할 수 없다"며 이수근의 용기를 높이 평가했다.

그런 시국에 영향을 받아 김형욱 부장은 이수근을 재빨리 중앙정보부 간부로 채용해서 전국을 순회하며 환영회, 강연회를 열었다.

이수근이 월남할 당시 중앙정보부 감찰실장 방준모. 이수근이 판문점을 넘어와 해외로 달아날 때까지 중앙정보부에서 중앙정보부 직원 신분으로서의 이수근을 관리했던 책임자였다.

방준모는 이수근이 월남하자마자 김형욱 부장이 위장귀순 여부에 대한 정확한 판단도 없이 차관급 중앙정보부 직원으로 서둘러 임용하는 실수를 저질렀다고 비판했다.

퇴임 후 미국으로 이민 간 방준모가 재미 언론인 문일석에게 언급한 이수근 임용 당시의 정황은 이렇다.

망명한 이수근은 이례적인 대우를 받았다. 김형욱 부장의 주선으로 정보부 촉탁 1급(차관급)의 직급을 주었고 월급까지 지급하게 되었다. 망명 직후에 중앙정보부 요원이 된 것이다. 촉탁 1급의 지위란 다른 수사기관에서 엄두도 못 낼 직급이었다. 그에게 그렇게 높은 직급을 준 것은 김형욱 부장의 배려였다. 김부장은 이수근을 상당히 좋아했다.

정보부 7국 선전국(당시 국장: 김기완) 촉탁 판단관으로 임명된 이수근은 특별한 대우를 받으면서 정보부원이 된 것이다. 탈출해 오자마자 국민 전체의 환영 속에 파묻힌 이수근은 환영회, 강연회에 참석하느라 쉴 틈이 없었다. 그래서 보안조치도 없이 정보부원이 되었다.

당시 정보부원이 되기 위해서는 몇 가지 사전절차를 밟아야 했다. 부원 적합성 검사, 거짓말탐지기 실험(국가충성심과 정신상태 검사), 실험실을 통한 충성심과 충성서약, 실지 보안교육 등을 패스해야만 한다. 그런데 이수근은 이 과정을 거치지 않고 촉탁 정보부원이 되었다(문일석, 1993: 400~401).

위장귀순의 징후와 근접 관찰

북한 조사부 부부장 김성민이 김형욱 부장을 포섭하러 이수근을 남파시켰다는 박병엽의 증언을 사실로 받아들일 경우, 김성민의 이수근 남파공작은 김형욱에 대한 접근까지는 성공했다고 볼 수 있다.

하지만 김형욱 부장은 김성민의 의도와는 달리 역으로 이수근을 반공선전 요원으로 활용했다. 이수근의 반공선전 활동은 제6대 대선과 맞물려 결과적으로 박정희의 재선에 큰 도움이 됐다.

김형욱 부장으로서는 북한이 찌른 칼을 거꾸로 잡아 휘두른 셈이다. 더욱이 이수근을 남파시킨 대남사업총국의 이효순과 임춘추, 조사부의 김성민 등이 줄줄이 숙청됨으로써 이수근은 북한과의 라인이 끊겼다.

이수근은 적국에 침투해서 잠복하여 적국의 민심을 교란시키다 적지에서 생을 마감해야 하는 사간(死間)의 처지에 빠졌다.

북으로부터의 통제기능이 풀리면서 미숙한 스파이행위가 점차 드러나 이수근의 정체에 대한 국민들의 의심이 싹트기 시작했다. 이수근이 귀순으로 위장해서 침투한 간첩이라는 소문이 돌았다.

그런 가운데 이수근 환영회에 참석해서 김일성을 비난했던 귀순 여간첩이 의문의 죽음을 당하는 일이 일어났다.

중앙정보부로서는 묵과하기 어려운 수준에까지 이른 것이다. 그에 따라 방준모 감찰실장은 이수근의 위장귀순 여부를 가리기 위해 정밀한 관찰에 들어갔다.

이수근 집 앞에 있는 2층 건물을 전세 내어 수사관을 상주시키며 일거수일투족을 추적했다. 주야간용 망원경과 망원 카메라를 설치, 수상한 행동을 촬영했다. 이수근의 승용차 안에도 특수 도청 마이크를 장치했다.

보통의 도청장치는 실내에서 라디오를 틀고 말을 하면 잡음이 섞여 중요한 내용을 알아듣기가 힘드나 특수 마이크를 부착하면 라디오 잡음이 제거되고 사람의 육성만을 들을 수 있다고 한다.

그리고 전화국 직원으로 가장한 중정 직원이 이수근의 집 안으로 들어가 전화기 속에 몰래 도청장치를 설치했다. 이러한 과정에서 중정의 감시팀은 이수근의 수상한 행동들을 포착했다.

첫째, 이수근이 자기 집에 돌아오면 매일 일과처럼 벽화를 뜯어 뒤를 쳐다보고, 책상 밑을 들여다보는가 하면, 마루 밑을 헤집는 등 이상한 행동을 했다.

심지어 천정까지 수색하고, 회전의자를 돌려보며, 전화기까지 검사한다는 사실이 목격됐다. 도청을 우려한 역감시 행동이었다.

이때 방준모는 이수근이 북으로부터 철저한 감시 예방훈련을 받고 넘어온 것으로 보았다.

하루는 이수근이 이상한 낌새를 눈치 채고 전화기를 부쉈다. 그리고 전화국 직원을 불러 수리를 시키며 "여보시오, 왜 전화기 내부의 선이 바뀌었소. 제대로 수리를 해주시오"하고 나무랐다. 선의 연결을 바꾸면 방안의 소리를 도청할 수 있는 기술을 알고 있는 언행이었다.

당시 이러한 전화 도청술은 전문 기술자가 아니면 알 수 없는 기술이었는데 이수근은 이 기술을 알고 있었던 것이다.

둘째, 승용차 안의 특수 도청 마이크에서 북한과 연결된 듯한 언급들이 나왔다.

이수근의 승용차 운전수는 이수근 자신이 구한 사람이었다. 중정에서 운전수를 알선해주자 자기를 감시하려는 의도로 알고 거부하면서 자기의 마음에 드는 사람을 운전수로 채용했다.

한번은 이수근이 운전수에게 북한의 교통부장관을 시켜주겠다고 제의하면서 북한은 노동자 천국이므로 내가 보증해서 보내면 틀림없이 장관이 될 수 있을 것이라고 했다.

또 한 번은 월남은 곧 해방되며 다음은 한국 차례라고 말했다.

셋째, 호텔을 드나들며 결혼을 미끼로 많은 여성들을 유린했다. 이에 따라 중정에는 이수근의 성폭력을 호소하는 진정서가 많이 접수됐다. 중정에서 집계한 숫자만도 20여 명이었다.

방준모는 여성을 포섭하는 수단으로 여자들과 육체관계를 맺는 것으로 보았다(문일석, 1993: 424~432).

김형욱의 이수근 비호와 감찰실의 반발

방준모 감찰실장은 근거리 관찰을 통해 이수근이 위장귀순했을 가능성이 높다고 보고 과학적 분석에 들어갔다.

첫째, 거짓말탐지기 조사를 실시했다. 방준모는 1958년 1월 미국 헌병학교로 연수를 떠나 한국 군인으로는 처음으로 거짓말탐지기 조사 기법을 배워온 인물이었다.

이수근을 거짓말탐지기 앞에 앉혀놓고 조사를 한 감찰실의 담당 수사관은 이수근이 위장귀순한 걸로 판단했다. 거짓말 여부를 알아내기 위해 던진 유도질문에 이수근이 현저하게 다른 반응을 보여 '위장귀순 혐의가 있다'는 결론을 내렸다.

둘째, 방준모는 위장귀순 여부를 보다 확실히 검증하기 위해 중앙정보부 내 심리학 등을 전공한 석박사급 직원들로 별도의 분석팀을 꾸려 이들에게 이수근 관련 자료를 모두 주고 분석을 시킨 결과 이 분석팀도 '위장귀순 혐의가 있다'는 판정을 내렸다.

셋째, 중정 감찰실이 위장귀순이라고 판정한 보다 확실한 근거는 판문점 탈출 당시 찍힌 사진들이었다. 각 신문에 보도된 탈출현장 사진, 미 공보원 사진, 미군이 찍은 사진, 북한 기자가 찍은 사진을 모두 입수해서 분석했다.

그 결과 탈출 당시 북한 경비병이 이수근이 탄 차의 문을 열고 있으면서도 미군 헌병이 멀리서 달려올 때까지 이수근을 끌어내지 않은 장면이 있었다. 북한 기자가 '이수근이 탈출한다'고 외치는데도 장성으로 보이는 인민군 장교가 뒷짐을 지며 외면하는 장면도 있었다.

판문점에 배치된 북한 경비병들은 모두 특등사수일 텐데 무수한 사격을 가했는데도 이수근이 탄 차에는 한 발도 맞지 않았다. 공중을 향해 권총을 쏘는 장교도 있었다.

이러한 사진들을 통해서도 중정은 '위장귀순'이라는 결론을 내렸다.

그즈음 이수근은 특이한 정치적 행보도 보였다. 여당인 공화당에 입당을 신청했다가 거부당하자 야당인 신민당에 입당했다.

이수근을 위장귀순자라고 판단한 방준모 감찰실장은 김형욱 부장을 찾아가 감찰실의 판정결과를 보고했다.

나는 차트를 넘기면서 설명을 했다. 탈출 당시의 사진 분석, 거짓말탐지기 결과, 그의 탈출동기 분석, 공화당에 입당신청을 했다가 거부되자 신민당에 입당신청을 한 사실도 보고했다. 보고 도중이었다. 김부장은 보고를 듣다가 말을 꺼냈다.

"이봐 방 실장! 그놈이 정부에 협력치 않고 이상한 행동을 하는 것은 나도 잘 알고 있소. 그는 젊었을 때부터 공산주의 이론과 행동을 배워왔으니 그런 분석이 나왔을 거요. 또한 그렇다고 하더라도 대한민국에서 따뜻한 정으로 감싸준다면 감화시킬 수 있다고 믿소. 당신이 책임지고 감화시키시오."
보고를 다 들은 부장은 "이수근을 감화시키라"고 지시를 내렸다.

나는 부장실에서 나왔다. 감찰실로 돌아왔을 때, 부장의 지시를 전달하자 이 과장 등 수사관들은 펄쩍 뛰었다. "실장님! 철저한 사상교육을 받고, 특수임무를 가지고 온 거물 위장간첩을 어떻게 감화시킨단 말입니까? 설마

부장님께서 빨갱이를 의도적으로 비호하는 것은 아니겠지요(문일석, 1993: 414~415)."

평양에 납치됐다 돌아온 사나이의 불안

김기완. 이수근의 대외활동을 관리하던 중정 책임자였다. 당시 이수근의 대외활동은 중정 심리전국에서 관할하고 있었다. 김형욱 부장에 의해 중정 간부로 채용된 이수근을 중정 직원의 신분으로 관리하던 책임자가 방준모 감찰실장이었다면, 김기완은 이수근의 대외활동을 관리하던 책임자였다.

김기완은 공군 대령 시절인 1958년 2월 16일 부산에서 서울로 가던 여객기에 타고 있다가 비행기가 북한에 납치되는 바람에 평양에 18일 동안 억류되었다가 돌아온 특이한 경력의 사나이. 북한에서 귀환한 후 군복을 벗고 워커힐 책임자로 일하다가 중정 국내정보국장 전재구가 머리가 좋고 똑똑한 사람이라고 김형욱 부장에게 추천하여 1966년 초 국내정보국 판단관으로 중정에 임용됐다.

1967년 대통령 선거와 국회의원 선거 때 정보분석 실력을 인정받아 선거가 끝난 후 심리전국이 창설될 때 심리전국 초대 국장으로 발탁됐다. 심리전국은 그때까지 국방부, 외무부, 공보부 등에서 산발적으로 수행해오던 반공관계 선전활동을 총괄하던 부서. 서울 이문동에 있던 중앙정보부 본관으로 각계각층 사람들을 초청해서 안보정세를 브리핑하고 중앙정보부 내부시설을 견학시켜주던 일도 심리전국이 맡고 있었다.

김형욱 부장의 신임을 받아 심리전국 국장으로까지 승진했으나 평양에 붙잡혀 있다가 돌아온 전력 때문에 중정 직원의 신상을 관리하던 방준모 감찰실장의 의심을 받을 수 있는 소지를 늘 안고 있었다.

그러던 중 이수근의 수기 때문에 난처한 입장에 빠지는 일이 생겼다.

이수근은 1968년 4월 '장막을 헤치고'라는 수기를 발간했다. 출판업자인 안남규를 통해 1만 부를 찍었다. 김신조 일당이 박정희를 살해하려고 청와대 침투를 시도하던 1·21 사태가 발생한지 3개월여 지난 시점이었다.

서울 한복판이 북한 게릴라들의 침입으로 난장판이 되는 모습을 지켜보던 국민들의 마음속에 북한의 테러에 대한 공포가 확산되고 있었다.

그러한 시기, 수기 시판을 앞두고 당시 이수근의 대외활동을 관리하던 중정 심리전국에서 수기를 신문사에 보내주며 서평을 써달라고 부탁했다.

그런데 동아일보 편집국에서 '이수근의 수기가 아니라 김일성 선전책자인데 중정은 김일성을 대대적으로 선전해도 되나'는 항의가 들어왔다.

이에 당황한 심리전국장은 전 부원을 동원해서 시중에 배부한 책을 부랴부랴 회수했다. 김기완은 이수근 수기가 문제되자 자신의 과거가 의심받을 것을 우려, 스스로 방준모를 찾아가 월북경위와 귀환경위를 자세히 해명하며 오해가 없기를 바란다고 사정했다.

지레 겁을 먹은 그는 나에게 뛰어왔다.

"방 실장! 날 의심하지 마십시오."

나는 침묵을 지키면서 그의 말을 듣고 있었다. 그는 자유당 시절 때 납북되었다 돌아온 사실이 있었다.

"보안조사 때 조사가 되어 있는 줄 압니다만 다시 말하겠습니다. 부산-서울을 운항하던 여객기가 간첩에게 납치되어 북한으로 넘어간 일이 있습니다. 그때 평양 인민보안서에서 심문을 받았는데 무사히 송환되었습니다. 심사 최고책임자가 동향인이며, 학교 동창이었지요. 절대로 돌아올 수 없다고 생각했는데, 그 친구 덕분에 돌아오게 된 것입니다. 이수근의 수기와 관련, 오해 없으시길 부탁합니다." 나는 김 국장의 말을 액면 그대로 받아들였다. 문제는 이수근 쪽에 있다는 것을 알고 있었기 때문이었다(문일석, 1993: 423).

이수근의 노골적인 친북행각

　　북한의 대남 도발 수위가 높아가는 데 비례해서 이수근의 신변관리
를 책임지고 있던 방준모 실장의 불안감도 커져갔다.

　　삼척으로 침투한 무장공비들은 1968년 11월 14일 최한석 노인(86
세), 며느리 신월술(52세), 손녀 최옹갑(15세) 등 일가족을 총 개머리판
과 칼로 난자하여 살해한 데 이어 20일에는 평창군의 일가 5명을 발
가벗긴 채로 학살하는 등 산간오지 양민들을 무자비하게 죽여 국민들
의 공분을 일으키고 있었다.

　　이런 시기 방준모와 함께 이수근의 사상을 의심하는 지식인들도 늘
어갔다. 미국 캘리포니아대학의 스칼라피노 교수는 이수근을 면담한
후 이수근의 사상이 의심스럽다는 의견을 중정에 밝혔다. 스칼라피노
는 6·25 전쟁 때 중공군 포로들을 심문한 경험을 가지고 있어 공산주
의자 심문에 일가견이 있었다.

　　'국군은 죽어서 말한다'란 시로 유명한 모윤숙은 이수근에게 '6·25
남침 때 이 선생은 무엇을 하고 있었느냐'는 질문을 무심히 던졌다가
의외의 반응에 부딪쳤다. '6·25가 어찌 남침이냐, 남한이 북을 침략한
것이지'라며 이수근이 대들었다.

　　공식행사마다 열리는 국민의례에서는 이수근이 계속 국기에 대한
경례를 거부했다.

이처럼 노골적인 친북행각 이외 여성편력이 심했다. 중앙정보부에서 집계해보니 이수근이 결혼을 미끼로 농락한 여자만 20여 명에 달했다.

당시 유명한 여가수와도 몸을 섞은 뒤 거들떠보지도 않자 그 가수가 중정에 이 사실을 제보했다. 중정으로서는 중정 간부인 이수근의 여성 문제가 언론에 쟁점화될 경우 중정의 명예에 치명상을 입을 수 있는 사건이었다.

이수근과 잠자리를 같이 한 그 가수는 이수근과 결혼할 의사가 있다고 밝혔으나 이수근이 결혼을 반대해서 문제가 복잡해졌다. 방준모 실장이 이러한 정황을 알려주며 이수근에게 결혼을 재촉했으나 이수근은 결혼을 거부했다. 그러자 그 여가수가 이수근을 간통죄로 고소하겠다며 난리를 부렸다.

중정으로서는 무척 곤혹스런 입장에 빠졌다. 그에 방준모는 이수근을 불러 여가수가 간통죄로 고소하면 언론에 공개될 수밖에 없다며 물의가 확산되는 것을 우려했다.

그러자 이수근은 중정의 명예, 국민 여론 등을 걱정하기보다는 '북의 김일성이 자신을 어떻게 생각할지 모르겠다'며 김일성을 걱정했다.

'김일성이 싫어 넘어왔다는 사람이 김일성이 어떻게 생각할까를 걱정하냐'는 방준모의 핀잔에 '김일성 밑에서 있다가 도망 왔으니 김일성도 걱정이 되지요'라고 거리낌 없이 대꾸했다.

이모 여인과 결혼을 한 후에도 이수근의 엽색행각은 그치지 않았다. 마침내 방준모는 이수근이 여자의 몸을 훔쳐 공작원으로 포섭하는 KGB식 공작을 전개하고 있다고 판단했다.

이러한 판단 아래 방준모는 김형욱 부장에게 이수근의 엽색행각을 언론에 공개하면 언론의 집중취재로 이수근의 위장귀순 사실도 드러나게 될 것이라고 건의했다.

하지만 이번에도 김형욱은 그에 반대하는 입장을 보였다.

"방 실장! 그것은 너무 가혹한 행위라고 생각되지 않소. 그를 끝까지 감화시키는 것이 자유대한이 해야 할 최선의 길이라고 생각하는데…. 방 실장! 좀 더 지켜봐주시오(문일석, 1993: 432)."

베트콩의 월남 대통령 관저 기습

────

이수근이 남한에 체류했던 기간은 1년 10개월 남짓. 1967년 3월 22일부터 1969년 1월 27일까지였다.

이 시기 한국과 함께 제2의 이념전선을 형성하고 있던 베트남에서도 치열한 게릴라전이 전개되고 있었다. 당시 북위 17도선을 경계로 분단된 자유진영의 남부 베트남은 월남, 공산진영의 북부 베트남은 월맹으로 호칭되고 있었다.

한국은 1964년 9월 1개 이동 외과병원과 태권도 교관단을 파견한데 이어 1965년 10월 전투부대인 맹호사단을 파견하고 주월 한국군 사령부를 설치했다.

파병 초기 한국군은 맹호사단, 청룡여단, 비둘기 부대 등 2만 5천여 명에 이르렀다.

통킹만 교전 사건(1964. 8. 2.)을 계기로 베트남전쟁에 깊숙이 빠져들던 미국은 한국을 비롯 자유진영 25개국에 파병을 요청했다. 한국에 2개 사단(2사단, 7사단)을 주둔시키고 있던 미국의 요청을 거부할 경우 주한미군 철수를 묵인할 수밖에 없는 어려운 입장에 한국은 놓여 있었다.

6·25 전쟁 직전 주한미군의 철수가 남북 간 힘의 균형을 깨트려 전쟁을 유발했던 것처럼 미국이 주한미군을 베트남 전선으로 빼돌릴 경

우 김일성의 오판을 초래할 수 있는 위험한 정세였다.

1965년 1월 26일 박정희 대통령은 '월남 파병에 즈음한 담화문'에서 베트남 파병의 의의를 이렇게 정리했다.

> 정부의 결정은 첫째, 월남에 대한 우리의 지원은 전 아시아의 평화와 자유를 수호하기 위한 집단안전보장에의 도의적 책임의 일환이라는 판단에 입각하였고, 둘째, 자유 월남에 대한 공산침략은 곧 한국의 안전에 대한 중대한 위협이므로 우리의 월남 지원은 바로 우리의 간접적 국가방위라는 확신에 의한 것이며, 셋째, 과거 16개국 자유우방의 지원으로 공산침략을 격퇴시킬 수 있었던 우리는 우리의 눈앞에서 한 우방이 공산침략의 희생이 되는 것을 좌시할 수 없다는 한국민의 정의감과 단호한 결의에 따른 것이다.

1968년 1월 북한이 청와대를 기습하고 미 정보수집함 푸에블로호를 납치하던 시기 베트남에서도 공산군의 총공세가 있었다. 이른바 구정(舊正, 테트)공세.

청와대 기습 사건이 일어난 지 열흘쯤 지난 1968년 1월 30일 월맹 게릴라들은 월남 대통령 관저인 독립궁 기습을 시도했다. 독립궁은 사이공시내 주월 한국대사관 가까이 위치하고 있었다.

1월 30일 새벽 2시 30분경 대사관을 경비하던 한국군은 한국대사관 앞으로 돌진해오던 구급차 1대와 삼륜차 1대가 갑자기 멈추더니 구급차에서 20여 명의 무장 베트콩이 쏟아져 내리는 것을 목격했다.

이를 발견한 경비병은 즉각 비상벨을 눌러 전 소대원을 깨우고 신속히 사격을 퍼부었다. 갑작스런 총격에 놀란 베트콩들은 사방으로 흩어져 달아났다.

일부 생포한 베트콩들을 조사한 결과 이들은 한국대사관이 아닌 인근의 독립궁을 기습하러 온 것으로 드러났다.

　결과적으로 한국군이 월남 대통령을 살려준 것이다. 이때의 전공으로 한국대사관 경비책임자였던 박세환 중위는 화랑무공훈장을 수여받고 주월 한국군 사령부 경비대장으로 발탁됐다(채명신, 2010: 444).

이수근 탈출 전야

———

　1969년 1월 27일. 이수근이 가발과 콧수염으로 변장한 채 홍콩으로 달아난 날이다.

　울진·삼척으로 침투한 무장공비들이 눈 덮인 산야를 피로 물들이며 무고한 양민들을 무참하게 살육하는 만행에 온 국민의 분노가 식지 않고 있던 시점이었다.

　그날은 박정희 전 대통령이 중앙정보부를 초도순시한 날이기도 하다. 박 대통령은 매년 초마다 중앙부처와 지방단체를 순회하며 그해 업무계획을 직접 보고받았다.

　이수근은 이날 대통령 의전행사로 중정의 자신에 대한 경계가 소홀해질 것으로 보고 이날을 해외 탈출의 날짜로 정했던 것이다.

　이수근의 예측처럼 그날 이수근 감시를 담당하던 감찰실 보안과의 인력들이 대통령 경호에 차출됐다. 경호 인력이 부족함에 따라 이수근 감시요원까지 경호업무에 투입된 것이다.

　보안과에서는 심리전국에서 이수근의 반공 계몽활동을 지원하기 위해 별도로 담당직원을 이수근에게 붙여놓은 점을 감안, 그 직원을 믿고 감시요원을 경호업무에 전환배치했다. 그런데 그날 심리전국 담당직원은 거꾸로 감찰실 보안과를 믿고 이수근의 곁을 잠시 비웠다. 신변관리에 차질이 생긴 것이다.

이수근은 그 이전 탈출을 치밀하게 준비하고 있었다. 북에 두고 온 본처의 이종사촌 되는 사람을 시켜 도장업자 한 명을 꾀었다. 태국에 가면 큰돈을 벌 수 있다고 속여 태국으로 가는 여권 발급의 수속을 대행해줬다. 이수근은 그 도장업자의 여권이 발급되자마자 거기에다 자신의 변장한 사진을 붙여 김포공항을 빠져나갈 수 있었다.

감찰실 보안과에서는 그 이전 이수근의 이상동향을 감지하고 있었다. 이수근이 탈출하기 한 달여 전인 1968년 연말 자신이 살던 집을 팔려고 내놓았다는 첩보가 입수됐다.

자가용까지 팔려는 움직임도 있었다. 처조카를 시켜 은밀히 매각을 시도한 점으로 보아 불순한 목적이 있는 것으로 보고 있었다.

그에 따라 감찰실에서는 그동안의 원거리 감시에서 근접감시로 감시방법을 전환했다. 근접감시는 감시 당사자에게 노출될 것을 전제하고 밀착 감시하는 방법이다.

그로부터 한 달여 되는 시점에 이수근의 탈출이 단행된 것이다. 1월 27일 오전 대통령 초도순시가 끝나고 오후 이수근 집에 들른 심리전국 직원이 이수근의 행방불명을 알게 됐다.

이에 심리전국에서 즉시 감찰실에 통보하여 이수근의 행방을 탐색하는 추적이 시작됐다. 행불 초기 감찰실에서는 이수근이 해외로 탈출했는지 여부를 알 수가 없었다.

그에 다급한 나머지 감찰실에서는 여권 수속을 대행해준 처조카의 여동생을 연행해 와 행방을 탐문했으나 그녀는 계속 엉뚱한 소리를 하며 시간을 끌었다.

그러다 이수근과 그의 처조카가 탄 비행기가 김포공항을 이륙한 오후 5시 30분이 지나자 그녀는 이수근이 홍콩행 비행기를 탔다고 털어났다(문일석, 1993: 435~436).

이처럼 중앙정보부가 이수근의 해외탈출을 확인한 시점은 이수근이 탄 비행기가 홍콩에 도착하기 전이었다.

그럼에도 훗날 이수근 사건을 취재했던 조갑제 기자는 이와는 다른 기사를 남겼다. 조 기자의 관련 기사 내용은 이렇다.

> "중앙정보부는 다음날 밤에야 비로소 이수근이 자취를 감춘 사실을 알아냈다. 이수근의 동태를 감시하고 있던 감찰실 직원이 27일에 실시된 부내 승진시험에 참여하느라고 이틀간이나 李의 행방을 놓쳐버렸던 것이다(『월간조선』, 1989. 3월호)."

김형욱 부장의 이수근 사살 명령

김형욱 부장이 방준모 감찰실장으로부터 이수근 탈출을 보고받은 시간은 1969년 1월 27일 저녁 7시경. 이수근이 처조카와 함께 그날 저녁 5시 30분 CPA기 편으로 김포공항을 떠난 지 1시간 30분 정도 지난 뒤였다.

정일권 국무총리의 초청으로 삼청동 총리공관에서 저녁을 들던 김형욱 부장은 긴급한 전화에 식사를 중단하고 서둘러 남산 감찰실로 들어왔다.

남산 청사로 돌아온 김형욱은 그 순간부터 이수근 체포임무를 수사국으로 넘겼다. 이어 1월 28일 아침에는 홍콩을 비롯, 동남아 전역의 중정 요원들에게 이수근 체포명령을 내렸다.

한편, 현지시각 1월 28일 오전 3시 홍콩 공항에 도착한 이수근은 곧바로 홍콩시내의 험프리 호텔에 투숙, 잠을 자고 1월 28일 오전에 일어났다. 1월 28일 낮에는 이수근 혼자 계속 호텔에서 머무르고 동행한 처조카가 캄보디아로 떠날 준비를 했다.

훗날 이수근은 체포된 후 재판을 받는 과정에서 그 당시 호텔에만 머무른 이유에 대해 "홍콩으로 출발 직후 국내 수사망이 뒤쫓고 있는 것을 느꼈다"고 진술했다(「월간조선」, 1990. 3.월호). 체포될지도 모른다는 불안감에 호텔에서만 머무른 것이다.

1월 29일 이수근 일행은 캄보디아행 비행기를 타기 위해 홍콩 공항으로 나왔다. 그때 이수근을 체포하기 위해 공항 주변을 샅샅이 뒤지고 있던 홍콩 총영사관 소속 중정 요원 2명이 이수근을 발견했다.

중정 요원들은 물리적 충돌에 대비하여 현지 교민 가운데 태권도 5단의 무술 사범 1명을 동행하고 있었다.

그 유단자가 이수근에게 다가가 신분을 확인하자 갑자기 이수근이 그 유단자의 얼굴을 박치기로 들이박고 달아났다. 곧이어 이수근과 그 유단자는 비행기 주변을 빙빙 돌며 추격전을 벌이다 홍콩 경찰에 붙잡혔다.

이수근이 홍콩 경찰서에 수감된 사실을 보고받은 김형욱 부장은 중정 요원들에게 홍콩 경찰서 주변을 24시간 감시하도록 지시하는 한편 중정 차장 이병두에게 곧바로 홍콩으로 건너가 홍콩 당국과 석방교섭을 벌여 이수근을 데려오도록 지시했다.

이병두 차장까지 홍콩으로 보냈으나 이수근을 홍콩에서 놓칠 경우 곧바로 인접한 중공으로 잠입할 수 있다고 본 김형욱은 다시 홍콩 요원들에게 특별지시를 내렸다.

> 그러나 나는 이 외교적인 채널만 가지고는 1백 퍼센트 목적을 달성하기 어렵다는 것을 직감하고 홍콩 우리 요원에게 따로 특별지시를 내렸다. 이수근이 들어 있는 경찰서를 엄중히 감시해서 도피하지 못하도록 막을 것. 만일 이수근이 중공으로 도망하게 될 경우 비상수단을 써서 납치하든지 아니면 사살하도록 했다(김형욱, 1971: 50).

냉전시대 스파이 소굴 홍콩

___

　이수근의 신병이 홍콩 경찰에 넘어간 사실은 중앙정보부를 무척 곤혹스럽게 만들었다. 간첩죄를 인정하지 않고 있던 홍콩 당국으로부터 이수근을 빼내기가 쉽지 않았기 때문이다.

　1842년 아편전쟁의 승리로 청으로부터 홍콩을 할양받은 영국이 1997년 홍콩을 다시 중국에 넘겨줄 때까지 백 년 넘게 홍콩을 관할했다.

　영국으로부터 홍콩을 넘겨받은 중국은 2020년 7월 1일부터 홍콩 국가보안법을 제정해서 중국의 체제를 비판하는 세력에 대해 단속하기 시작했다.

　그 이전까지 홍콩은 세계 각국 스파이들이 모여드는 정보전쟁의 중심지였다. 포르투갈의 리스본, 모로코의 카사블랑카와 함께 세계 3대 스파이 도시로 불렸다. 냉전시대에는 독일 베를린, 터키 이스탄불과 함께 '냉전시대 3대 스파이 중심'으로 꼽혔다.

　이처럼 홍콩이 세계적으로 유명한 스파이 도시로 변한 건 간첩죄가 없었기 때문이다. 100여 개 국가와 비자면제 협정을 맺고 있었기 때문에 세계 대부분의 국가가 홍콩에 정보요원을 상주시키며 정보활동을 벌였다.

　세계 각국과 쉽게 연결되고 통신의 완전한 자유로 정보교환이 원활

했던 점이 홍콩을 스파이 천국으로 만들었다.

1969년 10월 중앙정보부장을 퇴임한 후 1970년 1월부터 세계 각지를 주유하다 홍콩에 들른 김형욱은 당시 스파이 도시로서의 홍콩이 지닌 특성을 이렇게 분석했다.

> 홍콩은 어떤 의미에서 격동하는 동·서 양 진영의 치열한 정보전쟁의 중심지라고도 할 수 있다. 그만큼 동·서 양 진영의 스파이들이 암약하는 곳이기도 하다. '죽(竹)의 장막', 중공의 동태를 알아보려는 자유진영 정보망의 활약과 이에 대항하는 소련 중공의 정보활동도 눈부시다. 특히 중공의 핵무기 개발과 본토 내부의 동태에 대한 정보교환은 금액을 초월해서 각국이 서로 치열한 경쟁을 벌인다. 그만큼 홍콩은 스파이의 소굴이기도 하다. 홍콩에는 그래서 중공 전문가가 약 2백 명가량 있는데 대부분 미국이 뒷받침해 주고 있다. 첩보활동의 묘(妙)는 역시 다년간 이곳을 점유하고 있는 영국이 우수하다. 가장 정확한 파악을 영국 측이 장악한다. 그 다음이 자유중국이다. 같은 나라 사람이라는 이점을 이용한 것이다. 그밖에 소맥을 중공에 팔고 있는 호주와 프랑스, 소련이 서로 유력한 첩자에 대한 쟁탈전을 벌이기도 한다…(중략)…아편전쟁 이후 성행해 오던 중국계 비밀결사는 오늘날에도 존속하고 있다. 그들 비밀결사는 중국본토와의 비밀 상거래를 통해 돈을 받고 유력자의 납치, 비밀정보의 입수, 첩자의 탈취 등에 생사를 거는 모험을 감행한다(김형욱, 1971: 36~37).

한편, 홍콩은 냉전시대 남북 정보전의 최첨단 기지이기도 했다. 이승만 정부와 민주당 정부 때까지 한국은 홍콩에 정보요원을 파견할 여력이 없었다.

그에 따라 북한이 홍콩에서의 정보활동을 주도하고 있었다. 그들은 주로 베트남으로 여행하는 한국인들을 유인하는 공작을 펼치고 있었다.

중앙정보부는 창설 직후 이러한 문제점을 인식하고 북한의 정보활동에 대적할 인력을 파견해서 북한의 정보활동을 무력화시켜나갔다.

당시 중앙정보부가 홍콩에서 거둔 성과에 대해 김형욱 부장도 후한 점수를 매겼다.

> 북괴는 홍콩에서 이제 발붙일 곳이 없을 만큼 우리 요원들의 치밀한 공작활동으로 우리의 독무대가 되어버렸다…(중략)…우리 요원의 활약으로 북괴의 공작활동을 분쇄한 것은 유쾌하고 보람 있는 일이 아닐 수 없다. 우리 요원들은 주야를 가리지 않고 자유진영 측과 긴밀한 유대 아래 물샐틈없는 활동을 계속하고 있는 것이다(김형욱, 1971: 39~40).

미 CIA 한국지부장의 결정적 제보

　김형욱은 이수근이 홍콩 경찰에 연행된 후 현지 중정 요원들에게 철저히 감시하고 중공으로 탈출할 경우 사살하라는 특별지시를 내리는 한편 이병두 차장을 홍콩으로 급파시켜 홍콩당국과 석방교섭을 벌이라고 지시하는 등 초동조치를 마쳤다.

　하지만 홍콩당국은 이수근이 불법으로 한국을 탈출한 간첩이라는 설명에 미동도 하지 않았다. 이에 김형욱은 중정 자체의 힘만으로는 이수근을 연행해오기 어렵다고 보고 미 CIA의 힘을 빌리는 수순을 밟게 된다.

　이병두 차장을 홍콩으로 보낸 직후 미 CIA 한국지부장 라자스키를 만나 이수근이 홍콩 경찰에 붙잡혀 있는 상황을 설명하고 협조를 구했다.

　중정과 홍콩 당국과의 외교교섭을 지원해주고 여의치 않을 경우 이수근을 제3국으로 떠나보내되 그 정보를 신속하고 정확하게 알려달라는 것이 김형욱의 협조 요청사항이었다(김형욱·박사월, 1985b: 257).

　라자스키는 즉석에서 흔쾌히 협조를 약속했다. 라자스키는 북한과의 긴장이 가장 높았던 1967년에서 1969년까지 제5대 한국지부장으로 근무했다(조갑제, 1989: 216).

　김형욱과 라자스키의 밀담이 끝난 지 약 10시간 후 홍콩에 도착한 이병두로부터 '신원미상의 인물이 이수근을 아느냐고 물어 안다고 했더니 도와주겠다는 말을 한마디 하고는 전화를 끊어버렸다'는 보고가 김형욱에게 올라왔다.

라자스키 지부장이 홍콩 현지의 CIA 요원에게 이수근 체포에 협조해줄 것을 요청한 것이다.

1월 30일 아침 6시 50분 라자스키로부터 김형욱 부장에게 전화가 걸려왔다. 2시간여 후인 홍콩 시각 오전 9시 이수근이 사이공을 경유하는 CPA기 편으로 프놈펜으로 떠난다는 제보였다.

김형욱은 CIA가 홍콩 당국의 실무자는 물론 중정 요원과 외교관들도 모르게 비밀리 이수근과 배경옥을 빼돌려 사이공 경유 비행기에 태운 것으로 봤다(김형욱, 1971: 53).

김형욱이 라자스키로부터 제보를 받고 홍콩의 이병두에게 이수근의 동향을 문의하자 이병두는 이수근이 아직 홍콩 경찰에 머무르고 있으며 외교교섭을 계속하고 있다고 보고했다. 이수근이 사이공으로 떠난다는 사실을 전혀 모르고 있었다.

김형욱은 CIA 제보내용을 홍콩에 알릴 경우 다시 홍콩 공항에서 체포소동이 일어날 것을 우려, 홍콩에는 일체 알리지 않았다. 대신 월남의 중앙정보부 책임자인 이대용 공사를 무전으로 불렀다.

이수근이 CPA 여객기편으로 탄소누트 공항에 도착한다. 그를 체포하라. 필요하다면 월남정부의 협조를 요청하라. 필요하다면 티우 대통령이나 키 수상에게 내가 협조를 요청한다고 전하라. 이수근을 월남에서 놓치면 영원히 놓친다. 이수근이 월남을 빠져나가면 뒤이어 프놈펜에 안착하게 된다는 것을 명심하라(김형욱·박사월, 1985b: 257~258).

티우 대통령의 사이공 공항 봉쇄 명령

━━━

    김형욱 부장으로부터 이수근 체포를 명령받은 이대용 공사. 그 시점은 이수근이 탄 비행기가 사이공 탄손누트 국제공항에 도착한 지 2분여 지나서였다. 이 비행기는 사이공에 30분만 머무르고 프놈펜으로 떠나도록 예정되어 있었다.

    사이공 한국대사관에서 공항까지의 거리는 빠른 속도로 달려도 1시간 남짓. 이수근을 체포하기 위해서는 비행기의 이륙을 금지시켜야 했다.

    그 순간 이대용은 월남 대통령을 움직이기로 결심했다. 이대용은 티우 대통령과 미국에서 군사교육을 함께 받은 인연으로 대통령 관저를 뒷문으로 들락거릴 만큼 깊은 친분을 나누고 있었다.

    티우 대통령은 간첩을 잡기 위해 비행기의 이륙을 금지시켜달라는 이대용의 황급한 요청을 흔쾌히 수용, 곧바로 탄손누트 국제공항의 모든 비행기에 대해 이착륙을 금지시키는 명령을 내렸다.

    공항으로 달려간 이대용은 부하 이택근을 데리고 비행기로 뛰어올라가 스튜어디스에게 신분을 밝히고 승객 리스트를 가져오라고 했다. 리스트 맨 끝에 오제영이라고 볼펜으로 써넣은 이름을 확인했다. 이수근이 여권을 발급받는 데 이용한 도장업자의 이름이 오제영이었다.

    이대용은 이수근을 붙잡을 당시의 상황을 1986년 조갑제 기자에게 이렇게 설명했다.

> 2대 2의 상황이었다. 어떻게 끌어낼까 궁리하고 있는데 조카가 다가왔다.
> "대사관에서 오셨습니까." "너 배경옥이지!" 배경옥은 기가 푹 죽은 표정으
> 로 여권을 내밀었다. 이택근 씨에게 배경옥을 꼭 붙들고 있게 했다. 나는 신
> 문으로 얼굴을 가리고 있는 이수근에게 다가가 "이 선생이시죠"라고 했다.
> 갑자기 그는 "야, 이놈아! 난 죽을 각오가 돼 있어!"라면서 나의 정강이를 걷
> 어찼다. 태권도 2단인 나는 위에서 그의 어깨를 갈겼다. 기장이 달려와 "왜
> 이러느냐"고 물었다. 나는 신분을 밝히고 티우 대통령의 특명이 있었음을
> 상기시켰다. 기장은 물러났다. 그 사이 우리 대사관 직원 대여섯 명이 달려
> 와 합세, 이수근을 무사히 끌어낼 수 있었다. 수갑을 채워 대사관으로 데려
> 가는 차에서 그는 "야, 우리 부장 좋아하시겠구만", "야, 이 선생은 훈장 타
> 게 됐구먼"이라며 빈정대기도 했다(조갑제, 1989: 216).

이수근을 체포하는 현장에는 노태우 정부 시절 안기부 1·2차장을
역임하게 되는 안응모도 있었다. 경찰청 소속으로 사이공에 파견나간
지 한 달 만에 이수근 체포에 합세하게 됐다.

안응모는 이수근을 체포한 정보사적 의의에 대해 이렇게 평가했다.

> 만일 그를 체포하지 못했더라면 대한민국의 체면은 어찌 되었을까? 이웃
> 나라의 첩자 한 사람을 체포하기 위해 한 나라의 수도 국제공항에서 한동안
> 비행기들이 이륙하지 못하도록 한 힘은 과연 무엇이었을까? 그것은 바로 5
> 만의 우리 국군이 참전하고 있었던 국력이었고 또한 순발력 있는 한국대사
> 관의 외교력이었다. 우리 한국의 해외정보 능력 그리고 수사력이 세계의 심

판대에 올랐던 숨 막히는 순간이었다. 미국의 CIA, 구소련의 KGB, 이스라엘의 모사드. 이것은 바로 그 나라 정보와 국방력의 상징일 것이다. 세계의 내로라하는 정보망들이 한눈으로 지켜보던 숨 막히던 그때가 해마다 눈발 날리는 정초가 되면 문득문득 떠오르곤 한다. 그 순간을 떠올리면 40년의 세월이 흐른 지금도 손에 땀을 쥐게 된다. 판문점을 넘어 귀순하여 모 대학의 여교수와 혼인하여 가정까지 꾸렸던 그였다. 자유민주주의를 진심으로 알지 못하고 위장간첩으로 되돌아가려 했던 이유는 무엇일까? 사상의 견고함 때문일까 아니면 목숨을 건 임무가 있었기 때문일까(안응모, 2008: 114~115)?

방준모의 파면

———

   이수근 탈출 사건이 발생한 후 김형욱 부장과 방준모 감찰실장, 김기완 심리전국장 사이에 관리 책임 문제가 생겼다. 누군가는 사건의 책임을 져야 했다.

   김기완은 방준모에게 공동책임을 지고 둘이서 동반 퇴진하자고 제안했다. 하지만 방준모는 이를 거절했다. 김형욱 부장에게 이수근을 위장귀순한 간첩이라고 계속 보고해온 데 대한 자신감이 있었다.

   방준모의 증언을 비중 있게 본다면 김형욱 부장에게 모든 책임이 있는 것으로 보인다. 이수근이 남으로 내려오자마자 성급히 중정의 고위간부로 채용한 점, 감찰실의 위장귀순 판단 보고와 이수근 엽색 행각 보고에도 이수근을 두둔한 점 등을 면책받기 어려웠다.

   그럼에도 김형욱은 사건이 일어나자 모든 책임을 방준모에게 뒤집어씌웠다. 감찰실의 관리 실패로 이수근이 탈출한 점에 중점을 뒀다.

   이수근도 붙잡히자마자 자신이 탈출한 이유를 방준모에게 돌렸다. 감찰실에서 자신을 위장귀순자라고 보고 사생활을 밀착 감시해서 이를 참기 어려웠다고 강조했다.

   김형욱과 방준모가 귀책 문제를 놓고 갈등을 보이는 사이 당시 야당이었던 신민당의 국정조사반이 김형욱 부장실을 방문하여 조사를 벌이겠다고 통보해왔다. 신민당 조사반의 방문을 앞두고 김형욱은 방준모에게 사표를 종용했다. 방준모는 잘못한 것도 없는데 왜 사표를 쓰느냐고 반발했으나 강요에 못 이겨 사표를 썼다.

부장실에 들이닥친 신민당 조사반은 이수근이 신민당에 가입해서 탄압을 받았다는 데 초점을 두고 질문했다. "이수근이 도망간 것은 간첩행위입니까? 아니면 그가 신민당에 가입했으므로 신민당을 탄압하기 위해서입니까? 그가 간첩이었다는 증거를 보여주시오."

김형욱은 감찰실에서 그동안 조사해온 이수근의 위장간첩 증거들을 제시했다. 증거제시로 이수근에 대한 간첩혐의가 뚜렷해지자 신민당 의원들은 사건에 대한 책임 문제를 들고 나왔다. 그때 김형욱은 방준모로부터 받아둔 사표를 꺼냈다.

"내가 가장 신임했던, 나의 오른팔과 같은, 그리고 이 사건을 처음부터 관리해온 방준모 실장에게 책임을 물어 사표를 받았습니다(문일석, 1993: 450)."

김형욱의 변명

___

전향 귀순자 박병엽과 중정 감찰실장 방준모의 증언을 종합해보면 이수근은 북한 조사부 부부장 김성민이 김형욱 부장을 포섭하기 위해 남파시켰고 이수근은 그에 성공했다.

그리고 방준모는 김형욱에게 이수근의 위장귀순 혐의를 계속 보고했으나 김형욱이 번번이 묵살했다. 이러한 정황에서 이수근이 해외로 불법 탈출하는 사건이 발생함에 따라 김형욱으로서는 곤란한 처지에 빠졌다.

그러한 난국을 김형욱은 방준모를 파면하고 이수근이 캄보디아로 넘어가기 직전 체포한 극적인 성과를 부각 홍보하는 방식으로 빠져나가려 노력했다.

하지만 이수근의 위장귀순 혐의를 알고도 조기에 조치하지 않은 점에 대해서는 여러 가지로 궁색하게 변명했다.

그즈음 그의 변명을 보면 첫째, 신민당 국회의원들로 구성된 국정조사반이 부장실을 방문했을 때는 이수근을 전향시키기로 마지막까지 노력했었다고 설명했다.

"나는 정말 그를 친구처럼 좋아했고, 아껴주려고 했습니다. 그러나 그는 공산주의자이기 이전에 북한의 공작원이었던 것을 탈출 사건이 생겼을 때야 확실히 알게 되었습니다. 아래 사람들이 위장탈출의 증거를 제시하면서 재수사를 원했을 때도 자유 대한민국의 자유로운 품으로 품어주라고 당부했습니다. 그렇게 되도록 하기 위해서 최후까지 노력했습니다. 그것이 자유의 존귀함이라고 알았기 때문이었습니다(문일석, 1993: 449)."

둘째, 1985년 발간된 회고록에서는 이수근이 위장귀순한 줄 알았지만 이수근과 연계된 간첩을 잡기 위해 기다리고 있었다는 식으로 해명했다.

> 우리는 그가 위장귀순했다는 것을 확신하고 있었으나 당장은 손을 쓰지 않고 두고 보고 있었다. 그 이유는 이수근의 동태에서 접선을 기도하는 다른 간첩망을 포착할 수도 있으며 또 이수근이 심경의 변화를 일으켜 자신이 위장귀순한 것을 자백하고 진심으로 귀순할 수도 있었기 때문이었다. 다른 하나의 이유는 이수근의 위장귀순을 문제 삼아 그에게 간첩죄를 적용하여 치죄한다면 그것은 동시에 귀순 가능성을 가지고 있는 다른 간첩의 귀순의 길을 막아버리는 역효과도 있을 수 있었기 때문이었다. 그러다가 눈 깜짝하는 사이에 이수근을 놓치고 만 것이었다(김형욱·박사월, 1985b: 254~255).

셋째, 이수근에 대한 사형이 1967년 5월 17일 서울형사지법에서 확정된 직후 만난 이대용 공사에게는 이수근이 간첩은 아니나 죽일 수밖에 없는 상황이 아니지 않느냐고 언급했다.

당시 이대용은 3박 4일(1969. 5. 27.~5. 30.) 일정으로 방한한 티우 대통령을 수행해서 귀국한 길에 김형욱을 만났다. 이대용은 1989년 1월 조갑제 기자에게 김형욱과 단둘이 만났을 때 들었던 얘기를 아래와 같이 소개했다.

> 이수근 사건 뒤 티우 대통령이 한국을 방문했는데 제가 따라 왔지요. 그
> 때 김형욱 부장이 자기 사무실로 저를 불러 당부를 하더군요. 이수근이가 2
> 중 간첩이라고 발표했는데 그가 빨갱이가 아니라는 것은 이 공사가 더 잘
> 알지 않소. 그렇다고 이수근이를 살려줄 수는 없는 것 아닙니까. 이 사실을
> 알고 있는 것은 나와 당신을 포함하여 몇 사람밖에 안되니 절대로 보안에
> 부쳐야 합니다(「월간조선」, 1989. 3월호).

김형욱이 남긴 세 가지 변명 가운데 이대용에게 밝힌 이수근을 죽
일 수밖에 없다는 말은 이수근이 서둘러 사형을 당한 배경과도 관련
이 깊은 것으로 보인다.

이수근은 1969년 5월 10일 사형을 선고받고 항소하지 않아 5월 17
일 형이 확정되고 곧이어 7월 2일 사형이 집행됐다. 형 확정 후 두 달
도 채 되지 않아 형이 집행됐다. 항소를 하지 않은 이유는 여전히 미
궁으로 남아 있다.

이처럼 사법의 관행을 무시한 채 이수근을 서둘러 사형시켜버린 데
대해 조갑제 기자는 이수근의 입에서 진실이 튀어나오는 것을 두려워
했기 때문이었을 것이라고 추정했다.

김형욱이 두려워한 진실. 「월간중앙」의 유영구 기자는 그 진실이란
아마 북한 조사부 부부장 김성민이 김형욱을 포섭하러 이수근을 남
파시킨 사실일 것이라고 유추했다(유영구, 1993: 373~374).

경찰관 안응모의 판단

이수근은 붙잡히자마자 생명을 건지는 데 전력을 기울였다. 그 수단으로 이수근은 방준모를 표적으로 삼았다. 방준모가 지나치게 자신을 감시해서 또 다른 자유를 찾아 제3국으로 가려 했다는 것이 그가 내세운 논거였다.

1969년 1월 27일 오후 김포공항을 떠난 이수근이 사이공에서 붙잡혀 다시 김포공항으로 돌아온 날은 그해 1월 31일 자정 무렵.

이 기간 가장 오래 이수근을 접촉한 정부인물은 중앙정보부 월남 책임자였던 이대용과 중앙정보부장 특별보좌관이었던 홍필용, 그리고 경찰의 월남 파견관이었던 안응모였다. 홍필용은 이수근이 판문점으로 넘어올 때는 중앙정보부 대공수사국장이었다.

육군 법무감 출신인 홍은 1964년 중앙정보부에 임용되어 대공수사국장을 역임하고 1969년 1월 말 이수근이 체포될 때는 부장 특별보좌관으로 근무하고 있었다. 태국에 출장 나가 일을 보던 중 김형욱 부장의 특별지시로 사이공으로 넘어가 이수근을 취조했다.

이대용과 홍필용은 훗날 조갑제 기자에게 이때 접촉한 이수근이 방준모를 비난했던 내용을 소개하며 이수근에게 동의하는 입장을 보였다.

'감찰실장의 무리한 감시와 이수근의 성격적 결함이 합쳐져 그런 결과를 낳은 것이다. 이수근이 간첩은 아니었다'고 했다(「월간조선」, 1989.

3월호).

특히, 홍필용은 1989년 3월 조갑제에게 '이수근이 남하한 뒤 1년여 지난 다음 중앙정보부의 관계관들이 회합하여 이수근은 위장귀순이 아니라는 결론을 내렸다'고 했다. 방준모와의 증언과는 상반되는 내용이다. 방준모는 이수근이 남하한 직후 위장귀순한 판단을 내렸다고 밝히고 있다.

조갑제 기자는 중앙정보부 간부 출신인 이대용과 홍필용의 말을 믿고 '이수근은 간첩이 아니었다'라는 기사를 쓰고, 이 기사가 확대재생산되어 결국 2018년 10월 11일 이수근 간첩사건은 서울중앙지법으로부터 무죄 선고를 받았다.

그런데 조갑제의 취재과정에서 이대용, 홍필용과 달리 이수근을 간첩으로 본 중앙정보부 출신들도 많이 있었다. 하지만 이러한 사람들의 증언은 재심과정에서 모두 배제됐다.

특히, 미국으로 이민 가 있었던 방준모는 조갑제가 1989년 3월호 「월간조선」에 이대용, 홍필용의 언급을 기사화하면서 자신에게 비판적인 내용을 그대로 기사화하자 1989년 7월 18일 조갑제를 출판물에 의한 명예훼손 혐의로 고소했다. 이 고소 건은 1994년 2월 24일 무혐의 처리됐다.

이수근 사건의 역사적 심판을 위해서는 재심과정에서 배제된 인물들의 증언도 공정하게 기록으로 남길 필요가 있다. 그런 점에서 사이공에서 붙잡혀 온, 이수근을 수사했던 전창희 전 중앙정보부 대공수사국장의 언급은 큰 의미가 있다.

전 국장은 '김형욱이 사석에서 이수근은 빨갱이가 아니라고 했다'는 조갑제의 질문에 "그것은 김 부장의 변명일 것이다. 이수근이 귀순했을 때 제대로 판단하지 못한 데 대한…(중략)…김 부장이 너무 서둘러 이수근을 선전 목적에 이용하여 밑에서는 반발이 컸었다"는 입장을 보였다.

당시 전창희의 지휘를 받아 이수근을 수사했던 이병정 수사과장도 이수근을 간첩으로 확신한다는 증언을 남겼다.

> "이수근이 남한에서 지하 간첩활동을 했다든지, 접선·무전 교신 따위를 한 적은 없었습니다. 그는 고급 2중 간첩이었으므로 북한의 대남공작 부서가 직접 관리했던 하급 간첩과는 다르게 행동했던 것입니다. 그가 갖고 달아났다가 압수된 노트 8권에는 남한사회에 대한 자세한 견문기록이 적혀 있었습니다. 이 기록과 그의 행동들을 분석해보니 그가 공산주의 이념을 버리지 않았다는 것을 알 수 있었습니다. 수사 실무자일수록 감이 정확한데 저는 그가 간첩이라고 생각합니다(「월간조선」, 1989. 3월호)."

한편, 안웅모는 주월 한국군 사령부가 제공한 특별군용기에 이수근을 태워서 서울까지 압송하는 임무를 맡았다. 필리핀의 클라크 미국 공군기지에 중간 기착하여 급유를 받는 긴 항로였다.

압송 도중 안웅모는 이수근과 나눈 대화에 대해 그의 회고록에 이렇게 남겼다.

> 그는 소련의 첩보영화 얘기를 하면서 첩보요원이 탈출하는데 그의 애인이 돕더라는 줄거리를 꺼냄으로써 간접적으로 나를 회유하는 교활함을 보이기도 하였다…(중략)…탈출동기에 대해 그는 "모 기관의 감찰실장이 하루가 멀다 하고 위장간첩이 아니냐면서 극히 의심하는 통에 괴로움을 이기지

못해 그랬노라"고 억울한 체하기도 하였다. 그래서 나는 그에게 물었다. "그렇다면 행선지를 미국이나 다른 나라로 택하지 않고 왜 하필 캄보디아로 택했는가? 캄보디아는 북한과 수교국일 뿐더러 시아누크 왕이 김일성과 의형제를 맺고 있지 않은가? 프놈펜으로 가면 곧 평양과 연결된다는 사실을 설마 모를 리는 없었을 텐데?" 내 질문에 그는 묵묵부답으로 반응하였고 그래서 나는 그가 위장귀순했을 것이라 의심했다(안응모, 2008: 113~114).

7

□ □ □ □ □ □ ■ □ **장**

박정희를
살해하러 온
게릴라들

허봉학 대남사업총국장의 게릴라 노선

이효순 대남사업총국장이 대남공작의 잇따른 실패에 따라 김일성에 의해 숙청당한 후 그 뒤를 이은 인물이 허봉학. 북한 인민군 총정치국 장에서 현역군인의 신분으로 대남사업총국장에 부임했다.

일제강점기 만주에서 동북항일연군에 가담하여 활동한 항일 빨치 산 출신으로 해방 후 민족보위성 작전국장(1956), 민족보위성 부상 (1958) 등을 거쳐 인민군 총정치국장에 올랐다.

지하공작 경험과 기법이 요구되는 항일 빨치산 출신을 고르다 허봉 학에게 그 자리가 돌아갔다는 것이 박병엽의 증언(유영구, 1993: 314).

민족보위상 김창봉, 민족보위성 정찰국장 김정태(김책의 둘째 아들)와 함께 1968년 1월 21일의 청와대 기습 사건과 그 이틀 뒤인 1월 23일의 미 정보수집함 푸에블로호 납치 사건, 그해 11월의 울진·삼척지구 무 장공비 남파를 주도했던 인물이다.

그해 8월 21일에는 서귀포 앞바다로 침투하던 무장공비 12명이 사 살되고, 9월 25일에는 서부전선에서 무장공비 7명이 사살되는 등 그 야말로 휴전선, 육지와 해상 전방위적으로 북한 게릴라들이 연일 남 파되던 시기였다. 6·25 전쟁 이후 남북긴장이 가장 높았던, 전쟁 일보 직전까지 나아갔던 한 해였다.

1968년의 긴장은 당시 베트남에서 치열하게 전개되던 이념 전쟁과 맥락을 같이하고 있었다. 김일성도 1968년 4월 13일 전국청년 총동원 대회에서 베트남전쟁과의 상관성을 언급했다.

우리가 푸에블로호를 나포하였을 때 남조선 무장 유격대도 서울에 들어가 크게 기세를 떨치고 또 남베트남 인민해방 무장세력도 도시를 대대적으로 공격하였다. 때문에 미국 놈들은 우리와 베트남이 함께 짜고 공격하였다고 한다. 사실은 함께 짜고 공격한 게 아니라 혁명사상이 같으므로 공동성을 띄게끔 되는 것이다(고봉기 외, 1989: 231).

그 당시 김일성은 대남폭력투쟁을 선동하고 있었다. 1968년 9월 7일 북한정권 창설 20주년 연설에서는 폭력투쟁이 없이는 남조선을 해방시킬 수 없다고 강조했다.

인민들의 자유와 해방은 투쟁이 없이 저절로 이룩될 수 없으며 인민들은 오직 혁명적 방법에 의해서만 주권을 쟁취할 수 있습니다. 물론 혁명역량을 키우기 위하여서는 조성된 주·객관적 정세에 맞게 정치투쟁과 경제투쟁, 합법투쟁과 비합법투쟁, 폭력투쟁과 비폭력투쟁, 작은 규모의 투쟁과 큰 규모의 투쟁과 같은 여러 가지 투쟁 형태를 옳게 배합하여 혁명투쟁을 발전시켜 나아갈 수 있습니다. 혁명이 간고하다고 하여 유리한 정세가 다가오기만 기다리면서 적극적인 투쟁을 벌이지 않는다면 그것은 큰 잘못입니다. 그러나 그 투쟁형태가 어떻든지 간에 그것들은 모두 주권을 쟁취하기 위한 결정적인 투쟁의 준비로 되어야 하며 그 결정적 투쟁은 오직 폭력적 방법에 의하여서만 승리할 수 있는 것입니다. 폭력투쟁이 없이 그 어떤 평화적인 방법으로 남조선 인민들의 주권을 쥘 수 있다고 생각한다면 그것은 어리석은 환상에 지나지 않습니다. 역사는 아직까지 그 어떤 식민지 통치자나 반동 지배층도 혁명적 폭력에 의하여 타도됨이 없이 스스로 인민대중에 대한 자기의 지배를 포기하고 정권을 내놓은 실례를 알지 못하고 있습니다.

김신조 일당 박정희 암살 기도 사건의 전조

1968년 1월 21일 저녁, 북한 124군 부대 김신조 일당 31명이 청와대를 기습할 당시 중앙정보부 북한정보국 정세분석 담당과장은 강인덕. 5·16 당시 해병대 사령부에서 전략정보관으로 일하다 중앙정보부에 차출되어 북한정보국 과장, 부국장을 거쳐 1970년 12월 북한정보국장으로 승진하여 1978년에 퇴직한 북한 문제 베테랑. 김대중 정부 때는 통일부장관도 역임했다.

과장의 직책이었지만 매월 한 차례 북한 동향을 박정희 대통령에게 직접 보고하면서 대통령의 신임을 받았다. 1967년 10월 초 강인덕 과장은 청와대 기습 사건을 예고하는 내용을 대통령에게 보고했다.

보고서 제목은 '최근 북한의 대남침투에 관한 분석 - 북한의 동계 게릴라 침투 예상보고'. 1968년부터 북한이 동계 게릴라 작전에 돌입하여 본격적인 인민전쟁이 시작될 것이라는 게 보고의 요지였다.

보고가 끝나자마자 박 대통령은 국방부장관, 각 군 참모총장들을 청와대로 불렀다. 그리고 게릴라전은 중앙정보부의 통제능력에서 벗어나기 때문에 군 간부들을 불렀으니 강 과장이 그들에게 직접 보고 내용을 설명하라고 지시했다.

그날 오후 강 과장은 국방부장관과 육·해·공군 참모총장 및 해병대 사령관 앞에서 대통령에게 보고한 내용을 다시 설명했다.

설명이 끝나자 대통령은 강 과장에게 "내가 조만간 전군 사단장급 이상 지휘관과 기관장들을 다 모아놓고 대간첩 작전회의를 할 테니 자네는 이 내용을 설명할 준비를 하게"라고 지시했다.

그러면서 김성은 국방장관에게는 "국방부에 대간첩 작전에 관한 모든 권한을 부여할 테니 준비하라"는 지시를 내렸다. 그때까지 중앙정보부가 행사해오던 대간첩 작전권한이 대부분 국방부로 이관하게 되는 순간이었다.

박정희는 당대 최고의 대게릴라전 전문가였다. 6·25 전쟁 직전 육본 정보국 전투정보과에서 북한이 지리산, 태백산 등지로 남파시키는 게릴라들의 동향을 분석하는 일을 맡아 대게릴라전 경험을 쌓았다. 1949년 말에는 김종필, 이영근과 함께 전쟁발발을 예고하는 '연말 종합 적정판단서'를 만들어 군 지휘부에 보고하기도 했다.

그런 경험들이 박정희로 하여금 1968년의 북한 게릴라전 위협을 각성시켜주고 있었다.

강인덕 과장이 북한의 이상 징후를 구체적으로 포착한 것은 1967년 1월 초 휴전선을 넘어온 3인조 간첩을 체포하면서부터. 6·25 전쟁 이후 겨울에 휴전선을 통해 간첩을 내려보낸 것은 그때가 처음이었다. 겨울에는 눈이 쌓여 발걸음 흔적이 남기 때문에 휴전선으로 간첩을 남파시키기 어려웠다.

체포된 간첩들이 부여받은 지령도 모호했다. 특별한 임무를 받지 않고 서울에서 소매치기로 소일하며 돈을 쓰다가 신분증만 몇 개 구해서 월북하라는 것이 그들이 부여받은 임무의 전부였다.

강인덕은 그들이 남파된 시기와 부여받은 임무를 다각도로 분석하다가 동계 게릴라전에 대비한 시험용 남파라는 결론을 내렸다(조갑제,

2006: 230~231).

1967년에 급증한 무장공비의 출현도 강 과장의 판단을 뒷받침해주고 있었다. 1966년 63회 188명 수준이었던 공비 출현이 1967년에 이르러 338회 770건으로 대폭 증가했다(강인덕, 1974: 102).

대통령 주재 비상치안회의

━━━

　김신조 일당의 청와대 기습 사건이 일어나기 보름여 전인 1968년 1월 6일 강원도 원주의 제1야전군 사령부에서는 박 대통령 주재로 대간첩 작전을 위한 비상치안회의가 열렸다. 중앙정보부 강인덕 과장의 보고를 받고 소집을 약속한 그 회의였다.

　강 과장의 보고 이외에도 1968년부터 북한의 게릴라전이 본격화될 것을 예고하는 징후들이 나타나고 있었다. 연평균 90명 내외를 오르내리던 생포 및 사살된 북한 간첩의 수가 1967년에 이르러 그 4배 가까운 350명으로 늘어났다(『경향신문』, 1968. 1. 6.).

　강 과장의 보고가 있기 직전인 1967년 9월 초에는 김성은 국방장관이 박 대통령에게 북한이 게릴라부대를 새로 만들었다는 사실을 보고했다. 방첩대에서 해안으로 침투하던 공비를 생포해서 얻은 정보였다.

　원주 비상치안회의에는 정일권 총리와 전 내각각료, 중앙정보부장, 각 군 참모총장, 검경 간부, 도지사 등 160여 명이 참석했다. 민관군 책임자 전원이 참여한 대규모 회의였다.

　이날 박 대통령은 "북괴가 올해 작년도의 10배에 달하는 무장간첩을 증파하여 전면적인 유격전을 시도하고, 결사대를 남파하여 경찰서, 교량, 터널의 폭파를 포함한 중요시설의 파괴를 꾀하고 있다"며 군관민이 일체가 되어 대간첩 협조체제를 확립, 물샐틈없는 경계망을 펴야 한다고 강조했다.

그와 함께 박 대통령은 대간첩 작전 지휘체계의 일원화를 강조했다. 중앙정보부의 과도한 작전개입에 대해서도 질타했다.

> "서해 바다에 간첩선이 나타나면 정보부가 해군을 지휘해서 해군 사령관 노릇을 하거나, 육지에서 공비가 나왔을 때는 해당 지역 중정 지부장이 군 사령관 머리 꼭대기에 앉아 병력을 여기 배치하라, 저기 배치하라는 식으로 월권행사를 하는 모양인데…. 중앙정보부는 그런 데 나가는 게 아니고 북괴의 정보를 수집해서 제공하는 일을 해야 하는 거요. 앞으로 군 작전에 정보부는 일절 개입하지 마시오(조갑제, 2006: 234)."

박 대통령은 중앙정보부의 월권 이외 기관 간 마찰에 대해서도 지적했다. "관할 문제로서 기관 사이에 마찰을 가져오거나 공명심 때문에 정보교환을 꺼리거나 또는 태만과 타성으로 정확한 판단을 내리지 못하거나 하여 결과적으로 적에게 기회를 주는 과오를 범해서는 안 된다(『경향신문』, 1968. 1. 8.)."

당시 대간첩 작전의 혼선에 대해서는 이종찬 전 국정원장도 증언을 남기고 있다. 당시 그는 대공사건을 조정하는 중앙정보부의 실무담당자였기 때문에 기관 간 갈등을 현장에서 보다 자세히 관찰할 수 있었다.

> 가장 큰 장애 요인은 각 기관이 공로 다툼을 벌이느라 공비를 빼돌려 신문을 독점하려 한 것이었다. 심지어 경찰이 서해안에서 잡은 간첩을 서울로

호송한다는 정보를 알아챈 방첩부대 요원들이 길목을 지키다가 불심검문으로 간첩을 빼앗아가는 웃지 못할 일이 벌어지기도 했다. 당시 방첩부대장은 육사 8기의 윤필용 장군이었고, 충남 경찰국장도 동기생인 차모 국장이었는데, 역시 동기생인 강모 중앙정보부 대공과장이 중재해 경찰에 간첩을 되돌려주는 것으로 이 코미디 같은 일은 마무리되었다(이종찬, 2015: 223).

북한의 모택동 식 게릴라전

북한 대남사업총국장이 이효순에서 허봉학으로 바뀐 후 확산되던 게릴라전은 당시 아시아 신생국 곳곳에서 전개되던 모택동 식 게릴라전과 맥을 같이하고 있다.

맑스와 레닌은 도시 노동자들을 주력으로 삼는 무장봉기를 공산주의 혁명전쟁의 방법으로 제시했다(임동원, 1968: 25~28).

이와 달리 모택동은 농촌지역에 혁명 근거지를 건설하여 무장부대를 조직한 후 게릴라전을 전개하며 도시로 포위해 들어가는 전략을 구사했다. 농촌 근거지화, 대중포섭, 게릴라전이 모택동 전략의 핵심이었다.

모택동 전략은 모택동이 1949년 10월 1일 중국대륙에 공산정권을 세우는 데 성공한 후 아시아 지역에 들불처럼 번져나갔다.

박정희는 1965년 육군사관학교 졸업식에서 모택동 식 공산주의 혁명전쟁의 특성에 대해 이렇게 진단했다.

> 게릴라의 파괴, 폭동, 학살에 의한 전쟁, 전투가 아닌 복병, 침략이 아닌
> 침투에 의한 전쟁, 교전이 아닌 침식과 소모에 의해 승리를 추구하는 이른
> 바 공산주의자들의 해방전쟁이 신생국가들의 경제적 불안과 사상적 혼미상
> 태에 편승, 준동하여 자유와 독립과 번영을 추구하는 이들의 노력을 위협하

고 있는 것입니다. 자유와 평화에 대한 공산주의자들의 이 같은 위협과 도
전은 그 위협을 받는 나라와 민족이 누구이냐를 막론하고 우리의 자유와 안
전에 대한 위협이며 도전인 것입니다. 그리고 이 도전과 위협은 전혀 새로운
전략과 전술을 요구하고 또 새로운 특수훈련을 요청하고 있는 것입니다(신
범식, 1969: 252).

당시 자유진영 국가에서 모택동 식 게릴라전에 대응하는 전략은 대
개 세 단계로 전개됐다. ① 게릴라의 군사적 위협을 제거하기 위한 군
사적 토벌 작전, ② 게릴라의 간접적 위협으로부터 주민을 보호하는
주민통제 단계, ③ 주민의 능동적인 지지와 참여를 획득하고 정부의
권위와 사회질서를 회복하는 단계이다.

당시 베트남에 파견된 국군도 게릴라와 주민을 분리하는 데 많은
노력을 기울였다. 주월 한국군 사령관이었던 채명신은 지역주민의 협
력을 얻기 위해 '전투는 30%, 대민지원과 심리전은 70%'로 설정하고
'백 명의 베트콩을 놓치는 한이 있어도 한 명의 양민을 보호하라'는 전
략을 고수했다.

이에 참전 초기 대게릴라전을 이해하지 못했던 몇몇 간부들이 '베트
남에 전쟁하러 왔지 월남 사람 도와주러 왔느냐'며 적극 나서지 않았
다고 한다(채명신, 2010: 196~202).

임동원 전 국정원장은 육사 교수 재임 시절인 1965년『혁명전쟁과 대
공전략』이라는 제목의 대게릴라전 책자를 저술해서 국민들로부터 호평
을 받았다. 북한의 대남 게릴라전이 본격화되기 전에 나온 책이다.

당시 그는 이 책자에서 우리나라의 대게릴라전 대책을 이렇게 제시
했다.

경찰력뿐 아니라 필요하다면 경찰을 도와 주민을 통제하고 대공정보망을 유지하며, 게릴라로부터 향토를 방위할 준군사부대로서의 향토방위대 또는 민방단을 조직 운용하여야 할 것이다. 이러한 조직의 운용은 주민들의 참여 의식을 높이고 반공태세를 강화하며 치안을 유지하는 데 크게 기여할 수 있을 것이다…(중략)…또 하나의 문제는 대게릴라 작전 기구의 일원화이다. 육·해·공군의 대게릴라전 부대와 전투경찰대, 경찰, 민방단, 지방행정기구, 그리고 대공정보기관과 심리전 관계부처들은 하나의 지휘계통하에서 통합된 작전을 수행하지 않으면 안 된다. 중앙에서는 이것이 내무부장관이나 국방부장관의 산하에서 움직여질 수도 있을 것이고, 국가안전보장회의의 상임기구에 의해 통합될 수도 있을 것이다. 누구의 총지휘하에 통합될 것인가를 결정하는 것은 작전의 효율화를 위하여 중대한 문제인 것이다. 지방에서는 하나의 통합기구를 창설할 수도 있고, 또는 군 부대장이나 지방행정책임자 밑에 참모부를 둘 수도 있을 것이다(임동원, 1968: 315~316).

박정희 모가지 따러 왔시요

북한 제124군 부대 6기지 소속으로 박정희를 암살하러 내려왔다가 1968년 1월 21일 저녁 생포된 김신조. 31명의 일당 중 유일하게 살아남았다.

김신조는 붙잡힌 지 하루가 채 지나지 않은 1월 22일 저녁 7시 육군 방첩부대 사령부 식당에서 기자회견을 가졌다.

밤사이 김신조를 심문했던 백동림 방첩부대 수사계장으로부터 보고를 받은 윤필용 방첩부대장이 보고를 받자마자 기자회견을 열도록 지시했기 때문이다.

백동림이 기자회견을 준비할 시간을 달라고 건의했으나 '국민들 관심이 대단하므로 기자회견을 빨리 하는 것이 좋겠다'며 강행 지시를 내리고 김신조의 답변이 미진한 사항에 대해서는 백동림이 옆에 붙어 앉아 대신 답변토록 했다(백동림, 1995: 302).

이처럼 성급하게 열린 기자회견에서 함경도 출신의 김신조는 함경도 사투리가 섞인 거친 말로 남파 목적을 밝혔다.

"나, 청와대 까러 왔수다. 박정희 모가지 따러 왔시요."

김신조의 이 말은 생중계되던 텔레비전을 통해 전국에 전파됐다.

김신조 일당이 박정희를 암살하러 내려오기 2년 5개월 전 박정희를 암살하러 내려온 또 다른 일당이 있었다. 1965년 7월 18일 송추 유원지에서 경찰과 총격전을 벌였던 노성집, 이재영, 우명훈 등 3명.

남한에 잠복해 있던 간첩이 경찰에 포섭된 줄도 모르고 경찰의 역 공작에 속아 남한의 간첩을 송추에서 접촉하려 했다. 남의 전향간첩 과 북의 남파간첩이 접촉하는 순간 주변에 잠복해 있던 서울시경 대 공요원들이 남파간첩들을 생포하려 했다.

하지만 남파간첩들이 격렬히 저항하여 서울시경 대공요원 2명이 즉 석에서 사망하고, 남파간첩 3명 중 2명은 몸에 심한 총상을 입은 채 북으로 달아나고 노성집 1명만 잡혔다. 노성집의 진술을 통해 그들이 남하한 목적이 박정희 대통령 암살에 있었음이 드러났다.

청와대 부근 효자동에서 중앙청 사이에 전세방을 구해서 살며 대통 령 출입 상황을 지켜보다가 대통령 차량에 수류탄을 투척해서 살해 하라는 것이 그들이 받은 지령이었다. 그리고 그들은 박정희를 살해 해야 하는 이유를 이렇게 교육받았다.

> 한일회담은 매국회담이다. 체결 후에는 경제침략으로 민족경제가 파탄되
> 며 정치적 예속이 된다. 남한에서 한일회담 반대세력의 기운이 높고 여야 간
> 정쟁이 벌어지고 있으며, 정부가 7월 22일까지 국회비준을 통과시키려 하
> 니 하루 속히 박정희를 살해하여 한일회담을 지연시켜야 한다(강인덕, 1974:
> 83).

한편, 총상을 입고 북으로 달아난 이재영과 우명훈은 '공화국 전투 영웅'의 칭호를 받았다.

훗날 김신조는 이재영을 이재형, 우명훈을 우명환으로 기록하고 있 으나 김신조가 체포될 당시 그를 심문했던 미군 측 심문관 마이클 리

는 이재영, 우명훈이 맞다고 했다. 김신조가 증언한 이재영과 우명훈의 귀환 과정은 이렇다.

이재형은 도주하다가 복부에 총을 맞아서 쏟아진 내장을 안고, 5일 만에 임진강을 건넜다. 우명환은 경찰이 휘두른 권총 손잡이에 머리를 맞고 잠시 혼절했다가 깨어나니, 경찰이 그의 배에 올라타 그를 누르고 있었다. 그는 권총으로 경찰을 쏘고서, 머리의 상처를 처매고 총에 맞은 허벅지를 끌고서 휴전선을 넘어 북으로 귀환해 왔다. 자기와 벌인 일주일 동안의 사투였다. 그의 머리에는 그때까지도 움푹 패인 상처가 남아 있었다(김신조, 1994: 17~18).

북한 최고의 대남 테러리스트 규합

박정희를 암살하러 내려왔던 노성집, 이재영, 우명훈 등 3인조가 경찰에 포섭된 간첩의 배신으로 실패한 다음 북한은 새로운 박정희 암살방법을 모색하게 된다.

31명으로 편성된 게릴라들을 남파하여 청와대를 습격, 대통령을 살해하는 방법이었다. 남한에 잠복해 있다가 대통령 탑승차에 수류탄을 던져 살해하려던, 노성집 일당의 시도보다 대담한 방법이었다.

이를 위해 북한 최고의 게릴라들로 새로운 부대를 편성해서 테러 훈련을 시켰다. 1967년 4월 새롭게 편성된 이 부대의 이름은 124군 부대.

기존의 대남 게릴라부대인 283군 부대에서 다시 최정예 요원들을 뽑았다. 283군 부대는 현역군인을 무장간첩으로 양성하는 부대였다. 1966년 5월 민족보위성 정찰국 산하에 설치된 283군 부대는 대부분 북한 출신들로서 20~27세의 정찰요원 가운데서 선발했다.

124군 부대는 약 2,400명 규모의 부대로서 8개 기지로 나누어 훈련시켰다. 김신조는 1967년 8월 283군 부대에서 124군 부대 제6기지로 차출됐다.

124군 부대 제6기지에서 뽑힌 31명이 북한에서 가장 우수한 자질을 가진 테러리스트였다. 김신조는 31명 가운데 한 명으로 뽑힐 때의 기분을 이렇게 밝혔다.

> 124군 부대에서 6기지는 서울 침투를 맡았다. 집단군 도보소나 283부대
> 에서 가장 우수한 병력이 차출되어서 124군 부대로 왔다. 그리고 124군 부
> 대에서도 6기지 이들이 가장 정예부대였다. 그 중에서 31명이 뽑혀서 1·21
> 사태의 작전 지시를 받았다. 그 31명이 북한에서 가장 훈련이 잘된 알짜배
> 기 군인이었던 셈이다. 우리 모두는 일등이다, 항상 최고다, 김일성 수령님
> 이 인정하고 기억하기 때문에 뽑히고 뽑히고 해서 최고가 된 것이니 죽어도
> 원이 없다는 생각이었다(김신조, 1994: 142).

124군 부대의 부대장은 송추에서 경찰 총을 맞고도 튀어나온 내장
을 움켜쥔 채 북으로 넘어갔던 이재영이었고, 그 밑의 제6기지장은 이
재영과 함께 송추로 내려왔다가 머리에 부상을 입은 채 북으로 살아
돌아간 우명한이었다.

제6기지 본부 건설공사가 마무리될 때쯤 부대장 이재영이 나타나
부대원 300여 명 전원을 모아놓고 훈시를 했다.

> 동무들은 모두 다년간 군대생활을 통해 정치적, 군사적 훈련에서 타의 모
> 범이 되었소. 또 가장 핵심 당원으로서 수령님과 당 앞에 인정받고 영광스
> 럽게도 남반부 혁명 투쟁에서 가장 중요한 124군 부대에 선발된 것이오. 그
> 영광스런 임무를 부여받다니 오히려 내가 부럽기까지 하오(김신조, 1994:
> 144).

박정희 암살조의 청와대 습격 훈련

124군 부대 제6기지의 최초 공격목표는 5개였다. 청와대, 미국대사관, 육군본부, 서울교도소, 서빙고 보안사 분실 등을 일제히 기습하는 것이었다. 그에 투입할 인원도 76명으로 책정되어 있었다.

하지만 마지막 검토 단계에서 민족보위성 정찰국장 김정태가 공격목표가 너무 분산되어 있다며 기존의 계획을 수정했다. 공격목표를 청와대로 한정시키고 박정희 대통령만 살해하는 임무로 축소시켰다. 침투인원도 31명으로 줄였다(김신조, 1994: 15).

청와대를 공격하는 시점은 1968년 1월 21일 20시 정각으로 설정됐다. 공격목표와 날짜가 정해지자 청와대 내부구조를 분석하고 게릴라들의 침투능력을 배양하는 훈련에 돌입했다.

훈련은 요인암살법, 행군, 당수, 격파, 사격, 유괴법 등 청와대 습격에 필요한 과목들로 구성되어 있었다. 1967년 8월부터 그해 12월까지 5개월간 새벽에서 저녁까지 훈련이 반복됐다.

가장 많은 시간을 할애한 훈련은 산악행군이었다. 야밤에 시속 12킬로미터로 산악을 질주하는 것이 훈련목표였다. 낮에는 은거지를 구축하여 숨어 있다가 캄캄한 밤에만 이동하여 청와대까지 가장 빠른 시간에 도달하기 위해서는 산속을 구보 혹은 빠른 걸음으로 이동하는 것이 필요했다.

그 다음은 사격훈련이었다. 청와대에 가까이 접근해서 경호원을 살해하고 대통령 숙소까지 침투하기 위해서는 정확하고 신속한 사격이 요구됐다.

산악훈련 코스에 15개의 목표물을 배치해놓고 기관단총과 실탄 30발로 목표물을 명중시키면서 한 시간에 12킬로미터를 돌파하는 훈련이었다.

30발의 실탄으로 15개의 목표물을 명중시키기 위해서는 한 목표물을 2발 이내에 명중시켜야 했다.

침투 틈틈이 낮에는 땅을 파고 숨어 있다가 저녁에 이동해야 했기 때문에 묘지를 파 시체를 꺼내고 거기에 몸을 숨기는 훈련도 있었다. 김신조는 비바람이 치는 캄캄한 밤에 무덤을 파서 시체를 꺼내고 잠복하는 훈련을 받다가 공포에 질려 기절하기도 했다.

훈련이 끝난 1967년 12월 마침내 이재영 부대장은 31명을 모아놓고 정식 명령을 하달했다.

"에, 동무들! 동무들 31명은 우리 부대가 창설된 이후로 첫 번째 남파공작임무를 맡게 됐소. 모두가 수령 동지와 당을 위해서 목숨을 아끼지 않고 열성적으로 일을 한 동무들의 공로, 바로 그 공로에 대한 당의 특전이오. 이번에 동무들이 수행할 임무는 바로 청와대를 습격하는 것이오."

이어 민족보위성 정찰국장이 31명 전원에게 소위 임명장을 수여하며 선동했다.

"에, 여러분들에게 부여된 임무는 남반부 혁명에서 가장 중요한 것이니만

큼 어떻게 해서라도 성공시키고 돌아오기 바라오. 성공하고 돌아오면 동무
들은 모두 영웅 칭호를 받게 될 것이오(김신조, 1994: 159~160)."

공격시간, 공격목표가 확정되자 31명은 실질적인 예행연습을 가졌
다. 청와대와 건물구조가 비슷한 사리원의 황해북도 인민위원회 건물
을 1월 9일 저녁 8시 40분 기습했다. 그때의 기습으로 건물을 경비하
던 북한군 12명이 사살되고 40여 명이 부상했다.

박정희 대통령이 1월 6일 원주에서 유관기관 고위층을 전부 불러모
아 비상치안회의를 가진 3일 후였다.

김일성을 위한 죽음에의 진군

1968년 1월 14일 청와대 습격조 31명에 대해 기관총, 권총, 국군 위장복 등 공작 물품이 지급됐다. 이어 1월 15일 저녁 환송회가 열렸다. 이재영이 살아서 돌아오라며 비장한 어조로 건배를 제의했다.

> "우리의 어버이시고 수령이신 김일성 동지와 조선노동당의 따뜻한 사랑 속에서 자라온 동무들은 오늘 당과 수령님이 내려준 최대의 영광된 임무를 부여받고 서울로 떠나게 되었소. 동무들의 장도를 진심으로 축하하오. 동무들이 주어진 임무를 잘 수행하고 돌아오면 당은 동무들에게 특진과 영웅 칭호를 수여할 것이오. 또 마음껏 쉴 수 있도록 휴가도 주고 결혼도 시켜줄 것이오. 동무들, 자, 우리 과업의 성공을 위해 축배를 듭시다(김신조, 1994: 16)."

건배에 이어 자신감을 가지라는 격려의 말이 이어졌다.

> "자신감을 가지시오. 나는 포위당하고서도 박차고 빠져나왔소. 총을 몇 발 맞았음에도 살아 왔소. 동무들, 어떤 경우에서라도 살아 올 각오가 돼 있으면 사는 것이오. 생각해보시오. 그 후에 동무들에게 주어질 영광을, 건배!"

1월 16일 저녁 10시경 31명을 태운 버스가 황해북도 연산군의 124 군 부대를 떠났다. 개성시내 남동쪽의 남파공작원 초대소를 향하고 있었다. 공작비밀을 유지하기 위해 북에서도 밤에만 이동했다.

1월 17일 새벽 5시쯤 초대소에 도착한 31명은 약 40분 정도 휴식 후 다시 남으로 향했다. 1월 17일 낮을 북한군 부대에서 보내고 저녁 북방 분계선 북한군 민경초소에 도착한 일행은 저녁을 먹고 모두 국 군 복장으로 갈아입었다. 본격적인 대남침투가 시작됐다.

그 순간 이재영은 31명 전원이 김일성에 바치는 혈서를 쓸 것을 제 안했다.

> "동무들, 지금은 당이 내려준 역사적 임무를 부여받고 출발하는 엄숙한
> 순간이오. 이 순간에 우리 김일성 수령 동지께 감사하는 맹세문을 적읍시
> 다. 내가 직접 수령 동지께 보내드리겠소. 아, 좋은 생각이 있소! 이왕이면
> 혈서가 어떻겠소!"

이재영의 제의에 31명 전원이 새끼손가락을 깨물어 혈서를 썼다. '수령 동지의 명령대로 임무 수행할 것을 맹세함.' 혈서를 받아 든 이 재영은 다시 침투조의 조별 임무를 확인시켰다.

> "1조는 청와대 본청사 2층, 2조는 청와대 본청사 1층, 3조는 경호실, 4조
> 는 비서실을 각각 공격하고, 5조는 정문 초소의 보초를 제거하고 청와대 차
> 량을 탈취하여 시동을 걸고 정문 부근을 엄호한다(김신조, 1994: 20)."

임무를 재확인받은 31명은 1월 17일 저녁 9시경 북방분계선을 넘었

다. 박정희를 암살하기 위해 조직된 31명의 테러단이 이재영 주최 환송회를 갖던 1월 15일 그날 오전 암살 대상자인 박정희는 신년도 기자회견을 갖고 한 해 동안 국가를 이끌어갈 비전을 제시하고 있었다.

많은 시간을 경제 문제에 할애하고 안보 문제에 대해서도 정부 입장을 밝혔다.

> "북괴 김일성이가 간첩을 많이 보내 가능하면 게릴라전을 벌이려고 기도하고 있는 것 같다. 따라서 정부는 휴전선, 해안선, 내륙지방, 국가중요시설의 경비 등 만반의 대비책을 강구하고 있다. 북괴 무장간첩에 대한 대비는 군대, 경찰, 정보기관만으로는 부족하고, 국민의 협조가 있어야만 한다는 것이다. 정부는 북괴간첩들이 우리나라에서 발을 붙이지 못하게 민간 반공체제를 강화시키기 위해 국회에 향토 방위법안을 내놓고 있다(『동아일보』, 1968. 1. 15.)."

테러단이 휴전선 북방한계선을 넘던 1월 17일 국방부는 대간첩 작전을 일원화하는 새로운 기구안을 마련하여 국무회의에서 통과시켰다. 1월 6일의 원주 비상치안회의에서 대통령이 지시한 대간첩 작전 일원화를 구체적으로 이행하기 위한 후속조치였다.

대통령 직속으로 대간첩 작전을 지휘하고 정책을 마련하는 중앙협의회를 두어 국무총리를 의장, 국방부장관과 내무부장관, 중앙정보부장 등을 위원으로 구성하며, 중앙협의회 결정사항을 집행하기 위해 합동참모본부 산하에 대간첩대책본부를 설치하도록 설계됐다.

대간첩대책본부는 합참본부장이 의장이 되고 검사장, 치안국장, 중앙정보부 관계국장, 합참 작전국장 및 정보국장을 위원으로 구성됐다. 대간첩대책본부는 필요 시 병력을 동원할 수 있고, 지방에는 도지사를 책임자로 하는 지방협의회를 두었다(「조선일보」, 1968. 1. 18.).

평양의 원대복귀 지령

———

　1월 17일 21시경 휴전선 북방한계선을 넘은 김신조 일당은 1월 18일 새벽 2시경 휴전선 남방한계선을 통과했다.

　미 2사단 관할 철조망을 자르고 남으로 넘어왔다. 철책 기둥의 북쪽 면 철조망을 수직으로 잘라 남측에서는 철책 기둥에 가려 절단된 철조망을 볼 수 없었다.

　철책을 벗어나 1~2킬로미터쯤 떨어진 곳에 이르자 새벽 5시가 되어 이동을 멈추고 1차 야영에 들어갔다. 갈대와 나무가 무성하여 은닉하기에 좋은 곳이었다. 낮에는 절대 움직이지 않고 밤에만 이동하는 것이 준칙이었다.

　1월 18일 저녁이 되어 날이 어두워지자 일당은 꽁꽁 얼어붙은 임진강을 걸어서 건넜다. 밤새 이동 후 1월 19일 새벽 5시경 다시 2차 숙영에 들어갔다. 법원리 초릿골 뒷산인 삼봉산이었다.

　여기서 휴식을 취하던 일당은 낮에 나무꾼 형제와 조우하게 된다. 공비에게 붙잡힌 나무꾼들이 돌아오지 않자 저녁 무렵 사촌형제 둘이 동생들을 찾으러 올라갔다가 이들도 공비들에 붙잡혔다.

　공비들은 북에서 총조장 이외는 민간인들과 대화를 나누지 않도록 교육받았다. 북한 억양이 튀어나와 신분이 노출되는 것을 방지하려는 조치였다. 그러나 나무꾼 형제들을 붙잡은 공비들은 하루에 밥을 몇 끼 먹는지, 의정부와 동두천 사이에 검문소가 몇 개 있는지 등 돌아가면서 질문을 퍼부었다.

해가 지고 다시 이동할 시간이 되자 공비들은 나무꾼 형제들을 처리하는 문제에 고민하기 시작했다. 의견이 분분해서 결론이 나지 않자 북에다 무전을 쳤다. '나무꾼을 만났는데 어떻게 했으면 좋겠는가, 상부의 결심을 바란다'는 내용이었다. 그러나 북으로부터 지령받은 암호문을 해독할 수가 없었다. 암호문의 첫 번째 숫자가 풀리지 않았다.

나중에 김신조가 붙잡힌 뒤 수사기관에서 그 암호문을 해독한 결과 '원대복귀하라'는 명령이었다(김신조, 1994: 41). 김신조 일당은 원대복귀 명령도 모르고 청와대 기습을 강행했던 것이다.

북과의 교신에 실패하자 일당은 대책회의를 가졌다. 작전수행 중 민간인을 만나면 모두 살해하라는 것이 공작의 원칙이었다. 그러나 나무꾼들을 놓고 죽여야 한다는 쪽과 살리자는 쪽의 의견이 반반으로 갈렸다. 결국 투표 끝에 살리자는 쪽이 과반수를 넘겼다.

나무꾼들은 경찰에 신고하지 않는다는 서약서와 공산당 입당원서를 쓰고 풀려났다. 나무꾼들을 풀어준 테러단은 1월 20일 새벽 5시 제3차 숙영지인 비봉 도착목표로 전력을 다해 행군하기 시작했다.

예정시간에 비봉 북방에 도착한 일행은 낮 동안 쉬었다가 저녁 8시 북악산을 향해 출발했다. 그러나 눈이 쌓인 데다 어둡고 허기에 지쳐 겨우 비봉 정상을 넘는 데 그치고 말았다. 당초 목적인 북악산에 이르지 못한 채 1월 21일 새벽 비봉 남쪽을 4차 숙영지로 정하고 휴식에 들어갔다.

1월 21일 낮을 비봉 남쪽에서 보낸 일행은 날이 어두워지자 방첩대 요원으로 위장하기 위해 사복으로 갈아입고 기관단총, 권총과 탄환,

수류탄으로 무장한 채 그 위에 바바리 코트를 입었다.

저녁 8시경 하산한 일행은 청와대를 향해 걷기 시작했다. 원래 계획은 밤 10시 30분까지 청와대를 습격하고 청와대 차량을 탈취하여 북을 향해 전속력으로 질주, 자유의 다리를 통해서 월북하는 것이었는데 일정이 늦어지고 있었다.

나무꾼이 살린 박정희

중앙정보부, 군, 경찰을 통틀어 박정희를 암살하려는 북한 테러단의 남파 사실을 최초 인지한 기관은 파주군 법원리 창현 파출소였다.

테러단에 붙잡혔던 우씨 형제들은 "신고하면 너희들뿐 아니라 서약서에 적은 가족들까지 다 죽인다. 우리 후원 부대가 반드시 와서 보복할 것이다"라는 공비들의 협박이 두려워 풀려나고도 언제 신고하느냐를 놓고 고민했다.

고심 끝에 우씨 종갓집으로 달려가 어른들과 상의한 뒤 창현 파출소에 신고하게 됐다. 이때가 1월 19일 밤 9시경.

창현 파출소에서는 이 사실을 30분 뒤 근처 군부대에 전달하고, 군에서는 위계 부대별 보고를 거쳐 세 시간여 지난 자정 무렵 합동참모본부에까지 보고됐다(조갑제, 2006: 242).

국방부장관 김성은은 1월 20일 오전 9시 국방부 청사로 출근해서 보고를 받았다. 김 장관은 보고를 받자마자 급히 차를 타고 청와대로 들어가 대통령에게 게릴라 출현 사실을 보고했다.

대간첩 작전을 일원화하라는 대통령 지시에 따라 1월 17일부로 합동참모본부 산하에 대간첩대책본부가 설치됨에 따라 게릴라의 침투는 국방장관 소관업무였다.

민간인인 나무꾼의 신고에서 시작된 간첩신고가 경찰과 군을 거쳐 곧

바로 대통령에게까지 보고된 사실은 대통령이 원주 비상치안회의와 신년도 기자회견에서 강조한 민관군 협력체제가 가시화된 모범적 사례였다.

당시 방첩대 본부 수사계장 백동림은 처음 나무꾼 4명의 신고를 접수하고 신고 내용의 신빙성에 의문을 가졌다. 나무꾼과 마주친 지역이 북한의 간첩 침투로로 간첩들이 자주 내왕하던 곳은 맞으나 30명 규모의 인원이 마음에 걸렸다.

그 당시 간첩은 흔히 주 임무를 맡은 간첩 1명과 안내원 2명으로 구성되어 남파되고, 경우에 따라서는 5~7명으로 조직되기도 하고 2개 조 이상이 동시에 남파되기도 했으나 30명이 몰려다니는 경우는 없었다.

하지만 목격자가 4명이나 되고 그 가운데 1명은 인원을 세어 보았다고 하니 신고내용을 무시할 수도 없었다.

하룻밤이 지난 다음 2차 신고가 방첩대에 접수됐다. 신고내용은 나무꾼들의 신고내용과 같았다. 그런데 백동림이 생각하기에 1차 신고지점과 2차 신고지점의 거리가 너무 멀었다.

한국군의 행군거리는 보통 주간 시속 4킬로미터, 야간은 주간의 1/2 또는 1/3정도였는데 1차 목격지점과 2차 목격지점의 거리가 거의 30킬로미터였다.

하지만 백동림은 그 이전 검거된 간첩이 북한의 게릴라들이 하룻밤에 40킬로미터를 주파한다고 진술한 바 있어 2차 신고내용을 믿고 이를 관할 부대에 통보했다.

그럼에도 당시 수도권을 관할하던 6관구의 김재규 사령관은 김신조 일당이 지나가고 난 지점에 경계망을 배치했다(백동림, 1995: 296). 사건이 수습되고 난 다음 김재규 사령관은 이 문제를 놓고 대통령으로부터 큰 질책을 받은 것으로 알려졌다.

중앙정보부장 재직 중 최대의 판단착오

김형욱 중앙정보부장이 김신조 일당의 침투사실을 처음 알게 된 시점은 1월 21일 새벽. 일요일인 그날 새벽 부장 공관에 설치된 비상전화벨이 울렸다.

그 전날인 1월 20일 김성은 국방장관이 이미 대통령에게까지 보고한 점으로 미루어 상당히 늦은 정보수집이었다.

원주 비상치안회의 때 대통령 지시로 대간첩 작전의 주도권이 국방부로 넘어가면서 김신조 침투 정보도 늦어진 것으로 보인다.

그날 오후 김형욱은 청와대를 방문, 대통령에게 중앙정보부가 수집한 정보들을 보고하고 대통령과 무장간첩이 침투한 의도에 대해 의견을 나누고 있었다. 그때 박 대통령이 불쑥 "그놈들이 여길 목표삼고 있는 것 아니냐?"고 했다. 그러자 김형욱은 "설마 그럴 리가 있겠습니까" 하며 부정적 의견을 밝혔다.

훗날 김형욱은 이때 자신의 판단이 중앙정보부장으로 재직하던 중 최대의 판단착오였다고 고백했다(김형욱·박사월, 1985: 222).

중앙정보부장뿐 아니라 국방장관 역시 1월 21일 밤 김신조 일당이 최규식 종로서장을 사살할 때까지 그들의 목표가 청와대라는 걸 모르고 있었다.

1월 20일 처음 국방장관으로부터 보고를 받을 때 박 대통령은 "그놈들이 뭣하러 들어왔을까?" 하고 하문한 적이 있었다. 그에 대해 국방장관은 "각하, 지난해 놈들은 이미 우리나라의 각종 기간시설을 파괴하는 활동을 해오지 않았습니까. 이번에도 주한미군의 주둔지 시설 파괴나 테러일 가능성이 큽니다. 한국군 부대나 주요시설도 목표가 될 것 같습니다(조갑제, 2006: 244)."하고 답변했다. 완전한 오판이었다.

1·21 사태 당시 청와대 외곽경비를 담당하던 부대는 수경사 30대대. 대대장은 전두환, 작전 참모는 장세동이었다.

1월 20일 오전 국방장관은 30대대 병력을 청와대 주변에 배치했다. 그리고 오후에는 결과적으로 김신조 일당의 청와대 침투를 저지하는 데 결정적으로 기여하는 모종의 조치를 취하게 된다. 경찰의 동원이었다. 국방장관은 치안국장에게 서울지역에 갑종 비상을 걸도록 요청하고 세검정에서 정릉과 창동에 이르는 축선에 경찰병력을 배치하라고 지시했다.

원주 비상치안회의에서 대통령 지시에 따라 대간첩 작전이 군으로 일원화된 이후 처음 적용된 갑종 비상이었다.

국방장관은 1월 21일 오전에도 곧바로 대통령 집무실로 출근했다. 박 대통령도 지도를 펴놓고 이리저리 살펴보고 있었다.

오후가 되어 김형욱 부장도 대통령 집무실을 드나들며 관련 정보를 보고했다. 하지만 나무꾼의 신고로 군과 경찰에 비상이 걸려 대간첩 작전 상황을 국방장관이 대통령에게 직보하는 식으로 보고체계가 바뀜에 따라 김형욱 부장으로서는 정보보고의 신속성, 정확성, 완전성에서 밀릴 수밖에 없었다.

1월 21일 저녁이 되자 박 대통령은 김형욱 부장에게 김성곤 의원을 불러 함께 저녁을 먹자고 했다. 김형욱은 대통령, 김성곤과 함께 복요리를 안주 삼아 반주를 곁들여 저녁을 먹고 저녁 7시경 김성곤과 함께 청와대를 나왔다.

청와대를 나오며 다시 술을 한잔 더 하자는 김성곤의 제의에 근처에서 술자리를 갖던 중 김신조 일당이 자하문 근처에 나타났다는 보고를 받았다. 그때는 자하문 터널이 없었고, 자하문 고갯길로 세검정과 효자동을 내왕했다.

박정희를 살해하러 청와대에 들어가는 방법

—

1968년 1월 21일 밤 10시 15분경. 청와대 인근에서 "드르륵, 드르륵" 하는 기관총 소리가 울렸다. 김신조 일당의 신원을 확인하려는 최규식 종로경찰서장을 향해 김종웅 총조장이 기관단총을 발사한 것이다. 1·21 사태의 발생을 알리는 신호탄이었다.

그 직전인 10시 10분경 채원식 치안국장실로 긴급 무전보고가 들어왔다.

> "세검정 고갯길에서 이상한 옷차림의 군인 30여 명이 술에 취해 청운동 쪽으로 내려가고 있음(조갑제, 2006: 262)."

무전보고는 공비들이 술에 취해 있다고 보고했다. 술 취한 모습은 곧 청와대에 진입하기 위해 꾸며낸 그들의 술책이었다. 북에서 교육받은 그들의 청와대 습격요령은 이러했다.

첫째, 습격개시 시각인 1월 21일 20시 이전 즉, 1월 20일 새벽까지 청와대를 잘 관찰할 수 있는 북악산에 도착해서 밤을 새운 후 1월 21일 낮 북악산 정상에서 청와대 내부 움직임을 살핀다.

일요일에는 대통령이 반드시 청와대 내부에 있는 점을 감안, 일요일인 1월 21일 20시를 공격시점으로 정한다. 청와대 습격은 3~4분간 이

내의 짧은 시간에 완료한다. 습격시간이 길어지면 군, 경찰이 들이닥쳐 퇴주하기가 어렵기 때문이다.

그러나 이 첫째 단계는 1월 20일 저녁 비봉 북쪽을 출발해서 북악산으로 이동하려던 계획이 밤새도록 비봉 정상을 넘어 비봉 남쪽에 도착하는 데 그침으로써 실패했다.

둘째, 청와대 가까이 접근할 때는 질서가 없는 무질서한 형태로 열을 지어 다가가되 제일 선두에는 청와대 정문의 보초를 처치하는 임무를 맡은 제5조가 선다. 그 6~7미터 뒤에 여타 조가 뒤따른다. 제5조는 총조장을 포함하여 9명으로 편성한다.

셋째, 기관단총, 권총, 수류탄 등으로 무장하고 그 위에 외투를 걸쳐 무기를 은닉한다. 외투에는 술을 뿌려 술 냄새를 풍기고 술 취한 사람인 양 비틀거리며 효자동 대로를 경유해서 청와대로 접근한다.

일선 경찰이 치안국장에게 '이상한 옷차림의 군인 30여 명이 술에 취해 청운동 쪽으로 가고 있다'고 보고한 것은 그들에게서 술 냄새가 나고 술 취한 사람처럼 비틀거리는 모습을 보았기 때문인 것으로 보인다.

넷째, 선두의 제5조가 청와대 정문에 도착하면 술 취한 사람처럼 비틀거리며 정문 보초에게 다가가 수작을 부리고 그 틈을 이용해서 다른 공비들이 접근해 보초 2명을 방망이와 칼로 찔러 살해한다. 그들의 계획에는 정문 보초가 2명인 것으로 설정되어 있었다.

다섯째, 제5조가 정문 보초를 살해하는 즉시 다른 조가 청와대로 접근해서 조별 임무에 따라 행동한다. 5명으로 짜여진 제1조는 청와대 2층을 습격해서 기관단총으로 무차별 사격하여 대통령을 살해한다.

5명으로 편성된 제2조는 청와대 1층을 기습하여 근무인원 전원을 살해한다. 김신조는 제2조의 조장이었다. 제3조 역시 5명으로 구성됐는데 청와대 내 경호실에 침입해서 경호원들을 사살하는 역할을 맡았다. 4명의 제4조는 비서실을 기습해서 비서진을 살해하는 조였다. 5개 조 이외 운전병 3명은 청와대 내부에 주차해둔 자동차를 탈취해서 정문 부근에서 대기하고 있다가 습격이 끝나는 즉시 공비들을 태우고 문산을 거쳐 북으로 복귀한다(강인덕, 1974: 86).

하지만 이들의 계획은 종로서장을 총격한 것을 계기로 수경사 30대대 병력과 경찰이 출동하면서 실패하고 만다.

전두환과 장세동의 1·21

전두환 정부 시절 대통령의 심복으로 충성을 다해 의리의 사나이로 널리 알려진 장세동 전 국가안전기획부장.

그가 처음으로 전두환을 직속상관으로 보좌한 때는 수경사 30 경비대대 작전참모 시절이었다. 당시 청와대 외곽을 경비하던 30 경비대대의 대대장이 전두환 중령.

전두환은 베트남전에서 귀국한 장세동을 직속부하로 데려왔다. 훗날 경호실장을 역임하게 되는 안현태도 당시 30 경비대대 중대장으로 근무하고 있었다.

1967년 11월 21일 30 경비대대에 부임한 장세동은 만 3달 만인 1968년 1월 21일 1·21 사태를 접하게 된다.

그에게 처음 김신조 일당의 출현을 통보해준 사람은 수경사 작전참모. 공비를 목격한 지점이 청와대 코앞인 자하문이라는 정보에 놀라 곧바로 전두환 대대장의 방을 노크도 없이 밀치고 들어갔다.

부하장교들과 얘기를 나누다 급보를 받은 전두환 대대장도 사안의 심각성을 깨닫고 보고를 받자마자 '나가자'하며 앞장서서 현장으로 뛰어갔다. 안현태 중대장의 병력을 앞세워 효자동으로 뛰어가는데 "드르륵, 꽝" 하는 기관총 소리와 수류탄 터지는 소리가 들렸다.

그 소리가 들린 지 채 10초도 지나지 않아 30 경비대대는 조명탄을 쏘아올렸다. 그렇게 빨리 조명탄을 쏘아올릴 수 있었던 것은 사전훈련 때문.

장세동이 부임해보니 30 경비대대가 박격포 4문을 청와대 부근 효자동과 삼청동 쪽으로 겨냥해놓고 있었다. 그에 장세동이 전두환에게 대통령 계신 곳으로 겨냥해놓는 것은 불경스럽고 어떤 모함을 받을지 모른다고 시정을 건의했으나 전두환은 '언젠가 한번 써먹을지 모른다'며 괜찮다고 했다.

전두환 대대장은 수시로 야간에 비상을 걸어 사수가 내복차림으로 박격포 진지까지 뛰어가면 조수가 사수의 옷가지를 챙겨 뒤따라가는 비상훈련을 반복했다고 한다.

그러한 훈련 덕분에 김신조 일당이 나타나던 날 그렇게 빨리 조명탄을 쏠 수 있었다. 장세동은 이날 쏘아올린 조명탄의 효과에 대해 이렇게 설명했다.

"안현태 중대장의 병력이 출동하는데 효자동 쪽에서 '뚜루룩, 꽝꽝' 하는 소리가 나는 겁니다. 이놈들이 지나가는 버스에 대고 우리 병력이 출동한 것으로 착각해서 따발총을 쏘고 수류탄을 까 던진 건데, 그리고 10초도 안 돼 우리 부대에서 효자동 하늘에 조명탄을 쏴올렸어요. 그러니 이놈들이 당황해서 '아, 포위됐구나' 생각하고 그대로 도망친 겁니다. 더더욱 행운이었던 것은 두 번째 조명탄이 하늘에서 터지지 않고 땅에 떨어져 여러 차례에 걸쳐 터지니까 공비들이 더 당황했던 모양입니다. 만약 조명탄이 아니었으면 청와대 안으로 들어왔을 거고, 우리 희생도 많았을 거예요. 이렇게 조명탄을 빨리 쏘아올릴 수 있었던 데는 전 대대장의 사전준비가 있었기 때문입니다(「월간조선」, 1988. 11월호)."

살아서 돌아간 자와 남은 자

북한 124군 부대장 이재영은 1월 15일 저녁 김신조 일당을 떠나보내는 환송식을 열면서 '살아서 돌아오면 영웅 칭호를 수여하겠다'며 격려했다.

그의 말대로 비록 임무는 실패했지만 살아서 돌아가 영웅대접을 받은 인물이 있었다.

박재경. 2000년 9월 11일 김정일의 송이버섯 선물을 들고 청와대에 내려왔다. 2007년 노무현 전 대통령이 평양을 방문했을 때도 김정일의 송이버섯 선물을 전달하러 나타났다.

1968년 1월 21일 저녁부터 1월 31일까지 계속된 소탕작전에서 29명이 사살되고 김신조와 박재경은 살아남았다. 생포된 김신조는 전향해서 남에서 살았고, 박재경은 북으로 도주했다. 김신조는 1994년 발간된 회고록에서 탈북자들로부터 박재경이 북에서 특수부대의 지휘관이 되어 영웅대접을 받는다는 소식을 들었다며 투 스타 정도는 되어있을 것으로 추정했다(김신조, 1994: 73).

그런 박재경이 2000년 송이버섯을 들고 서울에 나타났을 때는 별네 개의 대장으로 승진해 있었다. 당시 북한 인민군 총정치국 부총국장으로 승진해서 김정일의 절대적 신임을 받고 있었던 것으로 알려졌다.

김신조 일당이 군경의 반격을 받아 퇴주할 때 노고산에서 가장 많은 11명이 사살됐다.

죽은 자들은 김일성을 위한 소모품이었다. 29명의 시신을 판문점으로 옮겨 북측에 넘겨주려 했다. 그러나 북측은 그런 사람들을 남파시킨 사실이 없다며 끝내 시신접수를 거부했다. 그러면서 남한에서 일어난 반정부 폭동 사건으로 호도했다. 북한이 시신접수를 거부함에 따라 29구의 시신은 경기도 문산으로 가는 국도변에 매장됐다.

북측의 관점에서 보면 죽은 자들에게도 일말의 책임이 있다. 나무꾼에 발견되어 그 처리방법을 놓고 북으로 무전을 쳤을 때 '귀환하라'는 지령을 내렸다. 그러나 김신조 일당은 이 비밀무전을 해독하는 데 실패해서 북의 뜻이 돌아오라는 것인 줄도 모르고 청와대 기습을 강행했다.

하지만 남파교육을 시킬 때 청와대 습격 후 귀환하는 경로를 자세히 교육하지 않은 점으로 보면 처음부터 그들은 김일성을 위한 소모품으로 양성된 것으로 보인다.

김신조는 잔당 11명이 노고산에서 가장 많이 죽은 것은 그들이 아는 퇴로가 많지 않아서 대개 침투해 왔던 길을 퇴로로 잡아 도주한 결과라고 봤다(김신조, 1994: 72).

김신조의 투항과 전향

　생포된 김신조는 훗날 자서전에 국군과 교전이 벌어졌을 때 살고 싶은 마음에서 항복했다고 썼다. 투항하는 순간 그는 손에 수류탄을 들고 있었다. 수류탄을 버리라는 국군의 권고에 수류탄을 버렸다고 했다.

　하지만 그를 심문했던 미군 심문관 마이클 리(Michael P. Yi)는 그가 수류탄의 안전핀을 뽑고 수류탄을 떨어뜨렸으나 불발되는 바람에 생포됐다고 기록했다. 마이클 리가 김신조의 생포과정을 왜곡할 이유가 전혀 없기 때문에 마이클 리의 말이 보다 신빙성이 있어 보인다.

　마이클 리는 주한 미8군 502 군사정보단과 미 중앙정보국(CIA)에서 대북업무를 수행했던 인물이다.

　충남 부여 출신으로 군복무 시절 육군 사병 군사영어반에서 영어교육을 받고 주한 미 제8군 528 군사정보대에서 북한 귀순병, 자수간첩, 체포간첩 등을 심문하는 일을 하다가 제대한 후 다시 임용되어 15년 8개월간(1958~1974) 근무하고 제대했다.

　제대 후에는 미국으로 이민, 미 CIA에서 23년 8개월(1976. 6.~2000. 2.)간 일했다.

　528 군사정보대는 마이클 리가 1958년 민간인으로 재임용될 쯤 502 군사정보단으로 개편됐다. 502 군사정보단에서 근무할 당시 마이클 리는 미국 시민권은 없었지만 미 국방성의 예산에서 임금을 받는

연방정부 공무원의 자격이었다.

당시에는 한미 양국의 군사작전 지휘권이 미군에 있었기 때문에 한미 양해각서 '미8군 정보훈령 I-65'에 의거, 한국 내의 모든 군사정보 활동을 미8군 정보참모부(G-2)에서 통제하고 있었다.

그런 여건에 따라 그 당시 북한에서 넘어오는 귀순병, 귀순 민간인, 체포된 북한 간첩과 자수간첩, 북한에 납치되었다가 귀환한 납북어부들은 모두 48시간 이내 서울 대방동에 있던 502 군사정보단에 수용되어 심문을 받았다.

마이클 리는 502 군사정보단에 근무하는 동안 450여 명의 북한 귀순병과 귀순 민간인, 간첩을 심문했다고 한다.

502 군사정보단은 A(알파), B(브라보), C(찰리) 등 3개 중대로 편성되어 있었는데 마이클 리가 소속되었던 A중대는 한미 합동으로 북한 귀순병, 귀순 민간인, 자수간첩, 체포간첩, 송환어부들을 상대로 심문하는 일을 했으며, B중대는 미군 단독으로 방첩활동을 했고, C중대는 미군 단독으로 대북공작을 전개했다(조갑제, 2015: 64).

502 군사정보단의 대북 심문업무는 1974년 그 운영권이 국군정보사령부로 이관됐다. 이때부터 대방동 소재 수용소 관리와 심문활동의 주도권을 국군정보사령부에서 관할했다.

생포된 김신조는 공비 소탕작전이 끝난 후 주한미군의 502 군사정보단으로 보내졌다. 마이클 리에 의하면 김신조는 처음 502에 이첩됐을 때 극렬하게 저항했다고 한다. 자결하겠다며 식사를 거부하고, 수용소 벽에 머리를 찧는가 하면 손목을 물어뜯는 등 소동을 벌였다.

하지만 많은 설득 끝에 3주 정도 지난 후에는 진정되어 협조적 태도를 보이며 많은 정보를 제공했다고 한다.

8

□ □ □ □ □ □ □ ■ 장

박정희의
응징 보복 시도와
무산

미 해군 정보수집함 푸에블로호 납북

1968년 1월 21일 김신조 일당이 박정희 암살을 시도하다 실패한 지 이틀 후인 1월 23일 이번에는 원산 앞바다에 머무르던 미 해군 정보수집함 푸에블로호가 납북됐다.

북한 민족보위상 김창봉은 푸에블로호를 나포한 직후 북한 해군 간부들을 만난 자리에서 "푸에블로호 나포는 새로운 도발행위를 지향하고 있는 미 제국주의 침략자들에 대한 엄중한 응징"이라고 성격 짓고, 군부에 "현 비상사태에서 적의 여하한 도발적 음모도 단호히 분쇄할 수 있도록 만반의 준비태세를 갖추라"고 지시했다.

또한, 북한 노동신문은 푸에블로호의 나포를 정당한 자위조치로서 푸에블로호 함장도 북한 영해를 침범한 사실을 시인했다고 주장했다 (「동아일보」, 1968. 1. 26.).

푸에블로호가 납북되자 존슨 미 대통령은 1월 26일 미 공군 및 해군 예비병 1만 4,600명의 즉각 소집을 명령하는 한편 텔레비전 방송을 통해 "북한의 도발은 한국의 발전과 안정을 방해하고 베트남에서 공산침략에 대응하는 한미 양국의 군사력을 약화시키려는 침략행위"라고 비판하며 푸에블로호와 승무원을 조속히 돌려보내라고 강조했다.

김신조 사건으로 남북 간 긴장이 최고조로 높아진 데 이어 북한과 미국 관계도 전쟁 일보직전으로 치닫고 있었다. 당시 언론에서는 휴전 이후 15년 만에 극동의 위기가 1962년 미국 케네디 대통령 당시의 쿠바 미사일 위기를 방불케 하고 있다고 한반도 정세를 진단했다.

푸에블로호가 납북되자 미국은 이 문제 해결에 전력을 기울이며 청와대 기습 사건에는 무관심한 태도를 보였다.

이에 정부는 미국의 요청에 따라 베트남전에 대규모 병력을 파견해 준 상태에서 미국이 푸에블로호 송환에만 관심을 갖고 김신조 일당의 박 대통령 암살시도 사건을 경시하는 데 대해 불만이 많았다. 정부는 미국에 대해 청와대 기습사건과 푸에블로호 납북사건을 동등한 수준에서 처리해주도록 요구하고 필요할 경우 북한에 대해 독자적인 대응책을 강구하겠다는 입장을 전달했다.

그와 함께 베트남과 한국에서 벌어지고 있는 공산국가와의 대응에 한미 간 협력을 보다 강화하기 위해서는 한국군 현대화에 대한 미국의 군사원조를 증강시켜줄 것을 제안했다.

이에 대해 미국의 존슨 대통령은 1월 30일 박 대통령에게 서한을 보내 군사원조를 증강하겠다고 약속했다(「경향신문」, 1968. 1. 30.).

미국은 11개월간 28회에 걸쳐 북한과 비밀회담을 갖고 '푸에블로호가 북한 영해에서 군사적·국가적 기밀을 탐지하는 정탐행위를 했다'고 시인하는 문건에 서명한 다음, 생존 승무원 82명과 시신 1구를 1968년 12월 23일 돌려받았으나 푸에블로호 선박은 돌려받지 못했다.

김형욱의 경호실 침투 여간첩 비판

———

김형욱 중앙정보부장은 동백림 사건을 수사하면서 박종규 경호실장 부속실의 김옥희를 간첩혐의로 체포해서 사법처리했다.

그리고 그 당시 박종규는 김옥희의 체포를 자신을 매장시키기 위한 정치적 음모로 보고, 김형욱을 찾아가 김옥희를 풀어주라며 권총을 겨누는 등 극렬히 항의한 바 있다.

김옥희의 공소장에 따르면 김옥희는 청와대에 출입하는 저명인사들의 명단, 대통령 행사계획, 경호실장 보좌관 이병욱의 직무내용, 베트남에서 사상한 국군자 수 등을 수집해서 자신의 남편인 조영수에게 전하고, 조영수는 김옥희가 수집한 정보와 자신이 따로 수집해온 정보를 정리해서 1967년 3월 파리를 경유하여 평양에 들어가 보고하고 돌아왔다(한옥신, 1969: 144~145). 1·21 사태가 일어나기 10개월여 전의 일이었다.

김형욱은 김옥희가 북에 넘긴 청와대 비밀사항들이 1968년 1·21 사태 때 활용된 것으로 보았다. 김옥희가 청와대에 잠입하여 박종규의 비서이자 그의 불어 개인교수로 신임을 얻어 일하며 청와대의 비밀과 내부구조를 샅샅이 남편 조영수에게 고해바치고 조영수가 북에 들어가 넘긴 것으로 김형욱은 믿었다(김형욱·박사월, 1985b: 225).

김신조가 체포된 후 이와 같은 김형욱의 추측은 사실로 드러났다.

김신조가 붙잡힌 다음 박종규는 직접 김신조를 심문했다. 김신조가 기자회견을 통해 대통령을 암살하러 왔다고 밝힌 직후였다. 박종규는 대통령을 암살하려 한 방법을 물었다. 그에 대해 김신조는 북에서 훈련받은 대로 종이에 그림을 그려가면서 청와대 내부구조와 인원 및 화력의 배치 등을 이렇게 설명했다.

> 청와대는 2층 건물이다. 현관은 중앙에 있다. 2층으로 올라가는 계단도 가운데 있다. 대통령 침실은 2층에 있다. 경호실은 1층이다. 수경사가 1개 대대 나와 있다고 하는데 인원은 백 명도 못 되는 중대 병력 정도이고 화력은 M16이다. 정문에는 좌우로 보초가 있다. 정문의 보초를 방망이로 처치하고 들어갈 계획이었다. 빨랫방망이처럼 생긴 방망인데 끝에 못을 박았다. 이것을 두 개 가지고 나왔다(김신조, 1994: 173).

김신조에 따르면 설명을 다 들은 박종규의 얼굴이 새하얗게 창백해졌다고 한다. 청와대 내부구조를 손바닥 보듯이 치밀하게 파악하고 있었기 때문이다.

자신이 데리고 있다가 간첩혐의로 체포된 김옥희가 청와대 내부구조를 샅샅이 파악해서 남편 조영수를 통해 북에 제보한 것이 김신조의 증언을 통해 사실로 드러난 것이다.

1·21 사태 직후 김형욱은 김옥희를 이렇게 비판했다.

> "그 계집년이 분명해! 그런 걸 징역 3년 정도로 그치다니." 나는 최규식의 최후의 소식을 들으며 동백림 사건에 관련되어 3년 징역을 선고받고 복역 중이던 김옥희에게 분통을 터뜨리고 있었다. 나는 김옥희가 청와대에 잠입

하여 박종규의 여비서이자 그의 불어 개인교수로 신임을 얻은 일방 청와대의 비밀과 내부구조를 샅샅이 그녀의 남편 조영수에게 고해바치고 조영수는 두 번씩이나 동백림을 경유하여 평양을 왕래하면서 이를 북한당국자에게 밀고한 것이라고 믿지 않을 수 없었다. "그따위 자식을 무기징역 정도로 해서 살려두다니!" 아니나 다를까 나중에 생포된 북한 124군 부대 소속 소위 김신조를 문초했더니 그들은 청와대의 내부구조를 환히 알고 있었으며 심지어는 청와대의 모형을 만들어놓고 15일간 특수 침투훈련까지 받았다는 것이었다(김형욱·박사월, 1985: 225).

대간첩 작전에서 소외된 김형욱의 불만

———

1·21 사태 보름 전인 1968년 1월 6일 원주 제1야전군 사령부 회의실에서 열린 대통령 주재 비상치안회의 때, 박 대통령은 대간첩 작전 시 중앙정보부의 월권행위를 강하게 비판하면서 앞으로 군의 대간첩 작전에 정보부가 일체 개입하지 말라고 지시했다.

그날 김형욱 정보부장은 대통령의 힐책에 얼굴을 들지 못하고 회의 내내 수치심에 얼굴이 벌개져 있었다고 한다. 하지만 1·21 사태가 터지자 김성은 국방장관과 김형욱 부장의 입지가 뒤바뀌었다. 대간첩 작전이 완전히 군의 통제하에 들어감으로써 중앙정보부로서는 김신조 일당이 청와대 부근까지 침투한 책임에서 벗어날 수 있었다.

박정희는 1·21 사태 이틀 뒤 푸에블로호 납치 사건이 터짐으로써 미국과 국내 언론의 모든 관심이 미국의 대북 대응조치에 쏠리고 김신조 일당의 대통령 암살시도 문제는 소외되는 데 불만이 많았다.

자신의 목숨을 노리고 침투한 김신조 일당 사건보다 푸에블로호 납치가 부각 보도되고 있었던 것이다. 이에 김성은 국방장관은 1·21 사태에 대한 후속조치를 논의하기 위한 당정 고위회의가 청와대에서 연일 열리고 있던 어느 날 박정희 앞에서 극히 아부 섞인 발언을 했다.

각하! 우리 국군의 북진준비는 완벽하게 끝났습니다. 대통령 각하의 명령 한마디면 지금 당장이라도 쳐들어가게 돼 있습니다. 그놈들이 감히 대통령 각하의 암살을 기도하다니 하룻강아지 범 무서운 줄 모른다고 전 장병이 격분하고 사기충천하고 있습니다. 각하! 명령만 내리십시오.

그 순간 김형욱은 그때까지 누적되어온 불만이 폭발했다. 대간첩 작전에서 소외된 데 대한 반발이었다. 김성은의 발언이 끝나고 잠시 침묵이 흐른 다음 김형욱이 불쑥 일어나 김성은을 정면 공격했다.

김 국방은 남북의 전투력과 장비를 비교해본 적이 있습니까? 아니면 휘하에 있는 한국군의 장비와 차량이라도 자세히 점검해 본 일이 있습니까? 내가 가진 정보로는 우리 공군이 보유하고 있는 항공기 중에서 평양까지 가서 폭격을 하고 제대로 돌아올 수 있는 것이 하나도 없다고 듣고 있는데 잘못된 정보인가요? 책임 있는 위치에 있는 사람은 말조심을 해야 할 줄 압니다. 명색 일국의 집권당의 지도자들이 모인 연석회의인데 더욱이 국방장관이 무책임한 발언을 하면 되겠습니까? 지금 그런 케케묵은 북진통일론을 운운할 때가 아니잖습니까?

대통령 앞에서 중앙정보부장과 국방장관이 정면충돌하는 볼썽사나운 모양새가 벌어졌다. 그에 대통령이 회의를 중단시키고 김형욱을 별실로 불러 '국방장관을 공석에서 망신을 주면 군의 사기가 어떻게 되겠느냐'고 나무랐다.

하지만 김형욱은 주눅들지 않고 '무장공비들이 대통령 관저 수백 미터 앞까지 접근해 왔으면 국방장관이 책임을 통감하고 할복자살이라도 하겠다는 자세를 가져야지 사태에 책임을 느낀다는 말을 안 하니 이게 될 법이냐'며 국방장관의 태도를 비판했다.

그러자 박 대통령은 '그렇게 몸이 달았으면 정보부장이 직접 뛰어가서 막지 그랬나?'라며 핀잔을 주었다. 그에 대해 김형욱은 정보부에 병력과 무기가 있어야 대응을 하지 않겠느냐며 대간첩 작전에서 소외된 불만을 토로했다.

그러면서 "각하께서 그놈들이 청와대를 목표로 하고 있지 않겠느냐고 말씀하셨을 때 제가 그럴 리가 있겠느냐고 대답한 것은 저의 분명한 실수였다"고 사과하고 그 점에 대해서는 문책을 달게 받을 각오가 돼 있다는 입장을 밝혔다.

김형욱의 사과에 대통령은 분노를 삭이며 김형욱을 돌려보냈다(김형욱·박사월, 1985b: 228~229).

중앙정보부의 부실한 대북정보력에 대한 고백

박정희 암살단 31명이 청와대 바로 앞까지 오도록 그 사실을 파악하지 못했던 중앙정보부. 국가정보활동의 대실패였다.

중정의 강인덕 과장은 1968년 동절기 북한이 게릴라전을 강화할 것이라는 것까지는 예측했다. 그러나 그 게릴라전의 타겟이 대통령이라는 것까지는 예상하지 못했다.

김형욱 회고록에 따르면 김신조가 체포되어 북한 대남사업총국장이 이효순에서 허봉학으로 바뀐 걸 진술할 때까지 중정에서는 그것도 모르고 있었다(김형욱·박사월, 1985b: 225). 허봉학은 1967년 5월 대남사업총국장에 부임했다.

상대방의 의도를 정확히 파악하려면 상대방의 심리까지 감지할 수 있는 스파이를 상대방의 핵심에 침투시켜야 한다.

항공기를 띄워 상대국의 비밀기지를 촬영하거나 적의 무기에서 발사되는 음향, 전파 등을 포착해서 정보를 수집하는 기술정보의 수집 방법으로는 적의 심리까지 꿰뚫어보기 어렵다.

1·21 사태 당시 한국은 기술정보를 수집하는 정찰기, 함정 등이 없었다. 그에 따라 미국의 기술정보에 전술정보를 전적으로 의지하고 있었다.

그러나 적진에 침투한 스파이를 통해 정보를 수집하는 인간정보의 측면에서는 한국이 앞설 수 있는 조건에 있었다. 같은 민족, 같은 언어, 같은 문화권이었기 때문에 인간정보활동이 유리했다. 그러나 당시 인간정보의 측면에서도 경쟁력을 갖추지 못했던 것으로 보인다. 그 이유에 대해 김형욱은 이렇게 고백했다.

> 사실 당시까지의 한국의 대북한 첩보공작은 한계점에 도달해 있었다. 우선 남한은 개방된 사회이기 때문에 북한 첩보공작원들의 침투가 사면팔방으로부터 가능했지만, 북한에 우리 측의 첩보공작원을 침투시키기란 호랑이 목에 방울을 다는 것만큼이나 어려운 일이었다. 가까스로 요원을 침투시키는 데 일단 성공한다 해도 그중 열에 아홉은 곧 발각되고 말았다. 우선 북한은 해안선에서 30마일 이내에는 월남자가 있는 가족들의 거주를 금지하여 첩보요원에게는 공작성공의 제1단계인 친척과의 접선을 거의 불가능하게 만들었다. 낯설은 사람이 나타나면 각 부락의 노농적위대가 재빨리 내무서에 신고를 해버렸다. 가까스로 북한에서 사용하는 온갖 증명서를 진짜를 뺨칠 만큼 만들어 지니게 하고 일단 침투에 성공을 해도 우리 측 요원은 곧 어이없이 잡히고 말았다. 한국 측 사람들은 기름기가 있는 육류를 북한 주민보다 상대적으로 많이 먹는 까닭에 우선 우리 공작원의 몸에서는 북한 주민에게서는 맡을 수 없는 야릇한 고기 냄새, 기름 냄새가 난다는 것이었다(김형욱·박사월, 1985c: 96).

김신조가 붙잡혀 124군 부대 창설을 진술할 때까지 중앙정보부와 방첩대는 124군 부대의 존재도 모르고 있었다. 방첩대는 124군 부대의 위치를 확인하기 위해 김신조에게 북한 전역에 걸친 124군 부대 위치와 김신조 자신이 훈련받은 부대의 위치 및 건물요도를 그리게 했다.

그리고 김신조의 진술을 확인하기 위해 김성은 국방장관이 그 그림을 들고 주한 유엔군 사령관을 찾아가 항공촬영을 부탁했다. 김 장관이 오산 비행장을 직접 방문해서 당시 세계 최고의 정찰기였던 SR-71이 북한지역을 정찰하는 모습을 보니 서해안을 통해서 북으로 올라간 비행기가 평양 부근에서 우회전하더니만 원산까지 비행하는 데 정확히 3분이 걸렸다. 그렇게 해서 얻은 항공사진을 김신조의 증언과 대조해보니 정확히 일치했다(조갑제, 2006: 269~270).

김성은의 증언과 달리 당시 공군 참모총장이던 장지량은 자신이 일본에 주둔하고 있던 미 제5공군 사령관에게 부탁해서 124군 부대의 위치를 확인했다고 주장했다.

자신의 요청에 따라 SR-71이 북한지역을 정밀 촬영해서 124군 부대와 김일성 숙소 위치, 경비병 현황 등의 정보를 수집했다고 한다.

장지량이 미 공군을 통해 수집한 정보에 대해 박 대통령이 "중앙정보부에서도 하지 못한 일을 공군에서 해냈다"며 굉장히 좋아했다는 증언으로 미루어 장지량의 말이 설득력이 있어 보인다(김성호, 2006: 204~205).

김신조는 훗날 푸에블로호도 자신의 진술을 확인하려고 무리하게 원산 앞바다에 접근하다가 북에 나포된 것으로 봤다(김신조, 1994: 178).

박정희의 대북 응징 보복 결심

1·21 사태 당시 중앙정보부장이었던 김형욱, 국방장관이었던 김성은, 공군 참모총장이었던 장지량.

이들은 훗날 회고록, 언론 인터뷰를 통해 당시 박정희 대통령을 중심으로 전개된 대응대책에 대해 자세한 증언을 남겼다. 이들의 증언을 종합하면 박 대통령이 대북 응징 보복을 결심한 날은 1968년 1월 29일.

이날부터 미국의 대북대응이 강경기류에서 유화적 태도로 급선회했다. 푸에블로호 송환을 위해 한국을 배제한 채 다양한 방법으로 북한과의 대화를 모색하기 시작했다.

베트남전과 관련해서도 미 국무성 대변인은 이날 베트남 북쪽 지역 폭격을 중지하고 평화회담을 할 용의가 있다고 밝혔다(『조선일보』, 1968. 1. 30.). 베트남전에 염증을 느낀 미국민의 불만이 고조되자 베트남전에서 발을 빼려는 수순이었다.

1월 29일 오후 주한 미국대사 포터가 박정희 대통령을 찾아와 '북한이 푸에블로호 및 승무원의 억류를 계속 고집하지 않는다면 북한과 한국문제 전반에 걸쳐 토의할 용의가 있다'는 미국의 방침을 공식 전달했다. 이에 화가 난 박 대통령은 '북한이 그렇게 무섭다면 우리가 직접 북한을 공격하겠다'는 입장을 포터에게 밝혔다.

미국이 푸에블로호 송환에만 집착하며 대북 유화적 태도로 돌변한

데 대한 박정희의 불만은 그날 저녁 국방장관 및 육해군 참모총장과의 만찬 때 언급한 대화에도 잘 나타난다.

"우리가 미국과 방위동맹을 아무리 맺고 있어도 어떤 나라든 자기네 국익을 우선시하는 것이지. 방위조약이든 그 무엇이든 간에 모든 국가 간의 조약이란 어디까지나 자국의 이익이 합치될 때 지켜지는 것이지 무조건적인 시혜는 없는 거야. 국가 간의 이익이 상치하면 조약 같은 것은 물거품같이 되는 것이지. 이번 같은 예를 봐도 자기네 군함이 공해상에서 무력으로 납치된 것은 자기네 영토가 침범당한 것과 다를 바 없잖아. 옛날 같으면 당장 전쟁이 일어날 판인데. 그래서 보복이 당연할 줄 알았는데 말이야. 역시 한반도에서 전쟁이 발생하면 미국으로서는 큰 부담인 것이 사실인 모양이야. 그러니까 승무원이라도 구하려고 저러는데…. 우리도 미국만 믿지 말고 비상대책을 논의해봐야겠어(조갑제, 2006: 282~283)."

박정희가 이러한 입장을 밝히자 각 군 참모총장들도 북벌을 강력하게 건의했다. 미국이 못 한다고 하니 우리만이라도 북한을 두들겨놓아야 청와대 습격사건 같은 테러의 재발을 막을 수 있다는 논지였다.

다음 날 김성은 국방장관은 본스틸 유엔군 사령관 겸 주한미군 사령관을 찾아가 미국의 정책변경에 항의하고 한국 단독으로라도 북한을 응징할 수 있다는 입장을 통고했다.

이런 가운데 김일성은 2월 5일 북한군에 전국토를 요새화하고, 적이 감히 우리를 짓밟으려고 한다면 침략자들과 용감히 싸워 부숴버리라고 지시하는 등 공공연히 호전적 태도를 보였다. 강온 양면으로 미국을 압박하고 있었다.

북한의 도발에 대응하는 방법을 놓고 한국과 미국의 균열이 깊어 갔다.

2월 6일에는 미국과 북한이 2월 2일부터 2월 5일까지 판문점에서 한국을 배제한 채 3차에 걸쳐 비밀리 회담을 갖고 청와대 기습 사건은 전혀 거론하지 않고 푸에블로호 승무원 송환 문제만 논의한 사실이 언론에 공개됐다.

이에 정일권 총리, 김형욱 중앙정보부장, 김성은 국방장관 등은 2월 6일 오전 포터 주한 미국대사와 본스틸 유엔군 사령관을 총리실로 불러 미국에 강한 불만을 표시하며 한국 단독으로라도 북한에 모종의 중대조치를 취하겠다고 통보했다.

국회도 2월 6일 오후 여야 만장일치로 채택한 대북결의안을 통해 대통령의 단호한 대북조치를 촉구하고 북괴 도발행위에 대한 단독 응징을 요구했다(「조선일보」, 1968. 2. 7.).

일촉즉발의 위기가 조성되고 있었다. 2월 8일에는 박 대통령이 한국 현대사에 중요한 전환점이 되는 복안을 밝혔다. 국방의 주체성을 강조한 것이다. 미국의 비협조에 대한 자구책의 시작이었다.

이날 여야 지도자들을 청와대로 초청한 박정희는 "지금까지 우리 국방을 유엔군 중심으로 생각하던 개념을 우리 국민의 주체적 입장을 중심으로 생각해야 할 개념전환의 단계에 들어섰다"고 강조하고 국민의 자발적 반공태세를 조직화해야 한다고 밝혔다.

그와 함께 국방의 주체성을 달성하는 방법으로 재향군인의 무장과 향토방위법의 제정이 시급하다고 말하며 국회의 협조를 당부했다(「동아일보」, 1968. 2. 9.). 예비군 창설, 국산 무기공장 건설 등 박정희 식 자주국방 정책이 시작되는 신호탄이었다.

미국 언론에 밝힌 대북 응징이 불가피한 이유

북한의 도발에 대한 미국의 대북 유화적 태도에 한국 측이 강한 불만을 보이자 미국은 1968년 2월 11일 사이러스 밴스 미 대통령 특사를 한국에 보내 미국의 군사원조 증액을 약속하며 달랬다. 군사원조 1억 달러 추가 지원, M16 공장 건설, F-4 팬텀기 도입, 휴전선 철책선 보완 등이 미국이 약속한 군사원조 내용이었다.

밴스 특사는 2월 12일 오전 청와대를 방문, 박 대통령에게 미국의 입장을 전달한 후 13일과 14일에는 정일권 총리, 김형욱 중앙정보부장 등 정부 인사들을 만난 후 15일 떠났다. 한편, 밴스가 청와대를 방문한 2월 12일 미국 워싱턴포스트는 박 대통령과의 단독회견 내용을 실었다. 이 보도에서 박 대통령은 그 시점 대북 응징이 불가피한 이유를 이렇게 밝혔다.

박 대통령은 '북괴가 오만해지는 이유는 그들의 도발행위에 얼굴을 돌리는 미국 정책 때문'이라고 주장했다. 박 대통령은 휴전 후 15년 동안 북괴는 휴전협정을 완전히 무시하고 무수한 협정위반 행위를 자행하여 인명을 살상하고, 파괴공작을 자행하고, 간첩을 남한에 침투시켰다고 지적했다. 박 대통령은 이어 휴전협정이 있는 한, 쌍방이 이를 준수해야 하는데 우리는 이 협정을 충실하게 지켰으나 북괴는 수없이 위반했고 이에 대한 아무런 응징도 가해지지 않았고, 이것이 바로 북괴가 감히 청와대를 습격할 것을 음모하고 푸에블로호를 납치하게 된 것이라고 말했다. 박 대통령은 또 만일 김일성이 그러한 만행을 저질렀을 때 응징당할 것이란 걸 알았다면 그러한 행동을 하지 않았을 것이라고 덧붙였다. 박 대통령은 북괴의 최근 만행에 대해 응징하는 것은 아직도 늦지 않았다고 믿고 있다. 박 대통령은 북괴가 판문점에서 적절한 사과를 하지 않으면 우리는 치밀한 응징책을 강구해야 할 것이고, 확고한 결의와 단호한 행동은 위기를 확대시키는 것이 아니고 오히려 앞으로 위험한 불장난을 막는 데 효험이 있을 것이라고 강조했다…(중략)…박 대통령은 북괴 무장간첩 침투사건과 푸에블로호 사건에 대한 응징만이 북괴에 대한 적절한 행동 조처가 될 수 있고, 이로 인해 전쟁은 발생하지 않을 것이라고 주장했다. 박 대통령은 미국이 이 조처가 순전히 응징 조처이고 한정된 조처임을 공표하면 북괴는 감히 전쟁을 일으키지 못할 것이라고 시사했다. 그는 이러한 응징 조처는 자위조처라고 강조하고, 만일 우리가 이번에 아무런 행동도 취하지 않는다면 북괴는 앞으로 마음대로 잔인하고 비인도적인 도발행위를 자행할 것이라고 경고했다(「동아일보」, 1968. 2. 13.).

러스크와 키신저의 응징 보복론

———

딘 러스크(Dean Lusk). 1960년 미국 케네디 대통령의 국무장관으로 입각해서 존슨 대통령이 퇴임할 때인 1969년 1월까지 8년간 미국 국무장관으로 재임했던 인물. 피그스 만 사태, 쿠바 미사일 위기, 베트남전쟁 등 냉전시대 미국의 외교정책을 주도하던 미 대통령의 최측근.

헨리 키신저(Henry A. Kissinger). 하버드대 교수로 재임하다 1969년 닉슨 행정부 출범 때 대통령 국가안보문제 보좌관으로 백악관에 입성해서 포드 대통령 때까지 미국 국무장관을 지낸 인물.

냉전이 극렬하던 1960년대, 그리고 냉전이 완화되어 동서 해빙무드가 조성되던 1970년대 자유진영의 세계경영을 총지휘하던 외교관들로 한반도의 안보와 평화에도 많은 영향을 미친 인물들이다.

1968년 1월 1·21 사태와 푸에블로호 납북사건, 그해 11월의 울진·삼척 무장공비 침투사건과 12월의 푸에블로호 승무원 석방, 그리고 그 다음 해 1969년 4월 15일 일어났던 미 해군 정찰기 EC-121기의 동해 상공 격추사건 등이 그들의 재임 중 숨 가쁘게 일어났다.

이들도 응징 보복에 대해 박정희와 인식을 같이했다. 두 사람은 모두 훗날 발간한 회고록에서 박정희처럼 평화를 확보하기 위한 응징 보복의 중요성을 지적했다.

러스크는 베트남전에 미국이 개입할 수밖에 없었던 것도 제3차 세계대전이라는 더 큰 전쟁을 막기 위한 선택이었다고 했다.

> 전쟁에 사람을 동원하는 문제는 가볍게 결정할 일이 아니다. 케네디와 존슨 행정부는 오랫동안 진지하게 모든 결정사항들에 대해 심사숙고했다. 베트남에 그저 휩쓸려 참전하게 된 것도, 아무런 생각 없이 참전한 것도 아니었다. 동남아시아에서 우리 미국이 직면하고 있던 가장 큰 문제는 바로 인류 전체가 직면하고 있던 문제였다. 즉, 제3차 세계대전을 어떻게 막을 수 있는가 하는 것이었다. 내가 제2차 세계대전에서 얻은 귀중한 교훈은 침략 행위를 그대로 내버려둘 경우, 점차 확대되어 전면전으로 발전될 수 있다는 것이다…(중략)…동남아시아에서 일어나는 일과 세계평화 및 제3차 세계대전의 발발 가능성 간에 아무런 관계가 없다고 생각했다면, 베트남 문제에 대해 다른 방향으로 대통령을 보좌했을 것이다. 그러나 나는 동남아시아와 베트남 공산군이 자행하는 침략행위에서 전쟁의 불씨가 될 만한 것을 보았던 것이다(다니엘 S. 팹, 1991: 360~361).

김일성 생일인 1969년 4월 15일, 미 해군 정찰기 EC-121기가 동해 공해상에서 북한 전투기에 의해 격추됐다. 정찰기에 탑승했던 미군 31명은 전원 사망했다.

그해 1월 새 대통령에 취임한 닉슨 대통령의 한반도 정책을 시험해 보려는 의도가 담긴 전략적 도발이었다. 그러나 닉슨 대통령은 북한에 무력보복을 시도하거나 배상을 요구하는 등의 대응조치를 전혀 취하지 않았다.

닉슨 대통령 취임과 함께 안보문제 보좌관으로 백악관에 들어간 키신저는 그 이유에 대해 새롭게 가동된 닉슨 행정부가 위기에 대응하는 방법을 숙지하지 못한 상태에서 일어난 사고였기 때문이라고 자평했다.

　당시 미국 정부가 어떻게 대응해야 하는지 그 자체를 모르고 있었다고 그의 회고록에서 밝혔다. 그러면서 그는 이 사건을 계기로 자신과 닉슨 대통령은 보복적 응징이 없이 무대응으로 일관할 경우 사태가 더욱 커진다는 교훈을 얻게 되었다고 한다. 키신저는 이렇게 회고했다.

　　만약 그 당시 미국이 즉각 군사력을 동원했었더라면 적어도 북한 측에게 심상치 않은 공세가 감행된다는 경각심을 갖게 했을 것이다. 또한 미국의 그 같은 움직임은 북한 측으로 하여금 그들의 주장을 철회하거나 어떤 배상의 필요성을 인정하는 제스처를 보이도록 유도했을지도 모른다. 북한은 실제로 1976년 한국의 비무장지대에서 미군 장교 2명이 북괴군의 도끼에 맞아 죽었을 때 그런 제스처를 보였다…(중략)…우리는 나중에야 비로소 위기에 처할 경우 과감한 행동이 가장 안전한 방침이고, 행동하기를 주저하면 적으로 하여금 끝까지 굴복하지 않도록 고무할 뿐만 아니라, 심지어 새로운 도발을 불러일으키게 할지도 모른다는 교훈을 배우게 되었다. 이제 와서 돌이켜볼 때 미국은 그 당시 북한의 전투태세를 너무 과대평가했던 것이 확실하다. 그 원인은 닉슨 행정부가 들어서고 너무 일찍 사건이 터졌기 때문이었다 (이환의, 1979: 102).

김일성 암살 공작

박정희의 대북 응징 보복 결심에 따라 중앙정보부 주도로 후속조치가 추진됐다. 병력을 동원하여 민관군 협조하에 대응해야하는 대간첩 작전과 달리 대북공작은 극비리 진행되어야 했다.

북한에 노출될 경우 기습이 어렵게 되고, 미국에 알려질 경우 한미간 마찰을 불러올 수 있었다. 그리고 국민들에게 드러날 경우 전쟁 위기감이 조성되어 사회불안이 높아질 우려가 있었다. 그에 따라 비밀정보기관인 중앙정보부가 사업을 총괄했다.

당시 중앙정보부는 부문정보기관을 조정·감독할 수 있는 권한을 지니고 있었다. 민정이양을 앞두고 1963년 12월 14일 개정된 중앙정보부법은 '정보 및 보안업무의 조정·감독'을 직무범위로 설정하고 조정·감독의 범위와 대상기관 및 절차에 관한 사항을 대통령령에 위임했다. 시행령인 '정보 및 보안업무 조정감독규정(대통령령 제1665호)'은 1964년 3월 10일 제정됐다.

또한, 개정 중앙정보부법(제13조)은 국가정보판단 및 국가정보운영에 관한 사항을 협의하기 위하여 정보부에 정보위원회를 두고 중앙정보부장이 정보위원회 의장을 맡도록 규정했다.

이러한 법적 근거에 따라 김형욱 중앙정보부장은 1968년 2월 중순 남산 중앙정보부 회의실로 육해공군 참모총장을 소집했다. 대통령의 대북 응징 결심을 구체화하기 위한 대책을 논의하기 위해서였다.

김 부장은 김일성 주석궁과 124군 부대를 습격할 특수부대를 육해공군 모두 만들자고 제안했다. 김일성을 암살하고 박정희 암살테러단을 내려보낸 124군을 응징하겠다는 공작이었다.

그러나 육군과 해군 참모총장이 '침투요원을 훈련시킬지라도 훈련받은 요원을 평양에 보낼 수단이 없다'며 공군에서 맡아달라고 요청했다. 당시 미군과 협조해서 얻은 정보로는 124군 부대는 평양에 있었다. 육군은 산악을 타고 육로로 침투해야 하는데 평양까지 안전하게 도달하기가 어려웠고, 해군도 잠수함이 한 척도 없었기 때문에 서해안을 통해 침투하기 어려운 실정이었다. 고공에서 낙하산으로 침투하는 것이 평양까지 접근할 수 있는 가장 안전하고 확실한 방법이라는 데 의견이 모아졌다.

그 회의에 참석했던 장지량 당시 공군 참모총장은 그날 회의 내용에 대해 김성호 기자에게 이렇게 회고했다.

> "북파 시기와 대상, 방법은 전적으로 중앙정보부에서 맡고, 공군은 훈련만 시키기로 회의에서 합의했다. 고공 침투훈련을 공군 특수부대가 맡기로 한 것이다. 북파부대의 예산과 북에 보낼 공작원 모집도 중앙정보부가 모두 맡기로 했다. 청와대를 습격한 김신조 부대원이 31명이었기 때문에 우리도 31명을 보내기로 했다. 침투 날짜는 훈련 상황을 지켜본 뒤 중앙정보부에서 정하기로 했다. 이 작전은 서둘러서도 안 되지만 오래 끌어서도 안 된다는 게 내 생각이었다(김성호, 2006: 206)."

장지량은 북파 시기와 대상, 방법은 전적으로 중앙정보부에서 맡기로 했다고 밝혔다. 그러면 중앙정보부는 어떻게 침투요원을 평양에 보내려 했을까. 그에 대해 김형욱은 미 CIA가 공수를 지원해주기로 했다는 증언을 남겼다.

"우리는 훈련장소로 서해안에서 적절한 무인도를 발견하여 그들을 수용하였는데 그 섬이 바로 실미도였다. 우리는 실미도에 특수훈련장소를 개척, 김일성의 관사와 허봉학의 대남공작지휘본부의 모형을 가건축해놓고 6개월간의 맹훈련에 들어갔다. 이들 결사대는 평양 투입 시 완전히 북한인민군의 복장으로 가장하기로 했으며 이들의 공수작전을 미 CIA가 책임져서 낙하산 투입을 기도하는 한미 합동으로 작전을 전개하기로 합의하였다(김형욱·박사월, 1985c: 97)."

공작명 - 오소리 계획

─────

대북 응징 보복계획의 실무를 맡게 된 공군첩보부대가 오소리 공작 계획서를 중앙정보부에 제출한 날짜는 1968년 3월 14일.

오소리가 밤에만 활동하는 야행성인데다 납작하게 엎드려 있다가 공격목표를 급습하는 방식이 대북 응징 보복의 성격과 맞아 공작명을 오소리 공작이라고 붙였다.

오소리 공작의 훈련장소는 인천에서 16킬로미터 정도 떨어진 무인 도였던 실미도를 선택했다. 이어 오소리 공작을 추진할 부대가 1968년 4월 1일 실미도에서 출범했다. 창설일을 기준으로 공군 내에서는 '684 부대'로 부르기도 했다.

공군의 공식편제상 명칭은 '2325전대 209파견대'였다. 공군 첩보부대인 20특무전대의 대외명칭이었다. 서울 오류동에 본부를 둔 20특무전대는 공군의 대북첩보수집 사령부이자 대북침투 임무를 수행하는 특수부대였다. 당시 백령도, 대청도, 교동도, 우도 등 휴전선 근처 서해안의 여러 섬에 파견대를 두고 있었다.

부대가 창설되고 훈련장소가 정해지자 훈련을 담당할 교관들이 은밀히 실미도에 들어가 연병장, 막사, 사격장 등 훈련시설을 건축했다. 18명의 교관들은 모두 20특무전대 소속이었다. 이들은 적지에 떨어진 조종사들을 구출해오는 것을 목표로 훈련받은 요원들이었다.

훈련병은 31명을 뽑았다. 김신조 일당이 31명이었던 점을 감안, 그에 상응한 인원을 차출했다. 충북 옥천, 의정부 등지에서 민간인을 포섭해서 데려왔다.

김형욱은 그의 회고록에서 사형수나 무기수를 훈련병으로 뽑았다고 밝혔다(김형욱·박사월, 1985: 97).

그러나 훗날 김성호 기자가 취재한 바에 의하면 훈련병들은 옥천, 대전, 의정부 등지의 무연고 가출 부랑아나 폭력배, 무직자들을 물색해서 모집했다.

209 파견대장은 소령 계급의 직위였으나 창설식은 중령 계급의 2325전대 간부가 준장 계급장이 달린 위장복장과 '중앙 유격 사령관'이라는 위장직함을 내세워 거행했다(김성호, 2006: 227~229).

오소리 계획의 표류

    오소리 계획은 미국의 협조가 절대적이었다. 훈련받은 요원을 평양에 실어나를 항공편이 없었던 한국으로서는 미 CIA의 지원을 받아야 했다.

    그러나 미국 정부의 급격한 아시아 정책 전환으로 이 공작은 난관에 부딪치게 된다. 미 존슨 대통령이 1·21 사태 두 달여 지난 1968년 3월 31일 돌연 그해 예정된 대통령 선거에 재도전하지 않겠다고 선언했다.

    재선 도전 포기의사와 함께 북부 베트남에 대한 폭격중지와 평화협상을 제의했다. 베트남전에서 발을 빼려는 태도를 분명히 했다. 미국 내 반전여론이 확산되는 것에 대한 고육책이었다.

    그렇게 되자 박정희 정부가 대단히 곤혹스런 입장에 빠졌다. 북한의 호전적 도발에 미국의 협력을 기대하기 어려운 고립적 상황에 빠진 것이다. 미국의 급격한 정책 전환에 따라 미 CIA의 협력도 얻어내기 어렵게 됐다.

    이런 정세변화에 맞춰 박 대통령도 대북 보복작전을 유보하는 방향으로 선회하게 된다. 김형욱은 이와 같은 박정희의 입장 변화를 비판했다.

    계절이 여름으로 들어서자 나는 날씨가 이만하면 결사대가 야영을 하는 경우에도 얼어 죽지는 않겠다고 판단하고 만반의 준비 후에 박정희를 방문하여 평양에 결사대 투입 준비완료를 보고하였다. 처음에는 그다지도 열렬한 관심을 보이던 박정희가 웬일인지 시큰둥한 반응을 보였다. 나중에 안 일이지만 박정희는 그때 이미 평양당국과 비밀교섭을 모색하고 있었다. 내가 보고완료를 준비한 지 이틀 후에 훈련담당자 조천성이 청와대로 불려갔다가 코가 쑤욱 빠져 돌아왔다. "각하가 별명이 있을 때까지 보류하고 계획을 연기하라는 지시입니다." 나는 울컥 화가 치밀어 박정희에게 전화를 걸었다. "연기하는 이유가 무엇입니까, 각하." "이것 봐, 김 부장. 만약 그들이 우리의 기습작전에 보복을 해오는 경우 우리에게는 계속 투입할 병력이 없지 않나 말이야." 나는 노골적으로 불쾌한 음성으로 전화를 끊고 말았다(김형욱·박사월, 1985c: 97~98).

응징계획이 보류된 후 실미도 부대원들은 뚜렷한 훈련목표를 상실하고 정부당국의 무관심 속에 고립됐다. 6개월만 고생하면 충분한 보상과 신분을 보장해주겠다는 모집 당시의 약속이 어긋나고 3년 4개월 동안 모진 훈련만 반복되는 처지에 빠졌다.

불만이 누적된 훈련병들은 1971년 8월 23일 무장한 채 실미도를 탈출, 서울 영등포구 유한양행 앞까지 진출했으나 군경에 의해 진압됐다.

훗날 김형욱은 회고록에서 자신이 중앙정보부장직에서 물러남에 따라 보복계획이 유보된 후 실미도 부대를 뒷수습할 시간이 없었다고 변명했다.

하지만 박 대통령이 보복계획 유보를 지시한 후 1년여 지난 시점인 1969년 10월 20일 김형욱이 퇴임한 점을 감안할 때, 그에게는 실미도 부대를 원만히 정리할 충분한 시간이 있었다. 그럼에도 김형욱은 실미도 부대원들의 폭동이 발생하자 모든 책임을 대통령에게 전가했다.

허봉학 게릴라들의 2차 기습

1·21 사태 후 미국의 협조를 받아 북한에 대해 응징 보복하는 계획을 의욕적으로 추진했던 박정희. 하지만 베트남전의 늪에 빠져 있던 미국으로서는 베트남과 한반도 두 곳에서 전쟁을 벌이기 힘들었다. 미국 내에서 반전여론도 들끓고 있었다. 한미 간의 균열이 더욱 깊어갔다.

북한은 이와 같은 한미 간의 틈을 파고들었다. 1968년 허봉학 대남사업총국장과 김창봉 민족보위상이 양성한 124군 부대 제2진 120명이 10월 30일부터 11월 2일까지 동해안의 산악지대로 기어들어왔다.

무장공비들이 유유히 백두대간으로 스며든 11월 1일 미국의 존슨 대통령은 북부 베트남에 대한 전면적인 폭격 중지를 명령하고, 남북 베트남 대표와 파리에서 평화회담을 가질 계획이라고 공표했다. 3월 말 존슨 대통령의 화해 제스처에 대해 북부 베트남이 호응하고 나온 결과였다.

정부는 무장공비 30명이 11월 2일 경북 울진에 침투해서 무고한 양민을 학살할 때까지 이를 모르고 있었다. 공비들은 주민 40명을 모아놓고 남로당 입당원서에 서명을 강요하는 한편 달아나는 주민 1명을 붙잡아 부락민들이 보는 앞에서 대검으로 찌르고 돌로 머리를 쳐서 즉사시켰다. 비무장의 양민을 대상으로 한 무참한 살육이었다.

합참의 대간첩대책본부는 11월 5일이 되어서야 이를 공식 발표했다. 1·21 사태에 이어 울진·삼척 공비 침투를 예측하는 데도 실패했다. 거기에는 군사작전권을 쥐고 있던 미군의 정보오판이 크게 작용했다. 한국군의 작전지휘권은 유엔군이 보유하고 있었다. 그에 따라 대간첩 작전에 필요한 헬리콥터를 이동시키려 해도 유엔군의 승인을 받아야 했다. 김신조는 당시 주한미군의 오판에 대해 이렇게 비판했다.

> "내가 나의 뒤를 이어 특수훈련을 받은 124군 부대가 대량으로 남파될 것이라고 어렵게 털어놓았음에도 미군들은 내 말을 믿지 않았다…(중략)… 후에 있을 북으로부터의 공격내용 진술을 한국정부에서는 믿었으나 미 CIC(502 군사정보단의 오기, 필자 주)에서는 믿으려 들지 않았다. 자기네의 잘 짜여진 정보망에는 그런 사실이 입수된 바 없고, 그들 눈에 나는 여전히 적군 첩자로 보였을지 모른다…(중략)…124군 부대라는 것도 아직 만들어지지 않았다는 것이었다…(중략)…그해 11월에 124군 부대에서 훈련받은 특수부대 요원 120명이 내려왔다. 나는 68년 2월 말부터 11월 초까지 10개월 동안 미군 심문기관에서 있었다. 울진·삼척 공비 침투소식을 듣고 나는 이제 살았구나 싶었다. 나의 진실을 증명해줄 증인들이 왔기 때문이다(김신조, 1994: 187)."

미군과 달리 한국군이 김신조의 진술을 믿은 것은 1·21 사태 이전 송추유원지 간첩사건 때 붙잡힌 노성집의 진술과 김신조의 진술이 일치했기 때문이다.

검거된 노성집은 처음 신문에 완강히 저항했으나 중앙정보부와 경찰의 설득에 차츰 감화되어 많은 정보를 털어놓았다. 미군이 제공한 항공사진을 보고 경기 북부와 황해도 일대 북한군 위치, 북한군 진지의 내용을 하나하나 확인해줬다. 북한이 1,000명 정도의 장병을 선발해서 특수훈련을 시키고 있다는 정보도 노성집으로부터 확보해놓고 있었다.

중앙정보부와 경찰, 방첩대는 노성집의 진술을 바탕으로 그때까지 수집한 첩보와 비교한 결과 서로 같다는 결론을 내렸다.

한편, 국정원 공채 1기 출신인 이종찬 전 국정원장은 1·21 사태 후 대공부서가 강화될 때 대공부서의 계장으로 발령받았다. 북한의 대남공작 정세를 분석하고, 각 정보수사기관의 대공 담당을 조정·감독하는 업무였다.

이 시기 이종찬은 생포간첩을 심문하는 효과를 극대화하고 각 정보수사기관 간 협력을 강화하기 위해 중앙정보부, 방첩대, 경찰 등이 공동 참여하는 합동신문조를 편성해서 운영하는 방안을 기안했다.

1·21 사태 뒤 나는 한 연구서를 작성한 일이 있다. 이 연구서에는 각급 정보수사기관이 신문관을 보내 합동신문조를 편성해서 운영하는 방안을 담았다. 간첩이나 공비를 생포하면 그 신병은 생포한 기관이 수용하되 생포한 즉시 합동신문조를 편성해 운영하며, 신문 과정에서 얻은 정보는 생포 부대가 주관해 즉각 조치하고 필요 시 합동작전을 펴도록 한다는 것 등이 대체적인 내용이었다. 이 합동신문조 편성·운영 방안은 각 정보수사기관의 실무자를 여러 차례 소집해 검토에 검토를 거쳤다. 사실 여기에 대해서는 보안사 측에서 가장 탐탁지 않게 여겼지만, 나는 "기관 간에 담을 쌓으면 1·21 사태가 또 일어나도 합동작전이 어렵다"라는 명분으로 설득했다. 이렇게 중앙정보부에

서 작성한 합동신문조 편성·운영 지침은 대통령의 재가를 받아 대간첩 대책 훈련의 부속지침으로 하달되었다. 그 이후 정권이 여러 차례 바뀌었지만 이 합동신문조 운영 방침만은 아직까지 잘 운영되고 있다. 다행스러운 일이다(이종찬, 2015: 223~224).

그들은 왜 그렇게 잔인했나?

울진·삼척지구에 나타난 무장공비들은 비무장의 선량한 산골 농민들을 참혹하게 살해했다. 남로당에 가입하지 않고 그들의 선전·선동에 찬동하지 않는다는 것이 주된 이유였다.

그러면 그들은 그 잔인함을 통해 무엇을 얻고자 하였는가? 김형욱은 김신조 일당이 침투할 때 나무꾼을 살려준 것이 화근이 되었기 때문에 그것을 방지하려는 의도라고 봤다.

이와 달리 당시 게릴라들은 남한 오지의 주민들을 강압적인 방법으로 포섭하려고 했던 것으로 보인다. 그즈음 베트남전에서 베트콩들이 성공을 거두고 있던 공포행위를 모방한 술책이었다.

그 당시 중앙정보부는 북한이 울진·삼척 침투 무장공비에게 송출하는 무전을 모두 감청하여 해독하고 있었다. 이종찬의 회고에 따르면 북한의 무전은 모두 게릴라전 거점을 확보하라는 것이었다.

태백산맥의 산간 오지에 게릴라 거점을 만드는 것이 무장공비들의 목적이었다. 게릴라들이 거점을 구축하기 위해서는 지역주민들의 협조를 얻어야 했다. 모택동이 국민당과 내전을 벌일 때는 농민들의 환심을 사기 위해 농민들에게 민폐를 끼치지 않고 농민들을 도와주는 것을 목표로 삼았다.

이러한 관계는 물고기와 물의 관계로 곧잘 비유된다. 게릴라라는 고기가 마음껏 헤엄치기 위해서는 지역주민이라는 '물'의 협조를 받아야 한다.

그런데 남부 베트남에 침투한 북부 공산주의자들(베트콩)은 남부 베트남(월남) 농촌 주민들을 모택동 군대처럼 회유하는 방식이 아니라 잔혹하게 테러함으로써 공포분위기를 만들어 농촌 주민들이 월남 군인, 경찰 등에게 베트콩의 존재를 신고하지 못하도록 만들었다.

이와 같은 베트콩의 잔혹성을 현장에서 목격한 사람이 미 CIA 사이공 지부장이었던 피어 드 실바(Peer de Silva)였다. 실바는 한국에서 CIA 서울지부장으로 근무하며 4·19 혁명과 5·16 정변을 지켜보고 1962년 7월 홍콩지부장으로 전출했다. 1964년 6월에는 다시 사이공 지부장으로 옮겼다.

전임 지부장이 현지 미국대사와 심한 갈등 끝에 본국으로 소환되자 존슨 미 대통령이 CIA 국장에게 사이공 근무에 적합한 인물을 하루빨리 충원하라고 독촉하여 실바가 지명됐다.

실바가 사이공에 부임하기 전 존슨 대통령은 CIA 국장 맥콘과 함께 실바를 백악관으로 불러 '전폭적인 지원을 아끼지 않겠다'고 격려했다. 점차 가열되는 베트남전쟁에서 중요한 역할을 기대하고 있었다.

베트남에 도착한 실바는 정보전쟁의 관점에서 볼 때 월남이 월맹에 뒤지고 있다는 사실을 간파했다. 그리고 그 원인이 농촌지역을 파고들던 베트콩에 있다고 봤다.

베트콩들이 월남에 협조하는 농촌 주민들을 골라 무자비하게 살해하는 방식으로 공포분위기를 만들어 농촌지역을 복속시켜 나가고 있었다. 그 과정을 실바는 이렇게 묘사했다.

테러행위는 간단하면서도 효과적이었다. 테러행위는 주민들을 공포에 떨게 하였다. 그리고 한번 테러나 협박을 당한 농촌 주민들은 방어수단이나 다른 구제책이 없기 때문에 그 다음부터 베트콩에게 동조하게 되었다. 그들은 베트콩을 먹여주고 충원시켜주고 숨겨주었으며 베트콩이 농촌지역을 계속 장악하는 데 필요한 모든 정보를 제공하였다. 이 단순한 이유를 우리는 오랫동안 파악하지 못했다…(중략)…전체적인 정보 문제를 테이블에 비유한다면 테이블이 베트콩을 향해 기울어 있으며 테이블 위에 있는 모든 것들이 베트콩에게 흘러내려가고 있다고 볼 수 있었다. 가장 중요한 사항이 정보의 물결이라면 절실하게 필요한 정보의 물결이 월남 쪽으로 흘러오도록 월남인들이 테이블을 그들 쪽으로 돌려놓는 방법은 무엇인가? CIA의 공작원칙은 월남인들만이 월남인들의 지도 아래 농촌지역의 안전을 확보할 수 있으며, 베트콩에 관한 정보를 쥐고 있는 농촌지역의 소작농민이 정부군에 협조하도록 설득할 수 있다는 것이었다(실바, 1983: 254~261).

이러한 원칙 아래 실바는 월남인들을 규합해서 국민행동대(PATS)란 자치조직을 만들어 정신교육과 대테러훈련을 시킨 후 농촌지역에 파견하는 공작을 추진, 큰 성과를 거두게 된다.

이종찬의 김형욱 비판

김형욱 중앙정보부장은 1968년 12월 30일 AP통신 기자와의 인터뷰를 통해 울진·삼척에 침투한 무장공비가 총 120명이라고 밝혔다.

그해 전방으로 침투한 공비와 후방으로 침투한 공비를 구분해서 전방 휴전선으로 침투를 시도한 무장공비는 총 1,087명인데 그중 172명이 사살됐고, 제주 서귀포에 15명이 출현했다가 13명이 사살됐으며, 후방으로는 1·21 사태 때 31명, 울진·삼척에 120명, 기타 10여 명 등 160명 내외의 무장공비가 침투했다고 설명했다.

그러면서 김 부장은 울진·삼척 무장공비들이 울진 고포마을로 1968년 10월 30일 밤 11시 30분 30명이 최초 침입하고, 뒤이어 11월 1일 밤 11시 60명, 11월 2일 밤 10시 20분 30명 등 순차적으로 잠입했다고 조사결과를 공개했다(「동아일보」, 1969. 1. 1.).

그와 함께 유격전을 위한 거점 확보, 정치공작을 위한 지하당 조직, 주요시설 파괴, 포섭인물 대동월북, 경제교란 등이 그들의 침투 임무였다고 밝혔다.

하지만 김 부장은 울진·삼척 사태 초기 공비 침투상황을 정확히 파악하지 못하고 있었다.

1·21 사태 초기 김신조 일당이 청와대를 습격하리라고 예상하지 못한 것처럼 울진·삼척 사태 때도 초기에는 무장공비 침투 숫자가 그리

많으리라고 믿지 않았다.

그 시점 김 부장의 판단력 부족에 대해서는 이종찬 전 국정원장이 자세한 기록을 남겼다. 그는 당시 중앙정보부 대공부서에서 침투 무장공비의 동향을 정확히 파악해서 상부에 보고해야 하는 계장급 실무 담당자였다.

그는 공비가 출몰한 첫날 내무부 치안국, 합참에서 들어오는 상황을 종합해서 분석한 결과 6개 조 90명 정도가 이리저리 움직이는 것으로 봤다. 1·21 사태 때 침투한 공비 수의 세 배에 달하는 규모였다.

공비 출몰 다음 날 밤새도록 상황을 파악한 결과를 보고받은 전창희 대공수사국장은 이종찬에게 부장실에 함께 가서 보고하자고 했다. 보고 내용이 마음에 들었던 것이다.

그러나 국장 아래 단장, 과장을 뛰어넘어 계장이 국장과 함께 부장실에 보고하러 들어가는 것은 파격적인 일이었다. 그에 이종찬은 주저주저했으나 전 국장이 '상황을 잘 파악하고 있는 자네가 함께 가는게 낫겠다'며 이종찬을 데리고 부장실로 갔다. 전 국장은 김 부장과 육사 8기 동기였다.

계장이 보고하러 들어온 데 대해 거북한 태도를 보이며 거만하게 이종찬을 아래위로 훑어보던 김형욱은 공비 수가 90명이라는 데 이르러 벌컥 화를 냈다. 다음은 이종찬의 회고.

마지막으로 약 90명 규모의 공비가 지금 울진·삼척 일대에 출몰해 게릴라전 태세를 갖추고 있는 것으로 판단한다고 마무리하는 순간, 김 부장은 다짜고짜 나에게 주먹을 휘두르려고 했다. 전 국장이 그를 말렸지만 대뜸욕부터 튀어나왔다. "야, 이 새끼야! 왜 수가 그렇게 많아?" "아니, 많다니요?" 나는 얼떨결에 그 수는 내가 마음대로 써넣은 것이 아니고 보고받은 상황을 일일이 확인해 기입한 것이라고 빠르게 설명했지만 아무 소용이 없었다. "나가! 이 새끼야!" 말끝마다 욕이었다. 나는 비서실로 쫓겨 나왔다. 부장실 안에서 높은 언성이 오가는 것이 들렸다. 부장과 국장이 말다툼을 하는 것 같았다. 조금 있더니 전창희 국장이 씩씩거리며 나왔다. "이 소령, 미안하네. 밤새 고생했으니 아무 소리 말고 가서 목욕하고 화를 풀게. 오늘 일은 잊어버리고. 알겠지!" 그리고 나를 데리고 비서실에서 나왔다. 나는 속으로 기가 막혔다. '아니, 정보의 총책을 맡고 있는 사람이 저렇게 무식하니 이 나라가 걱정이다.'(이종찬, 2015: 226)

김일성의 박정희에 대한 사과

박정희 살해를 시도한 1·21 사태의 배경에 대해서는 국제 공산주의 음모의 시각으로 보는 입장과 북한 내부의 권력투쟁에서 파생된 일이라고 보는 입장이 있다.

국제음모설은 당시 베트남에서 고전하고 있던 미국을 압박하는 수단으로 베트남에 군대를 파병하고 있던 한국에 제2전선을 형성하고자 기도했다는 것.

베트남과 한반도 두 곳에서 미국에 대항하는 전선을 형성함으로써 미국의 동아시아 문제 개입을 견제하려는 국제 공산주의자들의 음모였다고 본다. 딘 러스크 전 미 국무장관, 이종찬 전 국정원장 등이 이러한 견해를 보이고 있다.

이와 달리 전향 공작원 박병엽은 북한 내부의 권력투쟁에서 비롯된 일이라고 본다. 박병엽은 대남연락부 간부 출신이기 때문에 북한 내부의 사정을 깊숙이 알 수 있는 위치에 있었다.

김창봉 민족보위상, 허봉학 대남사업총국장 등 북한 군부들이 김일성 동생 김영주로의 권력승계 움직임에 반발, 후계구도를 바꿔보려는 심산에서 자신들의 주도로 무력통일을 달성하겠다는 시도를 하게 됐다는 증언.

박병엽에 의하면 1967년까지 북한 노동당 지도부에서는 '김일성-김영주-다음 세대'로 이어지는 후계구도에 대해 묵시적 합의가 있었다. 그런데 일차로 박금철, 이효순 등 갑산파에서 그에 반발하다가 모두 숙청됐다.

갑산파가 제거된 뒤 이번에는 김창봉, 허봉학을 비롯 김정태 민족보위성 특수정찰국장 등 빨치산 출신 군 간부들이 반기를 들었다. 갑산파가 숙청된 후 김일성 친척에게 당권이 집중되고, 김영주가 노장들을 소홀히 여기는 데 대한 불만이었다.

이런 배경에서 김창봉, 허봉학, 김정태 등은 무력으로 통일을 달성해서 권력을 장악하려는 시도를 하게 됐다는 것이다. 그들은 노동당과 상의도 하지 않고 '통일과 남조선 혁명전략계획'을 수립해서 1·21 사태, 울진·삼척 무장공비 사건 등을 일으켰다는 주장이다(신평길, 1996: 128). 북한 권력층에서는 이들의 노선을 군사모험주의 노선이라고 불렀다.

박병엽의 증언은 김일성의 언급으로 보아 사실성이 높다. 김일성은 1972년 5월 4일 평양을 비밀리 방문한 이후락 중앙정보부장을 심야에 만나는 자리에서 1·21 사태에 대해 사과했다.

김일성도 1·21 사태를 좌경맹동주의자들의 짓이었다며 그 책임을 그들에게 돌렸다.

> "박 대통령에게 말씀드리시오. 그 무슨 사건이더라. 청와대 사건이던가.
> 그것이 박 대통령에게 대단히 미안한 사건이었습니다. 이 문제에 대해서 전
> 적으로 우리 내부에서 생긴 좌경맹동분자들이 한 짓이지 결코 내 의사나
> 당의 의사가 아닙니다. 그때 우리도 몰랐습니다. 보위부 참모장, 정찰국장
> 다 철직하고 지금 다른 일 하고 있습니다(안병훈, 1991: 352)."

한편, 박정희는 이후락 중앙정보부장의 평양 방문 직후 답방형식으로 서울을 방문한 박성철 북한 부수상에게 이런 말을 남겼다. "당신들이 한 일을 우리 국민은 하나도 믿을 수가 없다. 말은 평화다 뭐다 하면서 김신조 일당을 청와대 앞까지 보내 나를 없애려 하지 않았는가. 말보다 하나하나 실천해서 하나씩이라도 믿을 수 있게 하라. 이런 말을 북한에 가거든 전해라(김종필 증언록1, 2016: 397)."

김정일의 칼에 날아간 허봉학

'김일성-김영주-다음 세대'로 이어지는 후계구도에 반발하다 김일성의 눈 밖에 난 좌경맹동주의자들.

이들을 숙청하는 데 필요한 기초자료를 준비한 인물이 김일성의 아들 김정일. 1968년부터 김정일은 노동당 중앙위 선전선동부 문화예술지도과장으로 일하고 있었다. 선전선동부는 당의 선전사업을 관장하는 핵심부서. 부장 김국태는 김책의 아들이었으나 건강이 좋지 않아 일개 과장에 불과했던 김정일이 좌지우지하고 있었다.

좌경맹동주의자들이 김영주로의 권력승계에 불만을 보이자 김정일은 김영주를 도와 이들을 제거하는 자료들을 모아 나갔다. 측근을 시켜 허봉학과 김창봉의 비행과 비리를 캐내고 뒷조사를 통해 숙청자료를 축적해나갔다.

좌경맹동주의자들에 대한 숙청이 단행된 것은 1969년 1월 열린 노동당 정치위원회와 인민군당 위원회 확대회의. 김정일은 인민군당 전원회의 일정을 준비하고 보고서 작성, 토론준비, 결정서 및 문건작성을 직접 챙겼다(신평길, 1996: 129).

이 회의에서 김일성은 '허봉학이 당의 명령을 어기고, 대남공작을 독단적으로 진행하여 대남사업총국에 파벌주의, 지방주의를 조성했다'고 비판했다(고봉기 외, 1989: 234).

인민군 총참모장 오진우는 허봉학, 김창봉 등이 당의 유일사상체계를 문란시키고 당의 위신을 추락시켰다고 비난했다. 오진우가 나열한 김창봉의 과오 중에는 푸에블로호 사건 이후 미국의 보복에 대한 공포 때문에 인민군을 위축시켰다는 죄상도 들어 있었다(강인덕, 1974a: 264).

김일성은 허봉학을 숙청한 후 대남사업총국을 해체했다. 그와 함께 대남사업총국이 주도하던 1960년대의 대남공작도 막을 내렸다. 김일성은 대남사업총국을 해체한 후 대남공작을 비서국의 대남담당비서가 관장하는 방식으로 바꾸고, 김중린 문화부장을 대남담당비서에 임용했다.

세계 첩보사상 전무후무한 수법

———

손자는 간자(間者)가운데 반간(反間)을 가장 중요시했다. 반간이란 적의 간첩을 역용하여 자기편을 위한 정보활동을 하도록 시키는 것을 말한다.

적의 간자를 색출하면 죽이거나 처벌하지 말고 살려둔 채 뇌물을 풍족하게 주거나 명예보장을 약속하는 등의 방법으로 회유해야 한다고 했다. 그렇게 해서 자기편으로 만들어 자기편을 위한 정보활동을 시켜야한다고 손자는 강조했다.

중앙정보부는 60년대 후반 들어 정보인력 양성, 공작노하우 축적 등 정보 전문성에서 어느 정도 자리가 잡혀가자 반간을 이용한 대북 역공작을 시도했다.

체포한 간첩을 언론 등에 대외적으로 노출시키지 않고 남한에 성공적으로 잠입한 것처럼 북한에 보고하도록 유도해서 북한의 대남공작을 역이용하는 것이 대북 역공작의 요체.

반간을 통해 가공의 정보를 끊임없이 북한으로 보낸다. 그러면 북한에서는 남파공작원이 남한 정착에 성공한 것으로 믿고 깊숙한 공작방법을 하달하게 된다. 이렇게 해서 얻은 정보를 통해 북한의 대남공작 방향을 탐지해서 대응한다.

이러한 역공작의 대표적 사례가 통혁당 사건을 수사할 때 이문규를 체포한 후 전개한 역공작. 이문규를 체포한 사실을 숨기고 이문규로부터 압수한 난수표를 해독해서, 이문규가 북한에 자신을 구출해줄 공작원을 남파시켜달라고 요청하는 전문을 만들어 북으로 보냈다.

이에 속은 북한은 1968년 8월 20일 밤 10시 서귀포에서 만나자는 회신을 보내왔다. 약속 날짜에 접선장소 주변에 잠복해 있던 중앙정보부 요원들은 해군과 공군의 협조를 받아 남파공작원을 싣고 온 간첩선을 격침시키고, 12명의 무장공비를 사살하는 한편 공비 2명을 생포하는 성과를 올렸다. 김형욱은 이때의 성공적인 공작을 세계첩보사상 전무후무한 수법이라고 자화자찬했다(김형욱·박사월, 1985b: 248).

이문규를 역이용해 성공을 거둔 중앙정보부는 1년여 뒤 다시 역공작을 추진, 큰 성공을 거두게 된다. 1969년 9월 북한 노동당 연락국 제15과 소속 대남간첩 김용구가 중앙정보부에 붙잡혔다. 중앙정보부는 김용구 체포사실을 극비로 유지하면서 김용구가 지니고 있던 난수표를 해독해서 대남공작원의 남파를 유도했다.

이에 걸린 북한은 1969년 9월 13일 새벽 대형 간첩선에 무장간첩을 싣고 접선장소인 전남 대흑산도로 접근했다. 이때에도 간첩선을 격침시키고 무장간첩 15명을 사살하는 성과를 올렸다. 당시의 성공에 대해 김형욱은 이렇게 회고했다.

우리의 대간첩방어망에 걸려든 것이 북한 노동당 연락국 제15과 소속인 대남무장간첩 김용구였다. 우리는 이를 당분간 극비에 붙이는 일방, 김용구의 난수표를 해독하여 북한에 대해 역공세를 취했다. 통일혁명당 사건 때 이문규의 난수표를 역용한 것과 꼭 같은 방법이었다. 이미 그때쯤 중앙정보부 대공작전 관계자들 중에는 북한 간첩의 난수표쯤은 식은 죽 먹듯이 쉽게 해

독할 수 있는 전문가가 기라성같이 버티고 있었다. 내가 노린 것은 김용구를

그렇게 다시 한번 역용함으로써 북한 대남사업총국에게 '너희들이 그따위

간첩이나 난수표를 보내보았자 우리는 훤히 알고 있고 결국 당하는 측은 너

희들이다'는 것을 입증함으로써 그들의 간첩 남파를 단념하게 하려는 전략

적 목표였다(김형욱·박사월, 1985b: 264~265).

여기서 김형욱이 북한 대남사업총국이라고 기술한 것은 오류이다. 대남사업총국은 1969년 1월 허봉학의 숙청과 함께 이미 해체됐다. 김용구가 남파되는 1969년 9월에는 비서국의 대남담당 비서가 대남공작을 주관하고 있었다.

김 부장의 혁혁한 업적은 역사에 기록될 것이오

허봉학처럼 김형욱도 권력투쟁에 밀려 정보현장을 떠났다. 1969년 새롭게 출범한 미국의 닉슨 행정부가 아시아지역 군사 문제에 직접 개입하지 않겠다는 닉슨 독트린을 발표하고, 동해상에서 미 해군의 EC-121기가 북한에 의해 격추되어 미군 31명이 몰살하였는데도, 미국은 북한을 응징할 태도를 보이지 않고 북한에 대해 배상을 요구하지도 않았다. 닉슨 독트린이 현실화되는 모습이었다.

이러한 미국의 태도에 따라 국민들 간에 안보에 대한 불안감이 높아갔다. 여론의 밑바닥에서는 국난을 극복하기 위해서는 강력한 리더십을 갖춘 박정희 대통령이 좀 더 집권해야 한다는 정서도 있었다.

3공화국 출범 이후 대통령의 최측근에서 일해온 이후락 비서실장과 김형욱 중앙정보부장은 이러한 정세를 타고 대통령 3연임이 가능한 방향으로 개헌을 추진했다. 당시 헌법은 대통령은 한 번에 한해 연임할 수 있도록 규정하고 있었다. 박정희가 좀 더 집권하기 위해서는 개헌이 필요했다.

이후락과 김형욱은 공화당의 비주류 4인방과 이 문제를 협의해갔다. 김성곤, 백남억, 김진만, 길재호 등 4인은 공화당의 요직을 차지하고 당을 쥐락펴락하며 김종필 당의장과 대립하고 있었다. 그 가운데서도 정치자금을 주무르고 있던 김성곤의 영향이 컸다.

하지만 김종필과 그를 추종하는 일부 공화당 의원들은 3선 개헌에 반대하고 나섰다. 1971년 대통령 선거를 통해 김종필이 대통령에 당선될 것이 유력한 마당에 박정희의 집권연장에 들러리를 설 수가 없는 입장이었다.

대통령 측근인 이후락과 김형욱, 그리고 공화당 4인방이 연합해서 김종필 세력을 개헌지지로 선회시키는 작업을 벌였다. 박정희 대 김종필 대립구조로 형성된 전선에서 김형욱은 박정희를 위해 뛰었다. 김종필은 아직 대통령감이 되지 못한다는 인식이 그를 박정희 쪽으로 기울게 했다.

개헌이 추진되던 시점 김형욱은 1963년 7월 13일 중앙정보부장에 취임한 후 6년여간 중앙정보부를 운영하면서 국정 전반에 막강한 비중과 영향력을 미치는 인물로 성장해 있었다.

김형욱은 개헌공작을 추진하면서 조직부터 정비했다. 중앙정보부 내에 개헌작업기구를 신편하고 국내정치담당 제3국장 전재구를 책임자로 임명했다. 중정이 운영하던 삼청동의 비밀 안전가옥을 당과 정부의 유기적인 협조를 이끌어내는 접촉 장소로 정하고 일주일에 한두 번씩 회의를 열었다. 이 회의의 책임자로는 김재권을 임명했다(김형욱·박사월, 1985b: 275).

이후락과 김형욱의 노력과 박정희의 설득으로 김종필은 곧 개헌지지 쪽으로 선회했다. 하지만 공화당의 김성곤과 이만섭이 이후락과 김형욱의 퇴진을 조건으로 들고 나왔다.

김성곤은 처음 김형욱의 힘을 빌려 이후락을 자를 복안이었다. 김형욱과 단둘이서 골프를 치며 김형욱의 의중을 떠보았다. 그러나 김형욱은 김성곤이 이후락을 친 다음에는 자기까지 자를 복안이라고 보고 단번에 김성곤의 제의를 거절하고, 이어서 이 사실을 이후락에게 알려주기까지 했다.

그 후 공화당의 이만섭 의원이 의원총회에서 김형욱과 이후락의 퇴진을 공개적으로 거론하고 나섰다. 개헌작업이 완료되면 김형욱과 이후락은 물러날 수밖에 없는 코너로 몰려 있었다.

우여곡절 끝에 개헌안이 국회를 통과하고 국민투표(1969. 10. 17.)에서도 지지를 얻었다. 그 직후인 1969년 10월 20일 오후 전 국무위원과 비서실장, 중앙정보부장이 국정쇄신 차원에서 일괄 사표를 제출하고 박정희가 이를 받아들였다.

박정희는 김형욱의 사표가 수리된 그날 오후 김형욱을 청와대로 불러 그동안의 노고를 치하했다. 그때의 장면을 김형욱은 이렇게 기록했다.

> "골프나 치며 당분간 쉬지." "각오하고 있었습니다." "그동안 수고가 정말 많았소. 대업 완수를 위해서 또한 국가안보를 위해서 김 부장이 세운 혁혁한 업적은 후일 길이 역사에 기록될 것이오." "과분한 말씀입니다. 저 나름대로는 사명감을 가지고 일했던 만큼 후일 역사의 심판을 좋든 나쁘든 달게 받을 각오가 돼 있습니다." 그날 오후 나는 5·16 혁명 이후로는 8년 5개월 만에, 중앙정보부장 6년 3개월 만에 한 사람의 시민으로 돌아왔다(김형욱·박사월, 1985b: 317).

일지(日誌)

○ 1945. 10. 10.~10. 13.

북조선 5도당 책임자 및 열성자 대회

○ 1946. 8. 29.

북조선 노동당(북로당) 창당

○ 1946. 11. 23.

남조선 노동당(남로당) 창당

○ 1949. 6.

남북 노동당 통합

○ 1949. 10. 1.

중국 공산당 정권 수립

○ 1955. 12.

북, 박헌영에 사형선고

○ 1956. 4.

북한 노동당 제3차 당 대회

○ 1956. 7.

북, 문화부 신설

○ 1956. 7. 2.

북, 재북평화통일촉진협의회 결성

○ 1960. 5. 29.

이승만, 하와이 망명

○ 1961. 1.

이후락, 장면 정부 중앙정보연구위원회 연구실장 부임

○ 1961. 3.

장면 정부, 시국정화운동본부 창설

○ 1961. 3. 22.

혁신계 주최 반민주악법 성토대회

○ 1961. 5.

북, 조국평화통일위원회 설립

○ 1961. 6. 10.

중앙정보부 창설

○ 1961. 7. 3.

반공법 제정(1980. 12. 31. 폐지)

○ 1961. 9. 11.

북한 노동당 제4차 당 대회

○ 1961. 10. 20.

중앙정보부, 황태성 체포

○ 1961. 11. 12.

박정희-이케다 정상회담

○ 1962. 7. 12.

김재춘 방첩대장 해임(정승화 취임)

○ 1962. 10. 20.

김종필-오히라 1차 회담

○ 1962. 11. 12.

김종필-오히라 2차 회담

○ 1963. 1. 7.

김종필, 중앙정보부장 사임

김용순 2대 중앙정보부장 취임

○ 1963. 2. 21.

김재춘 제3대 중앙정보부장 취임

○ 1963. 2. 25.

김종필, 1차 외유

○ 1963. 3. 28.

최영택 주일 대표부 참사관 귀국

○ 1963.

북, 대남사업총국 및 조사부 신설

○ 1963. 7. 13.

김형욱, 제4대 중앙정보부장 취임

○ 1963. 10. 15.

제5대 대통령 선거

○ 1963. 12. 17.

박정희, 제5대 대통령 취임

○ 1964. 5. 20.

서울대 문리대 '민족적 민주주의 장례식 및 성토대회'

○ 1964. 6. 3.

서울 일원 비상계엄 선포

○ 1964. 6. 18.

김종필, 2차 외유

○ 1964. 7. 27.

이동원 외무부장관 취임

○ 1964. 8. 14.

　　김형욱 중앙정보부장, 인민혁명당 사건 발표

○ 1965. 6. 22.

　　한일 국교정상화 조인식

○ 1965. 7. 18.

　　송추 유원지 간첩사건

○ 1966. 5.

　　북, 민족보위성 정찰국 산하 283군 부대 창설

○ 1967. 4. 14.

　　이기양 조선일보 서독 특파원 체코에서 실종

○ 1967. 4.

　　북, 124군 부대 창설

○ 1967. 5. 17.

　　임석진, 박정희 대통령 면담 자수

○ 1967. 5. 25.

　　북, 대남사업총국장 이효순 해임, 허봉학 임용

○ 1967. 6. 8.

　　제7대 국회의원 선거

　　(총 의석 175석 중 공화당 129석, 신민당 45석)

○ 1967. 7. 8.

김형욱 중앙정보부장, 동백림 간첩단 사건 발표

○ 1967. 11. 21.

장세동, 수경사 30 경비대대 부임

○ 1968. 1. 6.

대통령 주재 비상치안회의(원주, 제1야전군 사령부)

○ 1968. 1. 15.

민족보위성 정찰국, 청와대 침투 김신조 일당 환송회

○ 1968. 1. 16.

김신조 일당, 청와대 침투목적 124군 부대 출발

○ 1968. 1. 19.

김신조 일당 조우 나무꾼, 경찰에 신고

○ 1968. 1. 20.

국방장관, 대통령에 최초 북한 게릴라 출현 보고

○ 1968. 1. 21.

김신조 일당, 청와대 기습 시도

○ 1968. 1. 23.

북, 미 정보수집함 푸에블로호 납북

○ 1968. 3. 14.

공군첩보부대, 중앙정보부에 오소리 공작계획서 제출

○ 1968. 3. 31.

존슨 미국 대통령, 대통령 선거 재도전 포기 선언

○ 1968. 4. 1.

공군첩보부대, 실미도 부대(684 부대) 창설

○ 1968. 7. 20.

중앙정보부, 임자도 간첩단 사건 발표

○ 1968. 8. 21.

서귀포 앞바다 침투 무장공비 12명 사살

○ 1968. 8. 24.

중앙정보부, 통일혁명당 사건 발표

○ 1968. 10. 30.~11. 2.

북한 124군 부대 제2진, 울진·삼척지구 침투

○ 1968. 12. 23.

미 푸에블로호 승무원 귀환

○ 1969. 1.

북, 대남사업총국 해체

○ 1969. 1. 18.

한-서독, 동백림 사건 관련 외교마찰 타결

○ 1969. 1. 27.

이수근, 홍콩으로 탈출

○ 1969. 1. 29.

주한 미 대사, 박정희 대통령에 북측과 푸에블로호 승무원 송환문제 직접 협상 통고

○ 1969. 7. 2.

이수근 사형 집행

○ 1969. 7. 10.

통혁당 사건 관련자 김종태, 이문규 사형 집행

○ 1969. 10. 20.

김형욱 중앙정보부장 사임

○ 1971. 8. 23.

실미도 부대 탈영사건 발생

○ 1972. 5. 4.

이후락 중앙정보부장, 평양 방문 김일성 면담

○ 1972. 7. 15.

통혁당 사건 관련자 김질락 사형 집행

○ 1989. 7. 18.

방준모, 조갑제 기자를 출판물에 의한 명예훼손 혐의로 고소

(1994. 2. 24. 무혐의 판결)

○ 2016. 5. 9.

북한 노동당 제7차 당 대회

○ 2018. 10. 11.

서울중앙지법, 이수근 간첩혐의 무죄 선고

참고 자료

○ 강인덕. 『북한전서(상권)』. 극동문제연구소. 1974.

○ 강인덕. 『북한전서(하권)』. 극동문제연구소. 1974.

○ 고봉기 외. 『김일성의 비서실장 고봉기의 유서』. 천마. 1989.

○ 국정원과거사건진실규명을통한발전위원회(국정원 과거사위). 『과거와 대화 미래의 성찰
   -주요의혹사건편 上권(II)-』. 국가정보원. 2007.

○ 김갑철. 「남북한의 권력투쟁과 정치변동(1955~1965)」. 양호민 외. 『남북한 체제의 強固
   化와 대결-1955년에서 1965년까지-』.소화. 1996.

○ 김계동·김근식 등. 『북한체제의 이해 - 제도와 정책의 지속과 변화』. 명인문화사.
   2009.

○ 김성호. 『우리가 지운 얼굴』. 한겨레출판. 2006.

○ 김신조. 『나의 슬픈 역사를 말한다』. 동아출판사. 1994.

○ 김용규. 『영웅칭호를 받은 남파공작원의 고백 - 태양을 등진 달바라기』. 글마당.
   2013.

○ 김일성. 「북조선로동당 창립에 대한 보고」(1946년 8월). 돌베개 편집부. 『북한연구기초
   자료집 1 북한 '조선로동당'대회 주요 문헌집』. 돌베개. 1988.

○ 김일성. 「노동당 제4차 대회 당 중앙위원회 사업총화보고」(1961년 9월). 돌베개 편집부.
   『북한연구기초자료집 1 북한 '조선노동당'대회 주요 문헌집』. 돌베개. 1988.

○ 김종필. 『김종필 증언록 1』. 미래엔. 2016.

○ 김진계·김응교. 『'북조선 인민의 수기' 조국(하)』. 현장문학사. 1990.

○ 김질락. 『어느 지식인의 죽음』. 행림서원. 2011.

○ 김형욱. 『대지의 가교』. 광명출판사. 1971.

○ 김형욱·박사월. 『김형욱회고록 제II부』. 아침. 1985b.

○ 김형욱·박사월. 『김형욱회고록 제III부』. 아침. 1985c.

○ 다니엘 S. 팹. 정순주·홍영주 옮김. 『냉전의 비망록, 딘 러스크 증언』. 시공사. 1991.

○ 대법원 2008. 4. 17. 선고 2003도 758 전원합의체 판결.

○ 동아일보사. 『신동아 1989년 1월호 별책 부록 - 원자료로 본 북한 1945~1988』. 동아일보사. 1989.

○ 돌베개 편집부. 『북한연구 기초자료집 1 북한 조선로동당 대회 주요 문헌집』. 돌베개. 1988.

○ '통혁당 사건 주범 김종태씨 조카가 고발'. 동아일보. 1996년 5월 19일자.

○ '통일혁명당 내막'. 월간중앙. 1992년 1월호.

○ 문일석. 『비록 중앙정보부 ①』. 도서출판 물결. 1993.

○ 민주사회를 위한 변호사 모임 국가보안법 연구모임 편. 『2008~2010 국가보안법 보고서』. 민주사회를 위한 변호사 모임. 2011.

○ 박정희. 『박정희대통령선집』. 지문각. 1969.

○ '잘사는 남, 이씨가 실증'. 조선일보. 1967년 3월 24일자.

○ 박철언. 『바른 역사를 위한 증언 1』. (주)랜덤하우스 중앙. 2005.

○ 백동림. 『멍청한 군상들』. 답게. 1995.

○ 법무부 법무실 통일법무과. 『통일법무 기본자료(북한법제)』. 법무부. 2018.

○ 신범식. 『박정희대통령 선집 4』. 지문각. 1969.

○ 신평길. 『김정일과 대남공작』. 북한연구소. 1996.

○ 실바, 피어 드. 이기홍 역. 『서브로자-미국 CIA 비밀공작부-』. 인문당. 1983.

○ 안병훈 편. 『북한, 그 충격의 실상 월간조선 1991년 1월호 부록』. 조선일보사. 1991.

○ 유영구. 『남북을 오고간 사람들』. 글. 1993.

○ 윤하정. 『어느 외교관의 비망록』. 기파랑. 2011.

○ 안응모. 『순경에서 장관까지』. 도서출판 현대기획. 2008.

○ 이도성 편. 『실록 박정희와 한일회담-5·16에서 조인까지』. 도서출판 한송. 1995.

○ 이동원. 『대통령을 그리며』. 고려원. 1992.

○ 이만섭. 『5·16과 10·26 박정희, 김재규 그리고 나』. 나남. 2009.

○ 이석제. 『각하, 우리 혁명합시다』. 서적포. 1995.

○ 이정민. 「동백림사건과 한독관계」. 성균관대학교 박사학위 논문. 2019.

○ 이정식. 『한국현대정치사 제3권 제2공화국』. 성문각. 1986.

○ 이종찬. 『숲은 고요하지 않다 - 이종찬 회고록1』. 한울. 2015.

○ 이한. 『북한의 통일정책변천사 - 1948년~1985년 주요문건(상)』. 온누리. 1989.

○ 이환의. 『키신저 회고록 백악관 시절』. 문화방송·경향신문. 1979.

○ ○ 임동원. 『혁명전쟁과 대공전략 - 게릴라전을 중심으로』. 탐구당. 1968.

○ 조갑제. 『박정희 9 - "총 들고 건설하며 보람에 산다"』. 조갑제닷컴. 2006.

○ 조갑제. '이수근은 간첩이 아니었다'. 월간조선. 1989년 3월호.

○ 조갑제. 『조갑제 대사건 추적 ③ 국가안전기획부』. 조선일보사 출판국. 1989.

○ 조갑제. 『CIA 요원 마이클 리』. 조갑제닷컴. 2015.

○ 조갑제 외. 『김대중의 정체』. 조갑제닷컴. 2006.

○ 중앙정보부. 『북한대남공작사(제1권)』. 광명인쇄공사. 1972.

○ 채명신. 『채명신회고록 베트남전쟁과 나』. 팔복원. 2010.

○ '최초 인터뷰 장세동 증언 11시간', 월간조선, 1988년 11월호.

○ 한국편집기자회 편. 『역사의 현장 - 기자가 본 '광복에서 제5공화국까지'』. 나라기획.
  1982.

○ 한옥신 편저. 『간첩재판의 판단과 사상』. 광명출판사. 1969.

○ 황일호. 「노동당 3호 청사 놀라게 한 4·19와 5·16」. 유영구. 『남북을 오고간 사람들』.
  글. 1993.

○ 황일호. 월간중앙, 1991년 9월호.